O CAMPO INFRACIONAL
SISTEMA DE JUSTIÇA E A PRÁTICA JUDICIÁRIA À LUZ DA PSICANÁLISE

O CAMPO INFRACIONAL

SISTEMA DE JUSTIÇA E A PRÁTICA JUDICIÁRIA À LUZ DA PSICANÁLISE

Christiane Whitaker

Casa do Psicólogo®

© 2010 Casapsi Livraria e Editora Ltda.
É proibida a reprodução total ou parcial desta publicação, para qualquer finalidade, sem autorização por escrito dos editores.

1ª Edição
2010

Editores
Ingo Bernd Güntert e Juliana de Villemor A. Güntert

Assistente Editorial
Aparecida Ferraz da Silva

Capa
Carla Vogel

Projeto Gráfico & Editoração Eletrônica
Fabio Alves Melo

Produção Gráfica
Fabio Alves Melo

Preparação
Luciane Helena Gomide

Revisão
Maria A. M. Bessana

Revisão Final
Carolina Serra Azul Guimarães e Lucas Torrisi Gomediano

Dados Internacionais de Catalogação na Publicação (CIP)
(Câmara Brasileira do Livro, SP, Brasil)

Whitaker, Christiane
    O campo infracional : sistema de justiça e a prática judiciária à luz da psicanálise / Christiane Whitaker. -- São Paulo : Casa do Psicólogo®, 2010.

Bibliografia.
ISBN 978-85-62553-04-2

1. Adolescentes infratores - Brasil 2. Delinquentes juvenis - Brasil 3. Psicanálise 4. Psicologia clínica 5. Psicologia forense I. Título.

10-00516	CDD-150

Índices para catálogo sistemático:
1. Campo infracional e suas relações entre o sistema de justiça e a prática judiciária à luz da psicanálise : Psicologia clínica 150

Impresso no Brasil
Printed in Brazil
Reservados todos os direitos de publicação em língua portuguesa à

Casapsi Livraria e Editora Ltda.
Rua Santo Antônio, 1010
Jardim México • CEP 13253-400
Itatiba/SP - Brasil
Tel. Fax: (11) 4524-6997
www.casadopsicologo.com.br

*Para minha pequena Laís,
que sempre está além,
dali onde é desejada.*

SUMÁRIO

Agradecimentos 11
Prefácio: Traindo os fanáticos por laudos 13
  Referências bibliográficas 21
Apresentação 23
Introdução 33

PARTE I
Campo Institucional 43

CAPÍTULO 1
(Des)patologização: um fenômeno que reascende questões 45

As inter-relações institucionais: a subsunção do saber PSI 46
A legislação, o Judiciário e a Fundação CASA 47
  A legislação 47
  O Judiciário 48
  A Fundação CASA 50
Considerações 51
A psiquiatrização e/ou psicologização dos processos 53
  Psicoterapias: a solução normativa 54
  Processo A 58
  Processo B 60
  Processo C 62

Caso Pierre Rivière: saúde mental x justiça 64
Analogias e assimetrias das avaliações médicas de Rivière e atuais 67
    Laudos médicos de Rivière 67
    Laudos, relatórios e perícias médicos-legais hoje 70
    A justaposição dos critérios médicos e os da Justiça 72
Considerações acerca do atual modelo 75

A saúde mental dos internos: panorama atual 80
Os diagnósticos 82
    Transtorno de Personalidade Antissocial e perversão:
    diferenças conceituais 86

Teorias criminológicas 88
Correntes que fizeram história 88
    Bases para a criminologia clínica 90
    Principais fundamentos da criminologia crítica 91
Psicanálise e criminologia 92
    Em Freud 92
    Em Lacan 96
    Casos clínicos relacionados a crimes 96
    Aimée 96
    O crime das irmãs Papin 97
    Lacan diante da criminologia 98

Responsabilização e saúde mental na ordenação jurídica 103
Responsabilização: diretriz legal e interpretações 103
Responsabilização e psicopatologias: efeitos institucionais e
subjetivos 106

Responsabilização e subjetividade 108
A passagem dos móbeis sociais para a causa subjetiva 109
Adolescência e responsabilização: a Psicanálise e a lei 114
    A história do construto adolescência 116
    A adolescência como sintoma da modernidade 120
    Adolescência e Psicanálise: os pós-lacanianos 124

PARTE II
Campo Clínico 135

CAPÍTULO 2
A prática clínica forense à luz da Psicanálise 137

A avaliação clínica, suas derivações e seus resultados 138
    Infração: o circuito operacional e seus trâmites 138
    A função do psicólogo no Departamento de Execuções da
    Infância e Juventude: impasses e limitações 139

Inventário estatístico: um mapa atualizado que redefine o
traçado dos jovens internos 141
    Dados estatísticos coletados 143
        Amostra e procedimento 143
        A planilha e sua arquitetura 143
        As variáveis, suas pertinências e critérios 144
        Resultados percentuais das variáveis catalogadas 150
    Considerações 152

Cultura infracional: laço social que promove uma
identidade 154
    A posição fálica sustentada pela insígnia de infrator 155
        O correlato teórico 158
        Fraturas nos processos constitutivos de subjetivação e
        suas consequências 163
    A formação grupal, necessidade operacional e subjetiva 179
        Freud e a formação grupal 183
        Identificação 185
        Sugestionabilidade: as más companhias e a
        "cabeça-fraca" 191
    As drogas: objetos de inclusão à cultura infracional 195

Posição de risco x o Imaginário da impunidade: a Fundação
não é o limite 197
As relações com a operação adolescer 198
A indissociabilidade subjetiva entre lei e culpa 203
A agressão e a enigmática culpa em Freud 208
O Supereu entre a herança do Isso e do Édipo ao gozo 213

A desproporcionalidade entre os sexos, uma possível
contribuição 215
A posição masculina 218
A posição feminina 219
Considerações 220

CAPÍTULO 3
Considerações finais: possível saída através da Psicanálise 223

Referências bibliográficas 237

Glossário 245

Anexos: estruturas de andamento processual de execução 247

Processo A 249

Processo B 253

Processo C 257

AGRADECIMENTOS

Este livro nasce de uma experiência, de suas inquietações e seus impasses, de encontros e desencontros com pessoas, com ideias, com práticas, que só me acrescentaram ao longo dos anos no Judiciário.

Em primeiro lugar, aos verdadeiros inspiradores, aos adolescentes e a suas famílias que cotidianamente passam em minha sala para avaliações, que tanto me instigaram, e agora protagonizam este trabalho.

Às minhas colegas diretas do Tribunal da Justiça — Fórum das Varas Especiais da Infância e Juventude —, com as quais, desde o princípio da construção e edificação da especificidade desse exercício forense, por sempre inacabado, mantenho relações fecundas de troca em vários níveis: Amarili Mattar Lorieri, Antonia Maria Brandão Cipolla, Monica Rosa Melo, Patrícia Fonseca, Renata Mancini Ferreira e Simone Capela.

Às assistentes sociais, parceiras imprescindíveis nas discussões de nossos casos: Cilene Terra Hesse, Deise Maria Rodrigues de Amorim, Elisabete Pereira, Francisca Diniz de Oliveira, Guenovaite Martinaitis, Heliane Oliveira Santos e Irles de Souza.

Àqueles com quem mantenho interlocução frequente no fórum, seja pelos meios formais em audiências, em decisões ou manifestações, seja pelos corredores na correria do dia a dia: promotores, procuradores e juízes. Em especial: ao defensor público Flávio Américo Frasseto, também colega da pós-graduação, por sua inesgotável disponibilidade e suas contribuições contundentes ao tema.

Aos juízes Luiz Fernando Camargo Vidal, por oxigenar nossa prática com ideias de vanguarda; Maria de Fátima Pereira da Costa e Silva, por sua visão multidisciplinar; Mônica R. S. Paukoski, juíza diretora do Departamento de Execução da Infância e Juventude (DEIJ), por ter autorizado o uso de processos de execução, que aqui ilustram as discussões. E Lucilena Vagostello, contemporânea como psicóloga forense, doutoranda e docente universitária, cúmplice em todos esses âmbitos.

À minha orientadora, profa. dra. Léia Priszkulnik, que me acompanha há vários anos consecutivos, desde o mestrado, por ceder aos meus particulares caminhos.

Aos profs. drs. Christian Ingo Dunker e Maria Cristina Vicentin que, com as valiosas sugestões — principais inspiradoras de uma nova formatação e arquitetura do trabalho — apresentadas no exame de qualificação, reordenaram e redefiniram o tema.

A Michele Roman Faria e Beatriz Cauduro Cruz Gutierra, queridas amigas com quem compartilho as várias facetas da vida, do enlace com a Psicanálise e com a universidade aos mais frívolos dos temas. Por nossos deliciosos encontros que sempre deixam algo de novo para se pensar... que assim continue!

A tantos outros amigos e parentes presentes em momentos também necessários de descontração, recheados de blá-blá-blá, de puro deleite.

Ao dr. João Omar Marçura pela intervenção à burocracia judiciária na autorização do gozo da licença-prêmio, período fundamental para a finalização deste trabalho. E a Janaína, por sua simpatia e atenção na execução dessa tramitação.

Ao dr. Alexandre Morais da Rosa que não se atém a sua matéria; sua inesgotável curiosidade intelectual leva-o muito além das fronteiras do Direito, engrandecendo sua prática e função. As interlocuções e contribuições sempre acrescentam... Obrigada pelo prefácio!

Ao meu querido Mario, que me mostra o mundo com suas lentes líricas, cheias de musicalidade, poesia e fantasia, que me lança para outro universo, onde tudo é mais singelo.

E, por fim, ao meu primogênito, Fábio, que sabe transitar por sua adolescência com destreza e humor admirável, que me faz reinventar meu lugar a cada intervenção sagaz e com quem tenho muito ainda por aprender... Obrigada por você existir.

PREFÁCIO: TRAINDO OS FANÁTICOS POR LAUDOS

Alexandre Morais da Rosa[1]

Para ler ouvindo Zeca Baleiro:
"Não tem dó no peito/ não tem jeito/ não tem ninguém que mereça/ não tem coração que esqueça/ não tem pé não tem cabeça/ não dá pé não é direito não foi nada, eu não fiz nada disso/ e você fez um bicho de sete cabeças [...]"

Giorgio Agamben (2005, p. 37-46) assinala que nas novelas de Kafka surgem assistentes que, quase sempre, parecem incapazes de ajudar, mas estão sempre atentos, eloquentes, com seus olhos brilhantes e modos pueris. Encarnam o tipo de eterno estudante ou de embusteiro, que envelhece mal e que, ao final, devemos abandonar, ainda que contra nossa vontade, justamente porque há neles uma graça inconclusa, uma graça imprevista, certa petulância, enfim, uma ambivalência de serem úteis, sem sabermos, via de regra, como, inutilmente.

No processo infracional, claro, os ajudantes estão lá, em seu lugar, com suas funções, na eterna expectativa de se tornarem os salvadores ou algozes do "adolescente infrator", da vítima, de K, mas que são esquecidos quando, depois do trânsito em julgado, todos vivem felizes para sempre, ou não. De aparecerem e desaparecem, sem deixar rastro, no seu lugar. O que fica é o rastro/resto! São os tradutores imaginários do que o *Outro* quer transmitir, ou insistimos em acreditar que aparecerá, de rompante, no ato. Os assistentes são, na maioria dos casos, os responsáveis

---

[1] Juiz de Direito (TJSC). Doutor (UFPR). Professor (UFSC). Membro do Núcleo de Direito e Psicanálise da UFPR. Autor do livro: *Introdução crítica ao ato infracional*. Rio de Janeiro: Lumen Juris, 2007. E-mail: alexandremoraisdarosa@gmail.com

pelo "trabalho sujo", ou seja, realizam as tarefas que nos são moralmente inviáveis e que retiram, imaginariamente, a responsabilidade. Neles – heróis ou algozes –, alienadamente, coloca-se a responsabilidade pelas decisões, internações, execuções, pelos laudos periciais, com os quais o processo sempre segue, até o fim... Os ajudantes, diz Agamben (2005), ocupam essa função de fazer esquecer, de esquecer o que se faz... Porque, na lógica da burocracia, a enunciação se perde no emaranhado de enunciados imperativos. Cumpra, é seu dever. Sem pensar. O carrasco cumpre a decisão do juiz sem responsabilidade, bem demonstrou Kafka em *Colônia penal*, sendo que, por sua vez, o juiz, ao não sujar as mãos na execução, sente-se irresponsável, mesmo que atulhando gente onde não só a terceira lei de José Newton – talvez revogada – nega, a saber, onde cabem três, acotovelam-se 23. Nessa ambivalência, o processo segue seu caminho... Depois de executada uma sentença, remete-se ao arquivista, outro assistente. Cada qual ciente de seu papel, excelentes funcionários públicos, com eficiência, claro! Narra Kafka: "Estes senhores que vê aqui, e eu, desempenhamos um papel completamente acessório em seu assunto, do qual, para dizer a verdade, não sabemos quase nada [...] O certo é que está detido. Isto é tudo quanto sei" (2002, p. 47). Disso, todavia, resulta um gozo que é preciso investigar, marcar.

E é nesse contexto que o trabalho de Christiane se situa. Longe de acreditar em "fórmulas mágicas", procura dialogar com a "estrutura" e o sentido que possa daí advir. Parece "inescondível", pois, o estabelecimento de uma tensão entre o campo do direito e o campo *psi*, especificamente no tocante ao discurso da verdade, a saber, o lugar em que os "laudos *psi*" são inseridos no contexto de um processo judicial. Roudisnesco, ao discutir os limites da intervenção do Estado na regulamentação da psicanálise, na França, proporciona um quadro aplicável a diversos programas de execução de medidas socioeducativas. No caso dos atos infracionais, a aproximação dos saberes se dá pela via da seleção do medo, mediante classificações nosológicas. A compulsão por análises psiquiátricas, médicas, psicológicas, por indicações de "CID" evidencia que a solução da ortopedia moral do adolescente passa pela prescrição

PREFÁCIO

de poções mágicas, remédios para curar, tudo sob o medo da epidemia do mal avivada pelo ato infracional — o reino lombrosiano, com novos monarcas (Roudinesco, 2005, p. 32)[2], novos charlatães pedagógicos[3] (*Ibid.*, p. 18). Daí para o paradigma medicamentoso, é um pequeno passo. Cada vez mais tem sido utilizada a medicação para conter, restringir, alienar adolescentes, em nome da ilusória pertinência pedagógica. O medicamento passa a ser a varinha de condão que transforma o "adolescente infrator" em figura dócil, alienado de sua subjetividade e um "bom cidadão"[4]. A patologização, classificada nosologicamente, das manifestações sociais, principalmente na adolescência, fomentada pela ciência médica e adubada pelos "farma-dólares", instalou-se recentemente como a salvação de todos os males. Crianças são proibidas de incomodar, jovens não podem mais se revoltar, porque, em nome da "normalidade" social e psicológica, o paradigma medicamentoso é capaz de dar o verniz

---

[2] "Sabe-se atualmente que a vontade fanática de 'higienizar' os corpos e as consciências corre sempre o risco de resultar num projeto de erradicação do desvio que tem por objetivo o controle não mais da saúde física, mas da saúde dita 'racial' ou 'mental'".

[3] "O charlatão é, portanto, um ser duplo: endossa a sanção, mas é também condição de toda sanção. É tanto aquele que proporciona a cura com a ajuda de suas poções milagrosas como quem distribui a poção. Envenenador ou reparador, tirano e miserável, o charlatão é o outro da ciência e da razão, o *outro* de nós mesmos."

[4] A prática forense apresenta situações como esta: discurso da histérica, claro, acontecido há alguns dias, na sala de audiências: "– Meu filho agora pode ser feliz, doutor! O médico, muito bom, disse que não importa o que aconteceu no passado. Não importa que o abandonei por causa das drogas, daquele safado do pai dele – desculpa eu falar assim –, da morte do avô dele quando tinha seis anos. Lembra, né, que depois disso ele saía pela rua procurando não sabia o quê. Acabou pelas más companhias na droga e no furto. Por isso está internado no Centro de Internamento Provisório. Não é nada de "melan"... "melan"... – "colia", complementei –, não.O problema dele é uma doença, "tadinho", uma tal de te-de-hagá-alguma-coisa... sei lá, esse nome difícil, o senhor deve saber. Ele me explicou direitinho que tem algo que não funciona bem nele e que se pode consertar. Desde que ele anda tomando a medicação, anda tão bonzinho, obediente, calmo, até meio "tolinho" [risos], mas faz parte, disse o doutor. O importante é que está obediente e parece feliz porque sorri o tempo todo. Como eu queria ver meu filho sorrindo! Estou tão contente, doutor. Graças a Deus. Rezei tanto! Faz dois meses que eu também estou tomando estas bolinhas... me dão uma força. Agora, achei o caminho da felicidade. O que o senhor acha? [...]" A mãe do adolescente que me procurou assim o quer! Ela deseja bloquear, legitimamente, o sofrimento de seu filho, agarrando-se nisso. O que me restou perguntar foi: É isso que a senhora quer? Este é o seu filho? Sim, agora ele é meu verdadeiro filho. Resistir a isso apontando uma situação humana, e não um defeito de fabricação pode ser um caminho, mas jamais imposto, sob pena dos riscos éticos daí advindos. Pouco restava a fazer nessa euforia tão real...

15

de felicidade total, mediante duas drágeas por dia. Ser infeliz é *out*[5] (Melman, 2003, p. 37). O que era mais uma das saídas para dar conta, agora, é *a* saída eficiente para as ditas "chagas da alma", mediante puro êxtase, com "Ritalina". A ciência médica promete, com seus rigores ditos científicos, mas do lugar do cajado, a salvação. Aproxima-se, com novo cariz, dos defeitos biológicos atávicos que Lombroso apontou em sua *Escola positiva*, em uma versão *for windows*. Indica a obliteração das discussões subjetivas, naturalizadas objetivamente em glândulas, disfunções e medicamentos que, bem aplicados, devolvem ao sujeito a plena capacidade de caminhar, em fila, consumindo, se possível, ortopedicamente. Esse modelo atende muito bem, obrigado, ao paradigma neoliberal que preconiza a diminuição do Estado, circunscrito, agora, na liberdade do mercado e de seus mecanismos de seleção natural, mantida, evidentemente, a mão forte no campo repressivo.

A "pedagogia charlatã" acontece, então, porque se sabe que a intervenção dita pedagógica, longe de buscar a emancipação do sujeito, postulado da modernidade, oprime a subjetividade, aniquilando o sujeito[6] (Roudinesco, *op. cit.*, p. 31). Em sociedades loucas por higiene, quem representa a sujeira não pode ter outro destino que não a eliminação. Acrescente-se que o modelo puritano de fachada vigora nos princípios da imensa maioria dos programas, sem que vinculem com as eventuais demandas do adolescente e são impostas, via de regra, na perspectiva de um mundo ideal, alienadas dos processos de criminalização. A charlatanice sem fronteiras em nome do bem dos adolescentes

---

[5] "A decepção, hoje, é o dolo. Por uma singular inversão, o que se tornou virtual foi a realidade, a partir do momento em que é insatisfatória. O que fundava a realidade, sua marca, é que ela era insatisfatória e, então, sempre representativa da falta que a fundava como realidade. Essa falta é, doravante, relegada a puro acidente, a uma insuficiência momentânea, circunstancial, e é a imagem perfeita, outrora ideal, que se tornou realidade."

[6] "A partir do fim do século XIX, as políticas higienistas de saúde pública tiveram dois componentes: um, progressista, humanista e racional, visava a melhorar a saúde das populações pelo rastreamento e tratamento das grandes doenças orgânicas; o outro, francamente reacionário, oculto e mortífero, desembocará no eugenismo, isto é, numa ideologia da eliminação da 'raça' ruim, dita 'doente', em prol da boa, dita 'saudável.'"

PREFÁCIO

esconde o programa de eugenismo, executado por profissionais técnicos exemplares, como era Eichmann.

Assim é que o pretenso êxito da intervenção não pode ser medido geometricamente, muito menos por testes[7] (*Ibid.*, p. 90-103). O exemplo para saber se a intervenção extrema terá efeito somente pode ocorrer a posteriori, colocando-se, não raro, a culpa do fracasso no mesmo de sempre: o adolescente. A concepção de adolescente universal é ficcional. É a de um adolescente que não existe. Puro embuste que serve perfeitamente aos interesses ideológicos que lhe subjazem[8] (Del Omo, 2004, p. 297). Dito de outra forma, na execução da medida socioeducativa, os resultados rígidos são antiéticos, dado que se deve respeitar o ritmo de cada adolescente. Comparações generalizantes são totalitárias. Um passo de cada vez, do tamanho da perna, pressupondo-se a demanda. Isso que deveria ser levado em conta, até porque, não raro, o adolescente é o depositário familiar das angústias. A finalidade de que o adolescente cumpra a medida socioeducativa mediante um submetimento acrítico, sem capacidade de reflexão, ocasiona, via de regra, sua incompreensão e, longe de aproximá-lo do laço social, o afasta. O momento de um possível encontro torna-se desilusão, ódio e dissimulação. O adolescente submete-se para se livrar e acredita comodamente. O imaginário prepondera. Assim, as soluções devem ser singulares e, muitas vezes, heterodoxas, para que o adolescente possa desenvolver suas potencialidades, seus interesses e saberes, condicionados, sabe-se, ao desejo do Outro.

Lacan dizia que os lugares preinterpretam. Claro. É impossível a permanência da imagem do observador apartado do mundo, pois está

---

[7] "Nosso mundo, povoado de avaliadores incompetentes, é contudo fascinado pelas miragens da perícia generalizada. Tudo se passa como se a proliferação dos relatórios, das compilações e das meta-análises nos autorizasse a tampar os ouvidos diante das verdadeiras demandas da sociedade civil. Há nisso um terrível abuso de poder. A ideologia da perícia estendeu-se a todos os domínios das ciências humanas."

[8] "Pode-se, então, afirmar que existe um paradigma geral dominante, um meio social que o cria e utiliza e uma realidade latino-americana à qual esse paradigma é aplicado, porque a comunidade científica está comprometida com esse paradigma e não com sua realidade local. Distribui ferramentas conceituais inadequadas, afastando-se da percepção da realidade. Assim, a criminologia é produto e instrumento da dependência externa e se encontra cada vez mais imbricada nas estruturas políticas que carecem de legitimidade."

– queira ou não – inserido no mundo da vida e com responsabilidades éticas. Não se trata mais de se defender a partir da simples e mera aplicação da lei. Há sempre uma mediação e, principalmente, uma responsabilidade ética. Nesse quadro é que a tese de Christiane se insere. Psicóloga do Poder Judiciário Paulista, transfere para o campo acadêmico muito de sua angústia e seus impasses. Lida, via de regra, com atores jurídicos que nada querem saber de subjetividade, embora recorrentemente a assassine com suas práticas padronizadas e alicerçadas em uma moral "chapa branca" ideológica, e sedutora. Não raro, fala-se que faltou amor, em típica aderência "burguesa", e imbecil! Eles, decididamente, não sabem o que fazem, mas continuam a fazer, com uma eficiência arrebatadora. Os Centros de Internamento de adolescentes são verdadeiros "açougues de subjetividade". Em nome da limpeza, do bem, enfim, de todo o discurso empulhador das *every day theories*, tão bem criticadas por Alessandro Baratta, o Judiciário posta-se no lugar do discurso do mestre. Lugar sempre impostor, empulhador e de gente que sabe o que é melhor para o outro, objetificado.

Uma das possibilidades de sair dessa "geleia geral" é trair! Nesse sentido, aquele que denuncia o discurso do mestre (Lacan) é tachado de traidor, pois ousa, justamente, divergir da verdade dita e garantida – no caso dos laudos periciais psicológicos – pela ciência específica – a psicologia –, formada pelo emaranhado teórico de diversas posições, algumas delas, desde a falseabilidade de Popper, incapazes de se arvorarem como ciência. Ainda assim, esse discurso serve, ideologicamente, em muitos sentidos. Dentro do processo judicial atende, pelo menos, a duas funções: a) como mecanismo paliativo de desencargo (Miranda Coutinho); b) para maquiar a decisão como cientificamente justificada. Talvez uma das saídas seja, de fato, denunciar o grau discricionário e paracientífico dos laudos, fundamentados, na maioria dos casos, em premissas ocultas, mal compreendidas, forçadas, sem diálogo democrático, ou seja, via processo como procedimento em contraditório (Fazzalari), constituindo-se, em suma, em uma opinião arbitrária colocada no lugar da verdade. Para romper com esse estado de coisas, é preciso trair, tomando-se o cuidado de não se tornar um fanático contra outros fanáticos. Amos Oz afirma que somente aquele que ama é capaz de converter-se em traidor, justamente por ser capaz de mudar aos olhos de quem não consegue mudar – odeiam quem muda e não podem conceber, portanto, a mudança de opinião. Em síntese: aos olhos do fanático, traidor é qualquer um que muda de opinião. Amos Oz também reconhece que é difícil escolher entre tornar-se um traidor ou permanecer como um fanático. Esse lugar de fanático, longe de precisar de vestes especiais, encontra-se adornado no lugar da verdade-ciência, isto é, no paradigma científico prevalente, o qual adota uma postura de superioridade com relação aos demais saberes e serve, como bem demonstrou Christiane, ao que se vê!

Aceitar o sujeito é admitir que age sem o saber, movido por uma estrutura subjetiva singular, própria, embalada pelo *princípio de morte*, na eterna tentação de existir. Pode ser que ali, no ato infracional, uma tentativa de o sujeito adolescente se fazer ver, aparecer. A abordagem tradicional busca calar esta voz, não deixar o sujeito dizer de si, de suas motivações – previamente etiquetadas e formatadas – por tipo penais. Há um sujeito no ato infracional. E a proposta de Christiane é possibilitar que ele se faça ver, dando-lhe a palavra, sempre. É com a palavra, com a voz, que o sujeito pode aparecer. A violência em nome da lei, imposta, simplesmente, realimenta uma estrutura de irresignação, que (re)volta, mais e mais.

Nesta abordagem, apresentada por Christiane, mostra-se que não se pode gozar tudo, pois há um impossível a se gozar em sociedade, bem como aniquilar sujeitos mediante patologização, submetimento alienado e violento, de nada adianta. Busca-se, ao contrário do discurso padrão, construir um laço social, e não a imposição de um respeito incondicional *kantiano* que, por básico, opera na lógica: não discuta, cumpra. Almejar que o sujeito enuncie seu discurso e não despeje enunciados, como diz Lebrun (1997), ocupando um lugar e uma função, a partir da leitura cruzada com a psicanálise. A aposta que se faz, nesse contexto, pois, é a de reconhecer o outro, a alteridade, à medida que se descobre como sujeito. Dito de outra maneira, aceitar o outro sob a forma de uma relação conflituosa, para somente assim ocorrer o laço social. Do contrário, há intolerância. Sempre. Zizek (2006, p. 116) afirma que é preciso de alguma maneira aceitar a violência, porque a tolerância a distância, própria do modelo liberal, é muito mais cínica. Enfim, arriscar o impossível: aceitar e relacionar-se com o outro singular.

Talvez duas das formas de resistência, com Melman. A primeira é fazer que haja enunciação ao invés de amontoados de enunciados, na qual o ator jurídico possa fazer-se ver, rejeitando os avanços da decisão fácil e eficiente, em nome de um resto de democracia que precisa, enfim, resistir. Seria pedir muito? A segunda seria dizer não para que o Judiciário não se transforme em instrumento do gozo perverso, como indicado por Melman e Lebrun. Mas a resposta está aberta. Democraticamente. De qualquer forma, em relação aos assistentes, é melhor que esqueçamos que eles existem ou que os representamos, porque olhar na direção deles, ou no espelho, tem um preço, e neste momento é melhor não ver nada, ou pagar o preço da decisão, enunciando de um lugar, e com a responsabilidade daí advinda.

Escrever um prefácio à tese de Christiane Whitaker, convertida em livro, não foi, definitivamente, "pré-fácil". O significante ficou retido por algum tempo, digamos assim... trabalhando... De qualquer forma, a tese da Christiane é por demais importante para ficar restrita ao mundo acadêmico. Precisa ser lida pelos atores jurídicos que atuam na Vara da Infância e Juventude, embora eu não possa garantir que eles se interessem por outra coisa que não sejam protocolos e manuais... Ela, Christiane, pretendia exorcizar – como eu – os desconfortos de ocupar uma função na Vara da Infância e Juventude... e acho que nem ela e nem eu conseguimos! Há desejo. Ainda bem! Por isso, é preciso trair – um ato, definitivamente, de amor!

Alexandre Morais da Rosa

Juiz de Direito (TJSC). Doutor (UFPR). Professor (UFSC).

Membro do Núcleo de Direito e Psicanálise da UFPR. Autor do livro: *Introdução crítica ao ato infracional*. Rio de Janeiro: Lumen Juris, 2007.

REFERÊNCIAS BIBLIOGRÁFICAS

AGAMBEN, G. *Profanaciones*. Barcelona: Anagrama, 2005.

DEL OMO, R. *A América Latina e sua criminologia*. Rio de Janeiro: Revan, 2004.

KAFKA, F. *O processo*. São Paulo: Martin Claret, 2002.

ROUDINESCO, E. *O paciente, o terapeuta e o Estado*. Rio de Janeiro: Jorge Zahar, 2005.

LEBRUN, J.-P. *Un monde sans limite*: essai pour une clinique psychanalytique du social. Tolouse: Érès, 1997.

MELMAN, C. *O homem sem gravidade:* gozar a qualquer preço. Rio de Janeiro: Cia. de Freud, 2003.

ZIZEK, S. *Arriesgar lo imposible*: Conversaciones com Glyn Daly. Madri: Trotta, 2006.

APRESENTAÇÃO

"*Actus non facit reum nisi mens sit rea*"[1]

Este livro enfrenta um tema que se constitui parte importante do cenário social brasileiro, o qual, dependendo das circunstâncias, vem à luz de modo mais ou menos veemente, não sem remexer a pauta da ordem do dia. Originalmente escrito em forma de tese, sob orientação da profa. dra. Léia Priszkulnik, como requisito para a obtenção do título de doutor em Psicologia Clínica, pela Universidade de São Paulo, em 2007, agora assume algumas adaptações para o formato comercial. De uma perspectiva crítica, ele oferece uma mirada viva e atualizada, que traduz a realidade do campo infracional e suas relações entre o sistema de justiça e o saber *PSI* (psicológico e psiquiátrico), e uma leitura psicanalítica acerca da posição subjetiva dos jovens que cumprem medida socioeducativa.

É com base na prática do exercício, da função no judiciário paulista como psicóloga do Fórum das Varas Especiais da Infância e Juventude, que tem como especificidade o atendimento de infratores na capital, que nosso objeto de estudo está particularizado. E, mais ainda, limita-se ao Departamento de Execução e aos casos em curso de medida de internação.

Nunca é demais remarcar a exigência pluridisciplinar que esse tema evoca. Por isso, este estudo se insere em um fecundo campo e somente se pretende como mais uma contribuição.

Partimos da eleição de um duplo recorte para uma discussão que abrange duas vertentes distintas: a institucional e a clínica. A primeira refere-se fundamentalmente ao lugar do saber *PSI* no sistema da justiça infracional. Esse viés é fruto de questões que sempre me interrogaram e que me incomodaram desde minha entrada na cena da psicologia

---

[1] Máxima do direito canadense: "O ato não faz o acusado, se a mente não é acusada.".

forense, sobretudo diante de minha formação em Psicanálise, quando me via, também, parte dessa estrutura. Pois bem, só me restou exorcizar.

A imposição da sugestão de medida jurídica por um psicólogo merece se tornar, no somatório de uma série de questões que abrange o arcabouço processual e o sujeito em si, objeto de discussão. Parafraseando Rosa (2006b), a formação da convicção para uma decisão de medida judicial agrega uma "bricolagem de significantes". Ora, assim deveriam ser contemplados princípios das mais variadas ordens, todos do ponto de vista do Direito e de garantias processuais alinhadas ao Estatuto da Criança e do Adolescente (ECA), como também outros saberes colaterais, que, por direito, aí estão previstos. Mas é, por vezes, de outra forma que se organiza a construção do pensamento jurídico de todos os operadores envolvidos em grande parte dos processos. O saber *PSI* ganhou espaço no âmbito judiciário e hoje está revestido de uma magnitude sem precedentes. Desse modo, a mirada *PSI* do sujeito cada vez mais condiciona para uma decisão. E esta, a decisão, é jurídica, em única instância, e assim é definitiva sobre o destino de um ser, e isso é irredutível.

Vale remarcar que não se trata de uma conjunção de saberes, entre os quais estão o Direito e o *PSI*, mas da apropriação do segundo sobre o primeiro. Segundo Foucault (1975), "o psiquiatra se torna efetivamente o juiz (...)".

Os desdobramentos daí saltam à vista. Não raro, os processos de execução dos casos considerados graves cada vez mais se encharcam de laudos e perícias. E, nessa esteira, situam-se também as inúmeras determinações judiciais para que os jovens se submetam a processos psicoterápicos para sua "reforma" interior.

Essa engrenagem e a formação da convicção do juiz, que acabam por balizar o acompanhamento da execução da medida, têm na lei sua raiz.

O critério temporal para a progressão de medida do jovem não encontra amparo de nenhuma definição inscrita na legislação. A indeterminação temporal do cumprimento da internação (máximo de três anos) é considerada aqui a mola propulsora desse movimento, o que

APRESENTAÇÃO

gera inúmeras saídas e arranjos dos operadores envolvidos com a execução da medida. A partir daí, modos de soluções desembocam em um desvirtuamento dos propósitos da própria lei, tornando-os até mesmo institucionalizados, e, dessa forma, o jovem é atingido.

De modo contraditório, a genuína proposição do ECA, que busca a singularidade do ser – considerado modelo ideal no trato com a infância e a juventude –, está distante da assunção de um movimento patologizante e estigmatizante. Por isso, faz-se necessário urgentemente desmontar essa estrutura edificada que encontrou respaldo nos hiatos da lei. A esse paradoxo damos o nome "(des)patologização: um fenômeno que reascende questões".

Surpreendentemente, a partir da sugestão de um texto de Foucault no exame de qualificação, *Eu, Pierre Rivière, que degolei minha mãe, minha irmã e meu irmão*, deparei-me com a desatualização dessa questão. A justaposição dos critérios médicos aos da justiça é histórica e secular. Assim, foi possível traçar um paralelo temporal entre os moldes atuais e os do ano de 1835.

Em contrapartida, busquei aferir, com alguns dados oficiais em vários âmbitos em que a prática de execução de perícias se dá, um levantamento sobre a saúde mental dos internos da Fundação CASA[2], os diagnósticos estabelecidos, com o propósito de reafirmar algo que a intuição, fruto de minha prática cotidiana, já indicava: a maioria deles não se enquadra no quadro nosográfico de Transtorno de Personalidade Antissocial (TPAS). Ainda que não exista qualquer correlação entre esse diagnóstico psiquiátrico e a perversão, tal como a Psicanálise a define, demarquei suas diferenças conceituais, não sem sentido. Se os dados sobre a saúde mental dos internos são referidos a partir da abordagem psiquiátrica, de natureza empírica e pragmática, predominante na psiquiatria clássica, o meu referencial teórico daí se distancia. Assim, foi possível sustentar a tese de que alguns jovens infratores, apesar de

---

[2] Fundação CASA é o nome atribuído à instituição responsável pela execução do cumprimento das medidas de internação e de semiliberdade em São Paulo. É a antiga Febem extinta em 23/12/2006. No pós-texto, há um Glossário com a definição de várias siglas empregadas neste livro.

apresentarem características fenomenológicas próprias da delinquência, não se situam na estrutura perversa de personalidade. Esse discernimento não tem nenhum caráter eufemístico, mas pragmático, que altera radicalmente o sentido no trato que lhes é dispensado.

É aí que este trabalho pode ter uma natureza contributiva: a despatologização, ampliada para a noção de desvitimização, força-nos a construir novos modos de abordagem diante das históricas práticas pedagógicas, sociais, assistenciais, médicas, psicólogas e até legalistas. Aliás, defendo a ideia de que este é o grande desafio atual. A desvitimização e a despatologização descartam ações paternalistas e, por vezes, totalitárias (como a pedagogia imposta) que têm-se mostrado em parte inócuas ao longo dos anos (e a Psicanálise explica... Alguns dos fracassos dos programas de inclusão social, como a socioeducação, decorrem da massificação de ofertas de lugares idealmente construídos, e com isso desprezam a escuta daquilo que poderia circunscrever a vontade de gozo do sujeito, mesmo que seja uma prática complexa e de difícil manejo... Grande desafio!).

A Psicanálise inaugura um modo de entendimento sobre o humano que subverte a exclusividade do prisma da consciência. Assim, o sujeito da Psicanálise é o sujeito do desejo, responsável por sua causação e por suas faltas. Essa premissa inspira a entrada em outros campos nos quais a responsabilização também é parte operante naquilo de que tratamos.

Na ordenação jurídica, segue a respectiva discussão sobre as inúmeras interpretações, por vezes antagônicas, que a lei permite sobre a inimputabilidade e a responsabilidade, associadas à questão da saúde mental. Duas anotações surgem: a adolescência, em si, baliza a zona etária estabelecida pelo ECA, que a considera um período de desenvolvimento e, portanto, pressupõe uma desvantagem maturacional que incide sobre uma prerrogativa protetiva. E, nessa mesma esteira, o desfavorecimento social da maioria dos internos é levado em conta.

As causas sociais, que, em geral estão postas em cena para a análise desse fenômeno, por outro lado, aqui são transformadas em alteridade. Ou seja, ao cenário social é atribuída a função de Outro. Igualmente, a infração pode ser também discutida como resultante da relação do

APRESENTAÇÃO

sujeito com o Outro, vertida em ato. Essa inversão, digamos sociológica, privilegia a tomada do sujeito e sua causação como condições fundamentais de não reduzi-lo a objeto, como caudatário, ou àquele de quem se subtrai o poder, sob o risco de se lhe infligir o próprio esvanecimento. Desse modo, apontamos uma diferença entre o domínio do Direito e o da Psicanálise: "para o Direito o sujeito é responsável frente ao Outro social, para a Psicanálise ele também o é frente a si mesmo, ao seu tribunal interior", tal como aponta Ambertín (2004).

Sobre a adolescência (que só está vinculada à infração por força da lei), apresentamos uma noção ampliada de sua condição cultural, e não biológica, pubertária. Assim sendo, interrogamos as teses clássicas que a vinculam de modo exclusivo à infração. E, ainda, sublinhamos que a adolescência é referida à infração desde a concepção do Direito (adolescência = infração), assim como o adulto o é ao crime. Por isso, o infrator e suas causações psíquicas não podem ser tratados unicamente ao modo das operações subjetivas do adolescer.

Entramos, então, na segunda parte do livro: a prática clínica forense à luz da escuta psicanalítica. Para a discussão do campo infracional, da ligação do infrator à infração, permiti-me descolar de toda teorização clássica acerca da delinquência para apresentar outro modo de compreensão do fenômeno, com base em minha própria experiência. Conforme já dito, a prática já sustentava a noção que desvinculava os jovens da perversão e também já advertia que a literatura tradicional estava desatualizada. Por isso, fiz um levantamento estatístico baseado em um protocolo com catorze variáveis, que sedimenta um traçado atualizado do perfil dos jovens. Desse modo, pude cindir equações um tanto cristalizadas, como o desenlace com a noção clássica da drogadicção, a desassistência familiar (de modo objetivo), a vitimização infantil e as patologias, dentre outras. Contudo, esses dados serão novamente postos à prova quando da discussão sobre a posição subjetiva do infrator e tudo o que esta pode contemplar.

Parto de uma tese que exclui a perversão e inclui o que nomeei de "cultura infracional", como uma modalidade de costumes idealizada à qual os jovens aderem, e a qual, em última instância, se refere a um dito sustentado pela insígnia do "ser do mundo do crime". A posição fálica que ela garante traduz a inscrição na lógica do reconhecimento simbólico. Para ancorar essa ideia, lancei mão do quinto discurso de Lacan, o capitalista, que não faz laço social e aliena o sujeito, despojando-o do lugar de agente, sem que o saiba. Daí o sujeito fazer de sua causa não o seu desejo, mas os objetos, o que não deixa espaço para a falta, e por isso, ele é um discurso que rejeita a castração. É um discurso sem lei, que não regula, mas segrega (imposição do mercado que delimita os que têm e os que não têm acesso aos produtos da ciência). Por isso, as relações não estão centradas nos laços com os pares, e sim com os objetos.

Essa forma de organização social, que produz uma completa assujeição aos ideais da civilização, articula-se ao modo de gozo dos jovens infratores, o que se soma ao que denominei "fraturas nos processos constitutivos de subjetivação". Sempre me foi absolutamente espantoso, e intrigante ao mesmo tempo, deparar com a dificuldade desses jovens em construir uma narrativa de suas próprias histórias de vida, de suas genealogias, de seus desejos, de suas posições, indicando aí um processo de alienação de si mesmos. Do mesmo modo, seus pais, ou os que encarnam as funções parentais, têm dificuldade em particularizá-los, em singularizá-los para a produção de um enunciado das questões que de alguma forma os situem na cena familiar. Mas ambos se imaginam em uma relação um tanto compromissada. Do lado dos pais, podemos dizer que o discurso aí transmitido não produz inflexões, tampouco ressonâncias subjetivas ou desestabilizadoras de verdades. E no alheamento de si mesmos por parte dos jovens encontramos, na operação estrutural incluída nos processos subjetivos da adolescência, algo que corresponde a uma dificuldade de suturar o enigma do outro sexo, em face da inconsistência da formulação do mito individual.

Essa leitura se enlaça à formação grupal para a prática de delito, uma vez que está atrelada a uma necessidade de desidentificação, que carrega consigo uma desimplicação mortífera como uma tentativa de desaparecimento do próprio sujeito. A teoria freudiana sobre a psicologia das

APRESENTAÇÃO

massas revela que nada de novo se constitui do ponto de vista anímico quando o indivíduo se filia a um grupo. Portanto, pode-se dizer que se trata de uma escolha que sempre obedece a uma natureza múltipla de motivações, algumas das quais conscientes, outras inconscientes e outras pertencentes ao campo dos impulsos do Supereu. Por isso, o desejo de "ser do mundo do crime" pode ser também analisado, desde a identificação, como um mecanismo que visa a configurar o Eu a partir do outro, tomado como modelo.

Os bordões tão comumente evocados "fui pela cabeça dos outros" ou "tive cabeça fraca" fundamentam-se na desimplicação franqueada pela formação grupal, resultado de uma anuência e de um assentimento.

As drogas são entendidas como objeto de inclusão na cultura infracional, destituídas aí de suas habituais significações, como objetos alienantes. A substância ilícita é peça do jogo do "ser do mundo do crime". Isso importa para o tratamento dado à questão que subtrai o manejo clássico dos adictos da droga. Usuário não equivale a dependente.

O rompimento quase completo com qualquer engajamento social compromissado implica assumir uma posição de risco. Daí, foi possível estabelecer nexo com as ideias de Rassial (1997), em sua compreensão sobre o que ele desenvolveu como "casos-limite". O adolescente encontra-se "em pane" em suas relações consigo e com o mundo quando permanece fixo em um lugar "errado", que o condiciona a determinada morbidez. Bom, dito isso, é necessário estabelecer uma saída para essa posição. A responsabilização parece ser a mais apropriada.

A desproporcionalidade entre os sexos é encontrada em todas as estatísticas, não só no campo infracional, mas criminal e internacional, com uma média de 94% de homens para 4% de mulheres que compõem a população encarcerada. Esse fato deveria, então, ser enfrentado. Pois bem. A partir das posições masculina e feminina estabelecidas por Lacan, foi possível contribuir com o entendimento do gozo fálico masculino, sua relação com a tendência à unidade e a satisfação pela competência, que é consoante com a construção imaginária que designa aquele que tem (objetos de desejo) e é (parte da cultura infracional).

29

Para finalizar, apresentamos uma possível saída para o enlace mórbido que sustenta a relação dos jovens com as infrações, ancorada nos princípios psicanalíticos. Nossos colegas argentinos, com um estudo aprofundado, também com outros psicanalistas de outras nacionalidades, entre 1995 e 2004, no Centro de Investigações Sociológicas da Faculdade de Direito da Universidade de Tucumán, abriram espaço para um diálogo entre os campos do Direito e da Psicanálise que ainda vigora em vários programas acadêmicos. Minhas incursões na busca por material bibliográfico fizeram-me chegar a eles. Nada melhor que um encontro como esse para lançar mão das ideias que lá já estavam articuladas. Assim, pude constatar uma deliciosa convergência do que para mim ainda se apresentava de forma desorganizada, mas que anunciou uma direta relação à qual minha escuta me lançava.

Em suma, a Psicanálise não vislumbra outra saída para essa experiência mórbida fora do campo da responsabilização. Assim, é possível romper o binômio infração-infrator, de modo a desalojá-los de uma circularidade sustentada pela entrada no sistema de justiça, no cumprimento de medidas, e ao seu término o retorno à infração e reentrada no circuito.

Com efeito, isso imprime a necessidade imperiosa de subjetivação do ato, que recai sobre a humanização do sujeito. A desvitimização e a despatologização são, aí, consequências diretas. A culpabilização subjetiva importa para que o autor possa surgir para além dele. A seriação ato-culpa-responsabilização-sanção é um movimento subjetivo imprescindível para o enfrentamento de sua falta e para "se reconstruir" a partir dela. Do contrário, a desresponsabilização é a saída mais fácil e rápida diante do difícil e custoso embate com o pivô radical da natureza humana: sua relação com a lei. Essa é a noção de maior relevo que permite que os jovens assumam suas causas e aí sim saiam do lugar de causadores e, só então, como uma consequência natural, poderão advir como sujeitos desejantes. Isso é o que, de fato, importa como efeito.

Desse modo, espero que este livro contribua não só para paramentar aqueles que estão engajados no trabalho com o campo infracional, em

APRESENTAÇÃO

vários níveis, mas que ele também possa ajudar a desconstruir ideias sedimentadas e arraigadas, que não respondem mais ao fenômeno. O puro assistencialismo travestido de socioeducação, como oferta de ideais, tal como posto, tem produzido efeitos mínimos (só espelha o sistema ditatorial, que se situa no lugar do saber e define o que é o ideal). Os fracassos encontram aí a resposta. Urge, portanto, direcionar o manejo a outros paradigmas de tratamento que rompam com a estrutura do gozo capitalista, na qual os jovens estão fixados, e que os lancem para a métrica do desejo... Aí onde possam suportar sua "falta-ser"... Só assim, então, estarão livres!

Boa leitura a todos.

Christiane Whitaker,
Outubro de 2008

INTRODUÇÃO

"(...) para o Direito, o sujeito é 'responsável' ante o Outro social, é o que importa e de que o trata; para a Psicanálise, em troca, o sujeito é também responsável ante e para si, para seu tribunal interior." (Ambertín, 2004, p. 32)

O campo infracional e suas relações são temas centrais de investigação deste livro, particularizados a partir do Judiciário, e seus trâmites e funções operacionais, sob enfoque da Psicanálise. A responsabilização é o veio que mantém as discussões em uma univocidade necessária à edificação dos argumentos aqui depositados.

É inevitável assinalar que enfrentar a temática da infração e do infrator é um processo árduo e penoso, mas, em outra medida, é exatamente isso que a torna extremamente sedutora e convidativa para o seu desafio. Imprescindível é remarcar que ela está diretamente implicada em inúmeras categorias disciplinares. Trata-se de um fenômeno social enquistado por fatores das mais diferentes ordens que contabilizam e alimentam sua complexidade. Impossível acercá-la por uma única via de saber e conhecimento, sendo que somente o somatório da diversidade desses elementos poderá assentar um terreno fértil para edificar e construir caminhos criativos para uma possível desmontagem, para uma saída extrínseca à morbidade que os enlaça. Este livro se pretende como mais uma contribuição ao tema, entre tantos outros.

Formalizar um exercício, uma prática de vários anos em formato acadêmico, exige grande esforço. A posição de psicóloga judiciária no Fórum das Varas Especiais da Infância e Juventude de São Paulo, destinado exclusivamente ao atendimento de jovens infratores, torna-se um lugar absolutamente privilegiado que impinge ao debate sistemático de tudo que compõe o contexto infracional. Assim, nasce este trabalho dos impasses inquietantes, dos aturdimentos que borbulham a cada impacto desestabilizador, sejam eles próprios dos trâmites institucionais do Judiciário, ou advindos de cada caso da clínica. É exatamente aí que rebenta o desafio: para além da viravoltas que a nossa posição nos remete, força-nos constantemente ao desenvolvimento do pensamento crítico.

Necessário, também, é esclarecer que o lugar de psicóloga forense me permitiu, com certo conforto, manter um tom crítico nos entremeios da narrativa. O que, de modo algum, faz referência a qualquer ordem pessoal, ao contrário. Ciente de que todos os implicados na execução dos processos judiciais têm, no compromisso com a prática, uma égide orientadora, o sistema, do qual também sou parte, é que sustenta alguns pontos controversos. Trata-se simplesmente de argumentos que sustentam a lógica construída, em uma visada com propósitos contributivos e nada mais. Passemos ao tema.

A questão que tratamos refere-se a uma população restrita: os jovens transgressores. Segundo o censo de 2000, eles correspondem a 0,16% da população de adolescentes brasileiros, entre doze e dezoito anos. Todavia, há indicativos numéricos que sinalizam um contínuo e crescente aumento desse contingente. Segundo a Subsecretaria de Promoção de Direitos da Criança e Adolescentes (SPDCA) no Brasil, entre 2002 e 2006, a porcentagem de jovens que cumpriam medida de internação sofreu um acréscimo de 30,49%. E no estado de São Paulo o crescimento nesse mesmo período foi de 45,06%.

A permanente elevação desses números, que indicam, por meio de vários estudos estatísticos[1], a expansão dos atos infracionais[2] praticados e, por consequência, o aumento da quantidade de adolescentes que

---

[1] Segundo a assessoria de imprensa da Fundação CASA-SP, em dezembro de 2001, a lotação da instituição era de 4.233 adolescentes, e em dezembro de 2005, de 7.018 (aproximadamente 66% de aumento em quatro anos). Segundo dados recentes do Instituto Brasileiro de Ciências Criminais (2006), o estado de São Paulo é líder com 39% do contingente nacional, sendo que detém 20% do total de adolescentes do país. Em média, a Fundação CASA recebe 30-35 jovens, e 15-20 são desinternados diariamente.

[2] O adolescente é, perante o ECA, considerado pertencente à faixa etária entre doze e dezessete anos inclusive, e o ato infracional (não se usa o termo crime para adolescentes) está em conformidade com o Código Penal.

INTRODUÇÃO

transgridem, revela uma questão de suma importância que desponta no cenário atual brasileiro.

O tema que vamos aqui tratar revela-se também oportuno, pois, em sua lateralidade, está presente atualmente nos debates políticos por uma injunção de infelizes episódios recentes que vinculam o jovem à violência, à transgressão[3]. Daí resulta a polêmica da maioridade penal, assunto reavivado que recai insistentemente em um dualismo radical: diminuição da idade penal ou manutenção da zona etária hoje estabelecida.

Se os adolescentes envolvidos com a delinquência apresentam um perfil bastante definido por gênero e classe social — masculino e pobre (moradores da periferia das grandes cidades) —, automaticamente, fixa-se uma conexão que entabula a raiz desse fenômeno: a segregação social e seus desdobramentos. Essa equação adquire contornos sedimentados de difícil desmontagem. Esse é nosso desafio. A segregação social e tudo que nela se contempla — pobreza, privações, ausência de recursos, oferta de drogas, e assim indefinidamente até que se acerque da chamada vulnerabilidade social[4] — certamente são fatores indiscutíveis em suas determinações. Contudo, suas relevâncias podem e devem ser deslocadas para seus efeitos, e não simplesmente consentidas enquanto causas. São eles, os efeitos, justamente que nos interessam sobremaneira e os quais nos permite ultrapassar os móbeis sociais[5], que, em nosso entendimento, não recobrem com exclusividade a amarração do jovem à infração. Assim, partimos em direção a outros elementos, os psíquicos e subjetivos, fortemente presentes também nessa causação.

---

[3] Referimo-nos aos casos nacionalmente conhecidos: de "João Hélio" (2007) e o do casal de namorados "Liana e Felipe" (2003).

[4] Vulnerabilidade social é um conceito que atende aos efeitos de determinados aspectos socioeconômicos e familiares que incidem sobre modos de pertencimento social, vinculados à violência e a situações de risco que acabam por afetar a população economicamente mais desfavorecida.

[5] Há na tradição sócio-histórica o entrelaçamento de dois fatores, pobreza e crime, espraiados no imaginário social. Os enfoques sociológicos sempre advertiram para o cuidado dessa correlação, mas nunca se desfizeram dela. (Misse, 1993)

35

Expressemos [...] nossas reservas ante essa corrente que conceitua o delinquente como produto de condições externas atribuindo a estas a "responsabilidade" do ato delitivo. Nestas interpretações o vitimizador é, antes de mais nada, uma "vítima": das circunstâncias, da história, da geografia, da estrutura social, da educação, da família, da escola, etc., por tanto, é "a sociedade" a responsável, não ele. (Ambertín, 2004, p. 25)

A perspectiva do enfrentamento da questão que se nos apresenta, o liame infração e infrator, é posta sob o ângulo que subtrai o sentido de reificação[6]. Questões do campo subjetivo podem ser tomadas como soberanas e determinantes desse destino, aqui não mais fadado pelos elementos sociais, mas a partir de uma escolha, desde a posição de Sujeito, que o lança no contrassentido das leis sociais. Assim, esse Sujeito, no sentido psicanalítico do termo, enquanto sujeito do desejo, do inconsciente, se faz absolutamente responsável por seus atos. É na relação com o Outro social que a participação do jovem e sua inserção no circuito infracional passam a ser entendidas. Esse Outro deixa de ser determinante para ser situado como alteridade.

Pois bem. A experiência de anos no Judiciário denunciava aspectos que sempre me interrogaram e, ao mesmo tempo, me traziam inúmeros desconfortos. Era preciso exorcizar. Primeiro o imperativo categórico de se firmar sugestões de medidas legais nos laudos psicológicos. Havia, e ainda há, inúmeros casos de difícil discernimento no que diz respeito ao destino do jovem, por uma medida ou outra, diante de questões jurídicas intrínsecas e indispensáveis aos casos. A regressão de medida é uma delas; a disfuncionalidade dos aparelhos do Estado no tratamento do infrator, que remete à dúvida sobre a manutenção de uma internação sem perspectiva alguma de "recuperação" em todos os sentidos; e a mais crucial de todas: atender às demandas judiciais que, em geral, em suas

---

[6] Reificação: processo em que uma realidade subjetiva de natureza dinâmica (sujeito) passa a apresentar características, fixidez, automatismo e passividade, de um objeto inorgânico (Outro social) e perde com isso sua autonomia e autoconsciência (Adorno, 2005).

entrelinhas, induzem à predição. Daí, e de outras questões que ganharam vida após o andamento da escrita, nasce a primeira parte desta tese: o campo institucional.

Este trabalho se divide em duas grandes partes: institucional e clínica. E referem-se a um lugar exclusivo, o Judiciário. É importante sublinhar que o tema aqui desenvolvido parte dessas duas posições justapostas, que os desdobramentos da posição de psicólogo admitem. Desse modo, evidencia-se que a infração e o infrator são tomados única e exclusivamente a partir do exercício da psicologia jurídica, e não estão estendidos a outros âmbitos nos quais esta questão está presente (a Fundação CASA, por exemplo). Trata-se de um entendimento baseado neste recorte, e, mais ainda, nos casos em que há determinação judicial para a realização de avaliação psicológica, outra fração. E desses, somente os casos de cumprimento de medida de internação, seja ela sanção, por tempo indeterminado, ou provisória[7].

A primeira grande questão que esta tese traz à luz se refere a um fenômeno dúbio e de difícil discernimento, uma vez que está entranhado no campo institucional. Aqui, adquiriu o estatuto de (des)patologização. Trata-se de um movimento oscilante e sobreposto, em que um sentido é substituído por outro, por meio da alteração de foco e de luz que se lança sobre um ou sobre outro.

A (des)patologização dos infratores encontra algumas vias de entendimento. Indispensável é dizer que a primeira delas é resultado de uma noção massificada e bastante arraigada que atrela a delinquência às patologias *PSI*.

Esse fenômeno em seu sentido positivo é conexo com a patologização, a partir do incremento e da institucionalização de uma prática.

---

[7] Internação-sanção: determinada por descumprimento de outra medida que estava em curso; tem prazo máximo de noventa dias. Provisória: determinada após a infração, com prazo máximo de 45 dias, em que o processo deve ser julgado. E por tempo indeterminado refere-se a uma das medidas socioeducativas, a única que prevê privação de, no máximo, três anos.

Os processos de execução[8], nos casos considerados graves[9], são os que mais o sustentam. Explico: Trata-se de um acontecimento movido pela engrenagem do Judiciário que, objetivando personalizar e particularizar os jovens, demanda do saber especializado – *PSI* –, um discurso não só analítico (de análise) do contexto psicológico, mas também preditivo (inclui-se aí periculosidade e afins), e que acabou por alavancar uma ordenação compulsiva de realizações infindáveis de laudos e perícias psicológicas e psiquiátricas. Ao contrário, essa demanda, que tem como escopo singularizar os jovens, carrega consigo uma tentativa de desvinculação mecânica entre infração e infrator, o que poderia seguir a via da despatologização. Portanto, com vistas a recobrir a convicção da magistratura, o saber *PSI* adquiriu um relevo progressivo que hoje atola os processos judiciais de execução. Aqui reside a ambiguidade; na tentativa de despatologizar, patologiza-se. Para um melhor entendimento da questão, dispusemos três processos reais, que se encontram anexados ao trabalho, cujas estruturas ilustram essa discussão.

Essa constatação subsidia a introdução da questão da sobreposição dos critérios médicos e psicológicos aos da justiça. O caso Pierre Rivière de 1835, emblemático em seu aspecto histórico, embala o debate naquilo que ele contribui com sua desconfortante atualidade. Assim, é possível, por analogia, atestar uma prática desgastada e limitada: a peritagem. É preciso reinventar e atualizar o lugar *PSI* nos processos judiciais. A Justiça Restaurativa[10] parece ser uma saída, e o desenvolvimento deste trabalho conduzirá à contribuição da Psicanálise ao Direito. Para antecipar, revelo: a responsabilização.

No entanto ainda há uma antiga e permanente noção de que a prática clínica forense desvela sobre a incidência de patologias psíquicas

---

[8] Processos de execução são relativos aos que estão em fase de cumprimento de medida, sua execução. Em nossos casos, referimo-nos particularmente à medida de internação.

[9] Casos graves dizem respeito ao delito cometido, à tipificação penal.

[10] "Justiça Restaurativa é um dos mais inovadores mecanismos alternativos ao sistema formal de Justiça para resolução de conflitos que tem como finalidade o acordo. Um de seus pilares são os círculos restaurativos – reuniões para sanar desentendimentos e tratar mais a fundo casos de atos infracionais de menores, com a participação dos envolvidos no conflito e de outros interessados." (O judiciário paulista, 2007).

INTRODUÇÃO

nos infratores. A despeito de suas inserções na via criminal, a escuta permitiu entrever, ao longo dos anos, uma real distância da perversão como quadro clínico estabelecido na estrutura da teoria psicanalítica para uma maioria. Essa primeira intuição não é antagônica aos estudos sobre a saúde mental dos internos, que angariamos e discorremos. Assim, fez-se necessário precisar as diferenças conceituais entre perversão e Transtorno de Personalidade Antissocial, diagnóstico este que recheia alguns processos, não sem a devida notação de sua inconcebível atribuição aos menores de dezoito anos pelos psiquiatras. Desse modo, e em contiguidade à nossa diretriz fundamental, a despatologização do infrator torna-se um princípio que orienta a parte clínica do trabalho.

A partir do estudo do campo da saúde mental e da justiça, tornou-se convidativa a incursão pelas teorias criminológicas, e a Psicanálise desse assunto também não se furtou. Assim, rastreamos os escritos de Freud e Lacan sobre o que produziram de mais relevante sobre o tema. Naturalmente, a narrativa seguia em direção a uma complexa questão de responsabilização, nosso principal fim.

Trata-se de um conceito que atende aos princípios do Direito e também empregado pela Psicanálise, naquilo em que ela se encontra a ele interligada. Assim sendo, concebeu-se a responsabilização na ordenação jurídica em um enlace com a saúde mental. E, partindo daí, em direção à especificidade da Psicanálise, desenvolve-se a discussão sobre a responsabilização e a subjetividade. Além de estabelecer a passagem dos móbeis sociais para a causa subjetiva, enfrenta-se a questão da adolescência e sua relação com a responsabilização, que é coextensiva ao debate da inimputabilidade e imputabilidade. Esse se dará de forma mais ampliada nas "Considerações finais".

Importante sublinhar que a adolescência foi, em princípio, um tema que concentrava determinada relevância no trabalho, tendo em vista que ela é inseparável do termo infração, da mesma forma que adolescente é de infrator. Entretanto admitimos que essa seja uma lógica do Legislativo, do Direito, que interrogamos. A adolescência é estabelecida de modos radicalmente diversos na Psicanálise e no Direito. Se para o

Direito ela corresponde a um tempo cronológico, doze a dezoito anos incompletos, para a Psicanálise ela é uma operação subjetiva que não está atrelada a algum tempo predeterminado. Por isso, não há de se estranhar a transversalidade com que as teorias do Sujeito se intercalam aos entendimentos sobre a operação adolescer nas interpretações efetuadas. As teorias do Sujeito e algumas especificidades próprias do adolescer atravessam o texto indistintamente, atendendo somente à lógica interpretativa de determinado contexto.

O campo clínico encontra agora um terreno fértil, já sedimentado, para germinar. Se antes tratamos da infração em sua acepção institucional, agora nos remetemos ao infrator e à sua conexão com o circuito infracional. A clínica forense impingiu o inventário de algumas variantes, que a experiência cotidiana revelava e que se apresentavam no contrassenso de muitas teorizações a respeito da delinquência. Assim foi realizado um mapeamento dos jovens que cumpriam medida de internação há um tempo considerável. Os resultados foram compilados para endossar e ilustrar as interpretações subsequentes de uma forma não tão comprometida, dado a dado. No entanto eles são o eixo que orienta o desenvolvimento da interpretação teórica. Eles são, na verdade, a mola propulsora para a discussão, e não seu fim.

Antes de adentrarmos a apresentação da parte clínica, é inevitável tecer algumas considerações. Primeiro, é importante elucidar que a interpretação aqui estabelecida sobre o infrator e sua amarração ao contexto infracional, sob o viés da Psicanálise, não contorna o individual, mas os modos de repetição na posição assumida. É com certa facilidade que se constata, e as vinhetas clínicas expostas atendem a isso, uma difusão da propagação discursiva que torna possível um entendimento generalizado sobre a posição dos infratores. E é sobre ela que discorremos. Segundo, cabe advertir que as narrativas dos jovens trazem consigo uma crueza permeada de violência, a eles mesmos – vale dizer – que aturdem. A realidade humana é, então, escancarada em sua faceta mais áspera. Trata-se de um tema de difícil assimilação. Entretanto é necessário enfrentá-lo. Por isso, está dito que é preciso dar voz aos jovens, posto que esta pouco

INTRODUÇÃO

reverbera. Essa dificuldade de ouvi-los não é desmedida e, com certeza, é relativa ao afronte que ela lança. Importante sublinhar que a escuta cotidiana, as repetições que fazem pensar tratar-se das mesmas histórias, e a fala tão estereotipada, tão maciça, não anestesia, ao contrário, inquieta, desconforta. No entanto, é de suma importância ressaltar que os dizeres e as posições assumidas pelos jovens não os recobrem totalmente. Não se pode reduzi-los a essa parte, aos atos infracionais e a suas falas "preditas". Qualquer abordagem do humano é sempre parcial e míope, posto sua cediça e óbvia complexidade. Esses jovens ao mesmo tempo que transgridem podem também produzir atos heroicos do ponto de vista da moral. Isso é a contradição intrínseca do humano. Assim, faz-se necessário enfrentar as declinações humanas e promover algo para além delas, do contrário a angústia vem nos assolar em um movimento paralisante. Continuamos.

Há uma série de ações, como práticas ilícitas, uso de drogas, desvinculação dos contratos sociais e familiares que mantêm a ociosidade, a evasão escolar, o porte de armas de fogo e estar em situações de puro prazer (as "curtições"), que se vertem em estado de risco, ao qual os jovens aderem, e aqui atribuímos o estatuto de "cultura infracional". Trata-se de um ideal a ser atingido, enquanto inscrição lógica de reconhecimento simbólico, a partir de uma posição fálica garantida pela insígnia do "ser do mundo do crime". Em contiguidade a essa posição, articula-se aquilo que nomeamos de "fraturas" constituídas nos processos de subjetivação que os remetem para além dos ideais familiares, como forma de responder aos vácuos aí constituídos. Essas faltas *a mais* produzem certo modo de alienação de si mesmos que impedem o resgate genealógico como forma de recontar e reinventar suas próprias histórias, operação fundamental na adolescência. As drogas são parte do "pacote" da cultura infracional e, por isso, deslocadas de suas significações habituais, como objetos que produzem alienação, para um lugar comum, partilhado por todos, descaracterizadas, assim, de seus atributos tradicionais largamente difundidos. Inscrever-se na cultura infracional também pode incluir o estado de anomia, que diz respeito a uma saída mórbida que implica um rompimento quase por completo com qualquer engajamento social compromissado, que demande exigências, que estabeleça limites organizacionais e que tenha em suas bases normas reguladoras. Tomadas de risco de morte são coextensivas a essa posição.

A desproporcionalidade entre sexos (a grande maioria de infratores e de criminosos é do sexo masculino) é discutida ao modo da teoria lacaniana sobre os sexos, que não é infiltrada pela Biologia, mas pelas posições assumidas, sejam elas masculina ou feminina. Trata-se de uma possível contribuição a esse tema, que requer um debate multidimensional.

O trabalho encaminha-se a uma discussão final, bastante particularizada pela Psicanálise, que incide sobre um ponto crucial: a responsabilização. Esse conceito, que admite acepções no Direito e na Psicanálise, é aqui elevado a consequências radicais, no que diz respeito a uma possível interlocução entre essas duas disciplinas. Assim, o enlace, a infração e o infrator são enfrentados a partir das noções de ato, culpa, responsabilização e sanção, em uma articulação às discussões desenvolvidas anteriormente, sejam elas institucionais ou clínicas.

> O império da lei projeta ao sujeito de modo que possa sustentar-se como tal nos laços sociais e sexuais ao marcar os limites do proibido. Trata-se da eficácia de uma "causalidade psíquica" que produza e amarre os sujeitos às instituições (...) que fazem a vida possível: humana, em sua condição estrutural; inconsciente, enquanto ligada à inscrição da proibição como um saber que excede aos limites conscientes dele mesmo e amarrada à norma social e legal com relação às ações dos sujeitos. Embora o império da lei não marque, necessariamente, uma convivência pacífica com ela, a ligação de cada sujeito com a lei é iniludível. (Carol, 2004, p. 159-160)

PARTE I

CAMPO INSTITUCIONAL

CAPÍTULO 1

(DES)PATOLOGIZAÇÃO: UM FENÔMENO QUE REASCENDE QUESTÕES

AS INTER-RELAÇÕES INSTITUCIONAIS: A SUBSUNÇÃO DO SABER *PSI*

> E então vemos legisladores e juízes caindo nas movediças areias que parecem tão sólidas, onde as hipóteses se verificam, submetendo-se ao tribunal da ciência, buscando quem os legislem e os julguem a eles com métodos experimentais, submetendo-se ao juízo dos expertos, os sociólogos, os *"psi"* de diverso cunho [...] enfim, os sábios.
> (Braunstein, 2004, p. 55)

A (des)patologização[1] dos adolescentes internos da Fundação CASA é hoje um tema que adquire contornos absolutamente expressivos, diante da reafirmação de um fenômeno histórico que sempre se revelou múltiplo e complexo: a saúde mental e sua relação com a criminologia e a justiça.

A inexistência de um discurso hegemônico sobre essa questão permite-nos adentrar os umbrais multifacetados que compõem as fronteiras dos campos disciplinares implicados.

Com o propósito de edificar a discussão, torna-se necessária a incorporação, entre outros elementos, de uma dupla dimensão institucional existente – o campo jurídico e o campo legislativo – que em suas, por vezes, contraposições entre as ações e as respectivas propostas, animam uma análise no mínimo oportuna, sem pretensões conclusivas. E, para além desse nebuloso e custoso campo de discussão, posto que também subjetivo, encontra-se o domínio *PSI* como protagonista de um saber

---

[1] Esse duplo sentido, ao mesmo tempo positivo e negativo, de um único termo, visa justamente realçar uma possível, tênue e perigosa fronteira entre esses dois modos admissíveis do tratamento sobre o tema: a delinquência enquanto manifestação psicopatológica e a soberania do saber *PSI* para a formação da convicção do juízo.

CAPÍTULO 1
(Des)patologização: um fenômeno que reascende questões

especializado, que está a serviço das decisões judiciais e esteve também representado por suas teorias[2] quando da elaboração do ECA.

Pois bem, a questão que nos apresenta, porquanto sempre presente nos entremeios das interlocuções efetuadas com o domínio jurídico, como com outros operadores e atores que atuam com os jovens infratores, tangencia as noções da psicopatologia como referência, seja na via de um sentido positivo (presença) ou negativo (ausência), cujos critérios instituídos se tornam balizadores para ascensão de certa convicção da magistratura.

A legislação, o Judiciário e a Fundação CASA

A legislação

É a partir do ECA que se inaugura na América Latina um novo modelo no trato com as crianças e os jovens, inspirado na Convenção Internacional sobre os Direitos da Criança (1989-1999)[3]. Durante setenta anos, entre 1919 a 1989, a legislação transitou sobre algumas nuances do modelo tutelar então vigente, mas nada que efetivamente tenha provocado rupturas em sua essência. Em 1990, com a promulgação do ECA, o paradigma passa a ser o da Proteção Integral (Méndez, 2006). Essa nova acepção traz consequências.

Para o que aqui nos interessa, o capítulo do ECA, que trata do adolescente infrator, a legislação sobrepuja o antigo princípio "pseudo-progressista e falsamente enternecido sob um paternalismo ingênuo de caráter tutelar, quanto a uma visão retrógrada sob a retributividade hipócrita de mero caráter 'penal repressivo'" (*Ibid.*, p. 11).

Em que pese esses argumentos, as críticas aos remotos modelos e o enaltecimento do atual não comportam um discurso consensual,

---

[2] O estabelecimento da zona etária disposta no ECA, que limita a diferença entre a criança e o adolescente, é baseado na psicologia evolucionista e também no senso comum (Méndez, 2006).

[3] A Convenção Internacional sobre os Direitos da Criança é o instrumento de direitos humanos mais aceito na história universal, adotada na Assembleia Geral das Nações Unidas em 20 de novembro de 1989. Foi ratificada por 192 países.

principalmente naquilo que diz respeito aos efeitos e resultados do ECA. Há a bancada[4] dos que lhe atribuem o aumento da delinquência juvenil, em face das noções equivocadas de impunidade, de abrandamento nas medidas impostas, por indeterminação de tempo de privação de liberdade, e o desprezo para os deveres dos jovens e a predileção pelos direitos (Maior Neto, 2006). E, de outro lado, estão aqueles que defendem a manutenção dos procedimentos adotados no Estatuto, não rejeitando, todavia, sua atualização.

O Judiciário

Em outra medida, situa-se o campo jurídico que julga o jovem autor de ato infracional, determina a medida a ser aplicada, acompanha sua execução[5] e decide sobre seu findar. É a este último exercício que vamos

---

[4] Uma pesquisa feita pela Universidade Federal do Rio Grande do Sul com 1.017 juízes brasileiros constatou que mais da metade deles – 57,4% – é favorável à redução da maioridade penal (de dezoito para dezesseis anos) como uma das formas de reduzir a violência. Essa e outras sugestões colhidas pelo levantamento foram entregues em janeiro/2006 ao ministro da Justiça, Márcio Thomaz Bastos, pelo presidente da associação dos magistrados (Boletim 1, 2006).

[5] O Fórum das Varas Especiais da Infância e Juventude situado na capital paulista foi criado especialmente para o atendimento dos infratores que aqui infracionam e/ou cumprem medida. É o único Estado brasileiro que dispõe de um departamento destinado a se ocupar exclusivamente da execução da medida socioeducativa: DEIJ – Departamento de Execução da Infância e Juventude – hoje composto por quatro juízes. Essa estrutura organizacional compreendida entre as quatro VEIJ – Vara Especial da Infância e Juventude – e o DEIJ acaba por acarretar algumas desorientações nos jovens usuários do sistema, dada sua descontinuidade, fragmentação e, por vezes, dissonância estabelecida entre as Varas e o Departamento. A título de mero exemplo fictício, ilustramos uma situação perfeitamente plausível que ocorre em nosso cotidiano. O adolescente que comete um delito será julgado por uma das VEIJ (processo de conhecimento). Depois dos trâmites legais, ocorre a promulgação da sentença, e a medida socioeducativa é aplicada. Nesse momento, esse juiz deixa de participar e de ter acesso ao processo, que passa a ser acompanhado por um dos juízes do DEIJ. Pois bem, se esse mesmo adolescente reincidir, ele será novamente julgado por uma das quatro VEIJ, por um processo de distribuição aleatória, que determinará uma outra medida. Essa nova infração ensejará a abertura de um apenso. Isso significa que essa nova decisão judicial está absolutamente segregada do primeiro volume do processo, sem ter o juiz conhecimento desse conteúdo. O apenso só se juntará ao primeiro volume quando aportar ao DEIJ. Não obstante, e cada vez mais o sistema reafirmando-se descontinuado e desarticulado, o juiz do DEIJ ao ser provocado pela entrada desse novo processo de conhecimento – evidência da reincidência – pode aplicar imediatamente a medida de internação-sanção com prazo máximo de noventa dias, suportado pelo descumprimento da medida anterior, a qual acompanhava, e também pela prática de novo ato infracional. A reincidência pode ser interpretada pelo juízo do DEIJ como a tradução da inadequação e ineficácia da medida que se encontrava em curso. Aqui está o fundamento para uma possível determinação da avaliação psicossocial, com vistas a sugerir a medida que melhor atenda às necessidades daquele jovem. Este, então, ao receber

CAPÍTULO 1
(Des)patologização: um fenômeno que reascende questões

ater nossa discussão, especialmente sobre a medida de internação por prazo indeterminado.

O tempo de privação de liberdade, conforme determina o ECA, não está atrelado ao ato infracional praticado[6], ou não atende ao princípio de proporcionalidade (tipo de infração x tempo de privação). De acordo com o Artigo 121(2º): "A medida não comporta prazo determinado, devendo sua manutenção ser reavaliada, mediante decisão fundamentada, no máximo a cada seis meses" (ECA, 1990, p. 50). E art. 121(3º): "em nenhuma hipótese o período máximo de internação excederá a três anos" (Idem).

Diante desses fundamentos, o juiz de Direito é quem concede o cessar da aplicação da medida de internação e determina, em geral, a progressão para semiliberdade ou liberdade assistida. A indeterminação do tempo de privação de liberdade pela legislação exige a entrada de outros domínios de conhecimento na cena jurídica: saúde mental, incluindo psicologia e psiquiatria, serviço social e pedagogia. As ofertas desses saberes especializados subsidiam a decisão judicial.

Faz-se importante discernir que esse modelo prevalece na justiça da capital paulista, o que torna a visão psicossocial seu critério soberano para o relaxamento de medida. Nesse passo, todas as outras questões que perpassam o processo judicial, sua dimensão jurídica inclusive, principalmente o garantismo penal[7], ficam relevadas a um segundo plano.

---

alguma medida diversa da internação pela VEIJ, quando do último ato cometido, pode ser privado de liberdade por outro juiz do DEIJ, não pelo ato infracional, mas por seu histórico e derivações diante desse mesmo delito. A internação-sanção pode retroceder em medida de internação sem prazo determinado, mesmo que a medida que estava em curso anteriormente era de, por exemplo, semiliberdade, e o juiz de conhecimento tenha determinado liberdade assistida para o último delito. Daí o imbróglio e a incoerência, por vezes custosa, de se reverter aos olhos do impetrado.

[6] Este é um ponto a ser discutido ulteriormente, seus efeitos e resultados.

[7] Em suma: garantismo penal, seus fundamentos, convergem com a teoria geral do garantismo, cujas bases inspiradoras situam-se no iluminismo contratualista e nas declarações de direitos. Os princípios humanistas de racionalidade, igualdade, solidariedade e liberdade se tornaram direitos invioláveis e universais firmados à época da Revolução Francesa. A partir daí, cada nação foi impingida a incorporá-los à legislação local. O Estado, com isso, passa a ser o maior guardião naquilo que diz respeito à sua aplicação pelos poderes a ele subordinados. Os direitos fundamentais da pessoa humana tornam-se instrumentos no sistema da justiça, estando os magistrados a eles subordinados. "Os operadores de Direito vinculam-se, em cada ação

49

A Fundação CASA

No Poder Executivo, a Fundação CASA-SP é a entidade destinada ao cumprimento das medidas de internação (sanção, por tempo indeterminado e provisória), e, por lei, nela deve conter em seu quadro de funcionários uma equipe técnica a fim de proceder a estudo social, além de outras garantias como "oferecer cuidados médicos, psicológicos, odontológicos e farmacêuticos" (ECA, 1990, p. 39). Cada interno é avaliado por essa equipe que, semestralmente, envia seus relatórios ao Poder Judiciário. Usualmente, esses estudos estão triplamente discriminados em parte social, psicológica e pedagógica, e nomeados de Relatório de Acompanhamento, quando a equipe não identifica ainda a possibilidade de progressão de medida, e Relatório Conclusivo, quando sugere seu abrandamento. Esses documentos são, em última instância, a régua guia de orientação por onde o juiz mede e fundamenta sua decisão, para apreciação do findar da medida de internação.

Ocorre que se o Ministério Público (MP) impugna esse Relatório Conclusivo, seja por qual motivo, o juiz, normalmente, determina avaliação pela Equipe Técnica do Judiciário (ETJ) composta de psicólogo[8] e assistente social, e/ou pela psiquiatria. Há casos em que existe concordância de ambos os lados (MP e PAJ[9]) para progressão de medida, e o juiz ainda assim determina outras avaliações, psiquiátrica ou pela ETJ. Elegemos uma conclusão judicial, seu recorte, entendendo-a como paradigmática para o desvelo da lógica que rege a construção da decisão:

> Desse modo, apesar da sugestão contida no relatório da Febem e das ponderações da Procuradoria de Assistência Judiciária, que tão bem soube destacar os aspectos favoráveis do jovem,

---

e decisão, à tarefa de reafirmar o respeito incondicional e substancial (não apenas retórico) aos direitos fundamentais" (Frasseto, 2005, p. 29). Rosa (2006b), em uma importante contribuição traz a tona, com o devido aprofundamento, uma discussão sobre o Garantismo Jurídico.

[8] Frasseto (2005), em sua dissertação de mestrado, discute de modo crítico a essência e o fim destinado às avaliações psicológicas nesse mesmo cenário. O autor acumula dupla formação: Direito e Psicologia e exercita no Judiciário a função de defensor público pela PAJ.

[9] Ver Glossário.

CAPÍTULO 1
(Des)patologização: um fenômeno que reascende questões

embora restrita apenas a eles, entendo que a desinternação depende de redobradas cautelas, impondo-se a avaliação do caso pelo setor técnico judicial, a fim de que este magistrado possa cotejar as conclusões do recente relatório da unidade educacional com as constatações da equipe multidisciplinar que auxilia o Juízo da execução e reunir mais elementos para formar segura convicção sobre a possibilidade efetiva da continuidade do processo socioeducativo em meio aberto, sem riscos ao infrator e à coletividade, que exige sua recuperação e não deve ficar exposta a indivíduos despreparados para o convívio social.

Considerações

Esse parêntese descritivo sobre a logística operacional do sistema e dos operadores envolvidos nos trâmites do período da internação de um adolescente tem como escopo discutir os elementos que estão em jogo e que concorrem para um movimento que carrega em si a superlativação do saber *PSI* e, por consequência, uma visão (des)patologizante do adolescente autor do ato infracional.

Nota-se, portanto, com a promulgação do ECA, que um forçoso entrecruzamento de outros campos de conhecimento[10] se estabelece. Para o que nos interessa, o Direito, aqui à luz da posição do juiz, e o *PSI*, representado pela Psicologia e Psiquiatria, serão postos em evidência.

Se, por um lado, é fato que houve um incremento da demanda do Judiciário-SP no que diz respeito às determinações para a realização de avaliações psiquiátricas[11], por outro, à guisa do sistema de garantia dos

---

[10] Isso é, sem sombra de dúvidas, efeito das garantias dos direitos dos jovens. Explica-se. Ao se introduzir no circuito jurídico, o adolescente, necessariamente, será ouvido por profissionais das áreas humanas que introduzirão em seu processo documentos que o personificarão. Isso permite a assunção de uma visão singular, particularizada, em que estarão contemplados sua biografia e seu contexto sociocultural, com direta incidência na decisão judicial.

[11] Diante da intensificação dessa demanda, a Fundação CASA firmou parceria, em novembro de 2005, com o Instituto de Psiquiatria/HCFMUSP – Nufor: Núcleo de Estudos e Pesquisa em Psiquiatria Forense e Psicologia Jurídica, através do "Projeto de implantação de um programa de Saúde Mental para Fundação CASA-SP", que estabeleceu diretrizes para o atendimento psiquiátrico *in loco* dos internos, com a

direitos das crianças e dos adolescentes, que emoldura o ECA, e mais precisamente, sob as divergências propositadamente postas em cena, entre os atributos exclusivos aos adolescentes e os dos adultos, isso passa a ser, no mínimo, uma questão diante do que também[12] subjaz a essa demanda: o juízo da periculosidade e da predição, por consequência, introduzido nas teorias criminológicas.

Se a legislação brasileira rompe com o modelo exclusivamente retributivo da doutrina criminal e apresenta a medida socioeducativa como substituto, é porque contempla a ideia de que a ressocialização é um percurso possível de trilhar. Essa acepção é, também, consequência da premissa de que a adolescência é um período ainda passível de intervenções e de suscetível permeabilidade, com capacidade preservada de modificação e transformação[13] (Maior Neto, 2006).

Portanto, as avaliações *PSI* podem ter esse duplo e contraditório valor de uso. Se, por um lado, podem dar conta dos movimentos progressivos evolutivos, no sentido positivo do adolescente interno, por outro, acabam por alavancar e fazer emergir os fundamentos desprezados pela legislação, quando podem tornar os adolescentes, estigmatizados e caracterizados do ponto de vista das patologias mentais, e, mais ainda, sujeitos à investigação e à análise sob as bases das teorias criminológicas. É aí que encontramos o primeiro paradoxo da (des)patologização.

De outro modo, e nesse mesmo sentido, estabeleceu-se uma equação equivocada entre os magistrados e infelizmente incorporada ao sistema de justiça, a qual fixa equivalência entre a prática psicoterápica e a pedagógica (em um sentido de transmissão do saber, da doutrinação). Essa disposição de pensamento está presente na maioria dos processos em

---

implantação de ambulatórios nas unidades. Esse projeto nasce a partir da insuficiência de psiquiatras até então contratados (somente três), e também, de modo mais detalhado, da necessidade de promover a capacitação de outros profissionais da saúde, psicólogos e assistentes sociais, que, segundo diagnóstico institucional prévio, identificou fragilidades na execução de suas funções.

[12] Não podemos desprezar outras expectativas que o Judiciário mantém quando da determinação pelo estudo psicológico de um caso: a situação do esteio familiar, um diagnóstico situacional e sugestões para a reabilitação social do jovem.

[13] A noção de adolescência será discutida adiante.

CAPÍTULO 1
(Des)patologização: um fenômeno que reascende questões

execução de medida, em que, por decisão judicial, se impõe a inclusão em psicoterapia aos jovens confinados. As bases formadoras desse ideário entreveem-se em uma acepção *lato sensu*, que firma um liame entre a prática psicológica e um sentido correcional. A psicoterapia assim sela seu destino com base nos preceitos morais e éticos que balizam o manejo do tratamento, cuja visada primordial contorna a "remodelagem" que garante, em tese, a sujeição dos adolescentes ao domínio moral. "Fazer psicoterapia"[14] tornou-se uma expressão significante e de grande valia no sistema de execuções de medida, posto que se converteu em mais uma, entre outras, tarefas a serem cumpridas para o devir da tão almejada liberdade.

A psiquiatrização e/ou psicologização dos processos

> A procedência dos fatos, do contexto no qual se insere o delinquente para além do seu delito, permite uma determinação de responsabilidade [...] facilita a inserção maior da psiquiatria, e portanto o desenvolvimento da teoria da responsabilidade limitada [...] há portanto diminuição do caráter específico da justiça e diminuição do poder dos juízes que veem um certo número de técnicos invadirem seus domínios. (Moulin, 1977, p. 226)

Com efeito, a interpretação do ECA no Judiciário paulista, no que diz respeito à decisão específica que delimita a execução de medida de internação, tem como consequência um movimento destinado à psicologização ou psiquiatrização, atestado nos processos daqueles envolvidos

---

[14] Em minhas avaliações, em geral, pergunto se durante o período de internação o jovem participou de alguma espécie de tratamento. O significante "psicoterapia" adquiriu, ao longo dos tempos, algumas incorreções semânticas, incluindo aí neologismos, como também sofreu de total ausência de sentido, conforme as narrativas discursivas evidenciam. A alienação dos jovens quanto às proposições, aos métodos e afins do processo psicoterapêutico é tamanha que se torna impossível qualquer tentativa de constituição de demanda, ainda que seja, a princípio, institucional.

em infrações. Com fins ilustrativos, apresentamos no Anexo A três estruturas reais de processos de execução (remetidos a ETJ, e os quais, por uma distribuição absolutamente arbitrária, chegaram-me para avaliação) que permitem a verificação desse movimento.

Em primeiro lugar, salta à vista o número exagerado de avaliações e perícias do campo PSI. Em segundo, fica demonstrado o valor atribuído das psicoterapias no andamento da medida, a nosso ver, desvirtuado do cerne dos propósitos fundamentais que as cercam. Por isso, algumas palavras.

Psicoterapias: a solução normativa

Do modo como estão documentadas nesses processos, as determinações para que os jovens internos se submetam à psicoterapia estão em quase a totalidade dos casos que passam por nossas mãos.

Nesse diapasão, torna-se clara a lógica que rege o espraiamento dessa prática judiciária: a função supostamente normativa das psicoterapias, a partir de sua imposição. Esse ideário falaz clama por um debate.

Devemos, primeiro, fazer circular o embate em torno da ausência de critérios mínimos para esses encaminhamentos. Parte-se de vários elementos por vezes justapostos entre si, mas sempre obscuros e ineptos. Podemos citar alguns: o histórico dos jovens – aqueles que marcaram sua trajetória com vários delitos, várias passagens, com medidas anteriores aplicadas, enfim os chamados reincidentes graves, que se supõem de difícil permeabilidade às intervenções socioeducativas –; a não adesão às propostas e tarefas no período de internação, composto por um espectro de atitudes esperadas; a gravidade do delito; os usuários contumazes de drogas, ainda que sem registro de quadro de abstinência ou coisa que o valha, e as avaliações psiquiátricas, psicológicas ou os resultados de testes que trazem à tona fatores conflitantes. Esses são alguns sinais. No entanto nada impede que outros também se tornem determinantes, ou que mesmo esses não ensejem a prescrição judicial para sua inserção em psicoterapia. Trata-se de uma demanda institucional, sem critérios

CAPÍTULO 1
(Des)patologização: um fenômeno que reascende questões

definidos, baseada principalmente na inadaptabilidade do jovem aos arcabouços dos contratos sociais.

Do outro lado desse fluxograma institucionalmente produzido deveriam estar os jovens, os maiores interessados a participar de qualquer espécie de tratamento ou prática especializada. Contudo, eles não estão envolvidos na escolha do próprio destino a ser trilhado enquanto interno, a caminho, ou não, da ressocialização. Isso, sem dúvida, passa a ser um complicador em todos os campos circundados. Com efeito, há um pressuposto universal de que, para haver engajamento a qualquer tratamento, como sua condição fundamental é necessário haver demanda[15] daquele que irá submeter-se. Demanda em um sentido ampliado, a começar por uma noção que contorna sua necessidade, sem a qual não há possibilidade de adesão.

Não temos intenção de desenvolver aqui uma discussão precisa sobre as questões que perpassam a entrada do sujeito em psicoterapias ou afins, posto que sejam muitas e já largamente difundidas, além de que nos desvirtuaríamos de nossos interesses. Podemos, sim, continuar a levantar outros impasses aí presentes, com propósitos únicos e exclusivos de reascender esse debate.

Muito bem, a demanda pode ser e é construída nas entrevistas iniciais ou preliminares, mas o que nossa experiência desvela é que esses jovens internos não apresentam, em sua maioria, disponibilidade em se submeter a tal experiência, por razões infinitas.

No que, então, essa determinação judiciária, de foro íntimo, acaba por produzir? Escutamos em nosso cotidiano as mais variadas narrativas. Muitos relatam que fizeram psicoterapia no decurso da internação, sem ao menos saber explicitar as noções mínimas dos objetivos, fins e de tudo que está nela circunscrito. Eis aqui alguns exemplos provindos de pequenos recortes dos discursos de alguns jovens que traduzem essa ideia: "ah, é uma senhora que dá umas palestras de quinze em quinze

---

[15] Demanda para a Psicanálise é um conceito complexo, articulado a muitos outros, discutido em vários eixos da teoria. No entanto, não temos a intenção aqui de decupá-lo, pois seu tratamento, nesse ponto da discussão, não carece de um rigor especializado.

dias, agora ela parou porque virou psicóloga da unidade"; "não preciso de psicólogo, porque não quero conselho"; "faço psicoterapia com as pedagogas da unidade, que explicam para gente o que é certo e errado"; "fiz terapia para ver se está tudo certinho.". E quando questionados sobre suas implicações ou sobre os elementos disparadores desse processo, estranhamente, ao contrário do que se poderia supor, não reconhecem em si necessidade alguma: "não acho que preciso fazer [psicoterapia] porque ficavam falando de amor paterno e materno [...] não sei por que preciso disso, fiz tudo o que mandaram (na unidade)."; "[...] fiz duas vezes [sessões], porque o juiz mandou.".

A psicoterapia tornou-se mais uma tarefa a ser cumprida, posto que é imposta. E mais, estará a seu favor na decisão judicial, no momento da avaliação por uma progressão de medida. E isso é um saber já instituído.

A Fundação CASA, como executora da medida de internação, é responsável pelo cumprimento das determinações judiciais. Nesse passo, assistimos a seu esforço em conseguir atendimentos psicológicos para os jovens confinados. Se, por um lado, o poder Executivo não dispõe de equipes ou aparelhos suficientes para abarcar essa demanda, por outro, quando há possibilidade de inserção imediata, começam-se outros entraves que acabam por inviabilizá-los. Seja por parte da Fundação que não dispõe de todo o aparato (viatura e escolta) para poder levar a cabo a indicação, seja pela própria instituição de atendimento que não está apta a receber jovens algemados e escoltados entre sua clientela. Por vezes, os Relatórios de Acompanhamento informam o rol dos contatos feitos, em vão, para justificar o não cumprimento da determinação pela inclusão em psicoterapia[16].

Essas considerações têm como escopo, em primeiro lugar, denunciar de certa maneira o lugar atribuído à clínica psicológica, sua banalização. A ausência de critérios ou a prévia avaliação de um jovem para indicação de atendimento psicológico é seu maior fomento. A solução encontrada pelo sistema de justiça no afã de promover uma suposta

---

[16] Ver Anexo, Processo A (18/08/2006).

CAPÍTULO 1
(Des)patologização: um fenômeno que reascende questões

normalização dos infratores sob a rubrica de "psicoterapia" revela-se, portanto, equivocada.

Essa prática não se atém ao engessamento ou à doutrinação de seus pacientes, baseada em uma ortopedia moralizante. O exercício clínico da Psicologia, no seu sentido *stricto*, absolutamente legítimo, que inclui a psicoterapia como seu maior representante, tem princípios próprios, que distam desse propósito e não contemplam essa demanda.

A Psicologia pode e deve, sim, participar, com tantos outros profissionais, no processo de ressocialização de um jovem de uma outra posição. A Psicologia Institucional, em sua vertente sanitarista incorporada à promoção de saúde, em seu sentido ampliado, em escala social, com emprego de recursos técnicos psicológicos, associada à administração e à organização institucional e comunitária, seria mais convergente com os desígnios da medida socioeducativa que, por si só, indica a condução de uma política pedagógica com fins sociais.

O período de internação do adolescente merece ser marcado por projetos de educação e cidadania, com a inclusão de discussão e transmissão de temas variados, ampliando assim as possibilidades de aprendizagem que envolvam o seu contexto sociocultural; atividades esportivas e ocupacionais como complementares, além de cursos culturais e profissionalizantes. Em verdade, esses são os genuínos objetivos da medida socioeducativa. O fracasso da não implementação desses recursos talvez seja o hiato por onde os magistrados interpõem a psicoterapia como seu suplente.

Para finalizar, a psicoterapia tem grande valia àqueles que dela creditam resultados, mas jamais aos que dela nada sabem, nem querem saber.

Passemos aos comentários dos processos anexados.

Processo A[17]

O Processo A torna-se um paradigma do fenômeno de subsunção do saber *PSI* nos processos jurídicos.

Algumas variantes podem ser explicitadas como disparadoras para a constituição do movimento em questão: a gravidade do delito praticado, latrocínio; pela transferência do adolescente para unidade emergencial de Tupi Paulista, cujos ordenamentos e disposições se correlacionam aos do sistema prisional, mas principalmente pelas antinomias presentes nos laudos apresentados. Nesse processo estão contidas cinco avaliações psiquiátricas de quatro instituições diversas, a saber: Nasca, SAP, Imesc e Nufor[18], e ainda avaliações psicossociais e pedagógicas incluídas em três relatórios de acompanhamento, em um relatório conclusivo e, por fim, a avaliação psicológica da Equipe Técnica do Juízo (ETJ), por mim realizada. Nessa última nos reportamos à sua conclusão, que de forma condensada trata do esboço da ideia aqui, em parte, desenvolvida:

> Trata-se de um caso já exaustivamente avaliado, do ponto de vista psíquico, por diversas instituições e profissionais. Foram cinco avaliações psiquiátricas e outras tantas psicológicas incluídas nos relatórios da unidade. Esta avaliação se torna mais uma, dentre todas as outras, que analisam a dinâmica psíquica do jovem, à luz de outro paradigma metodológico e de diferente viés institucional. Os diagnósticos e sugestões apontados durante o período em que foi avaliado, embora dissonantes em alguns aspectos, desvelam questões presentes nesse âmbito [...] infelizmente o caso só nos chega nesse momento. Dado o exíguo tempo conexo com o findar de seu período de internação e com a idade de 21 anos[19], os elementos propositivos acabam por ser tornar, hoje, um

---

[17] Sugerimos, neste momento, a leitura do Anexo A.
[18] Ver Glossário.
[19] Com essa idade finda-se a jurisprudência das Varas da Infância e Juventude.

CAPÍTULO 1
(Des)patologização: um fenômeno que reascende questões

contrassenso [...] não obstante, as análises acima descritas, que incluem as dificuldades, os paradoxos e as questões ainda obtusas apontadas, sugerimos acompanhamento sistemático por equipe multiprofissional.

Entre as duas primeiras avaliações psiquiátricas, realizadas em um intervalo de tempo de oito meses, observam-se tênues dissonâncias no que compreende o exame psíquico de modo geral, mas não o são em suas conclusões. Se o primeiro laudo indicou o teste Rorschach como seu complementar, o que atesta sua condição inconclusiva, o segundo sugeriu psicoterapia sem, no entanto, apresentar bases para esse encaminhamento. Os magistrados (MP e juiz) entenderam-nos como paradoxais, quando se determinou (pelo juiz) a perícia pelo Imesc. Essa perícia, realizada depois de o jovem já ter cumprido dois anos e quatro meses de internação, é definitiva no aspecto diagnóstico e nas proposições efetuadas. Entre elas, a psicoterapia novamente é elencada. O juízo, então, diante de todas as "alternativas terapêuticas", acolhe imediatamente essa sugestão, sob o termo "psicoterapia intensiva", e ainda determina reavaliação do caso passados quatro meses. A lógica que rege essa conclusão está atravessada, obviamente, por seu suposto fecundo sentido "normativo".

Acirrando aí as disputas dos poderes discursivos, a instituição delegada a oferecer esse suporte terapêutico afirma que, diante do diagnóstico estabelecido – Transtorno de Personalidade Antissocial –, os tratamentos não têm eficácia comprovada, proscrevendo a psicoterapia. Despojado de alternativas, diante dessa indissolubilidade, o juízo determina a reavaliação do caso pela instituição responsável pelo diagnóstico. Concomitantemente, a unidade onde está o jovem se esforça por incluí-lo em tratamento psicológico, por entendê-lo como condição *sine qua non* para sua liberação.

A reavaliação antes de seis meses, feita pela mesma instituição, conclui o progresso evolutivo do caso, e sugere o abrandamento da medida, não sem manter a indicação de atendimento psicológico.

Curiosamente, esse laudo não foi suficiente para o cotejo do magistrado, cuja função, a princípio, subsidiaria sua decisão para a progressão da medida. A determinação é assim justificada:

> [...] em virtude da extrema gravidade da infração atribuída ao jovem, do envolvimento em episódios de indisciplina [...] é recomendável o aprofundamento da investigação psicossocial, a fim de se apurar a consistências dos progressos noticiados [...] o resultado da avaliação psiquiátrica [...] não é suficiente para que se defina o rumo a ser adotado [...]

E assim o caso chega à ETJ para mais uma avaliação. Tal como afirmamos em nossa conclusão, improfícua.

Processo B

O jovem do Processo B é primário e praticou um roubo, artigo 157 (em todas as estatísticas elaboradas esse tipo de infração representa a metade de todas as infrações cometidas, ou seja, é a mais comum). Considerado ato grave pelo MP, requereu-se prontamente uma avaliação psiquiátrica, após quatro meses em regime de internação. Foi contestado pela PAJ que afirmou que o ato praticado isoladamente não pode ser analisado como determinante de desordens mentais. Após três relatórios de acompanhamento, sobreveio a primeira avaliação psiquiátrica, que antecedeu outros dois relatórios da unidade, inclusive o último, que indica a progressão de medida. Após dez meses de internação, o parecer psiquiátrico atesta uma condição desfavorável para o convívio social, apontando presença de agressividade, ausência crítica e imaturidade, entre outros.

As intervenções sugeridas indicam precisamente os aspectos psicológicos a serem tratados: "[...] trabalhando a noção de obrigação e responsabilidade, além de desenvolver mecanismos de controle de sua satisfação e frustração". Essa avaliação prevaleceu dentre todas as outras

CAPÍTULO 1
(Des)patologização: um fenômeno que reascende questões

elaboradas pela equipe da Fundação CASA. A PAJ, em sua manifestação, denuncia justamente isso que tratamos que, atualmente, subjaz a decisão judicial:

> [...] há de se consignar, por oportuno, que nenhum técnico, seja da área social, da psicologia ou psiquiatria, pode com certeza afirmar que alguém vá ou não voltar a delinquir, sendo possível, tão somente, avaliação positiva ou negativa sobre a evolução de seu comportamento, avaliação esta que é mais abrangente se feita de forma constante [...] não cabe ao médico decidir sobre a inserção do jovem em medida mais branda, isso seria a "psiquiatrização" do processo! Retiraria do magistrado o poder judicante!

O Relatório Conclusivo, após um ano e meio de internação, sugere abrandamento da medida. Tal indicação foi impugnada diante da conclusão psiquiátrica de que, "[...] dentro da visão criminológica [...]", incidiu sobre o diagnóstico de personalidade antissocial. Assim, decidiu-se, o juiz, por reavaliação psiquiátrica e avaliação psicossocial pela equipe do juízo. Com isso, esse processo foi contemplado com duas avaliações psiquiátricas, cinco avaliações sobrescritas por psicóloga, pedagoga e assistente social, e uma avaliação psicológica pela equipe do judiciário.

A questão que aqui novamente se apresenta reforça a seguinte ideia que progressivamente vem ganhando contornos mais sólidos: a criminologização dos jovens internos. Explico: nada inscrito nos relatórios acostados aos autos indicou a presença de transtorno na área da saúde mental. O que ensejou a determinação dos relatórios psiquiátricos e psicológicos (por outra equipe) partiu do MP que qualificou o ato infracional como grave. Essa lógica jurídica, fundamentada pelo DEIJ, que considera a gravidade do ato como pré-requisito para estudo na área *PSI*, teve seu início no início dos anos 2000 e vem se incorporando cada vez mais às decisões. Por isso, os processos estão recheados, sobremaneira, dessas análises.

Processo C

Aportam ao Processo C cinco avaliações psicossociais da unidade da Fundação CASA; duas avaliações psiquiátricas realizadas pelo convênio Fundação CASA/Imesc, e uma elucidativa; aplicação do teste projetivo Rorschach e avaliação psicológica pela ETJ, após dois anos de sua apreensão. O interesse pelo saber *PSI* foi desencadeado nesse processo em razão das reincidências e, mais ainda, da capacidade de coaptação de outros que o jovem revelou. O diagnóstico psiquiátrico revelou "características compatíveis com personalidade antisocial". Após seis meses, a Fundação CASA sugere abrandamento de medida, diante de seus supostos progressos psicossociais. No entanto, a decisão judicial torna-se comprovadamente atrelada ao laudo psiquiátrico, indicando, inclusive, os elementos que formam a convicção:

> [...] são inúmeras as situações em que os fenômenos psíquicos adquirem características patológicas; assim vieram a constituir um campo específico de conhecimento: a Psiquiatria [...] o psiquiatra foi solicitado a colaborar com o campo judiciário, o que ensejou o surgimento de outra especialidade: a Psiquiatria Forense [...] certas anomalias da personalidade conjugam em proporções variáveis de um indivíduo para o outro, a inadaptação à vida social, a instabilidade do comportamento e a facilidade de atuação [...] daí a importância da avaliação psiquiátrica [...]

A atualização da dita avaliação não trouxe novas contribuições para o caso. A ausência de uma suposta evolução, em termos médicos, determinou a sugestão por uma avaliação pelo instrumental Rorschach.

Nesse momento, duas vertentes são passíveis de discussão. Primeiro, a lógica subjacente à indicação do teste. A expectativa depreendida era de que o saber sobrevindo por meio da análise do Rorschach elucidasse a dinâmica psicológica, mesmo que a reavaliação do caso já apontasse sua

CAPÍTULO 1
(Des)patologização: um fenômeno que reascende questões

estagnação. A sugestão do teste estaria, talvez, na busca por um discurso antinômico, para mitigar os efeitos deletérios do laudo aportado? O andamento do processo parece ser revelador dessa dedutível interpretação. A análise com o Rorschach foi suficiente para reafirmar o diagnóstico anterior, contudo, surpreendentemente, finaliza: "[...] sob a óptica psiquiátrica não há óbice para inserção em medida socioeducativa diversa da internação [...]". O juízo, então, diante desse aparente contraditório, determina outra avaliação psicossocial pela ETJ. O jovem, com isso, após dois anos de internação, obteve progressão de medida, menos por um consenso das avaliações *PSI* requisitadas, mas por suas saturações no processo.

Esses casos traduzem, de modo emblemático, as funções e as finalidades ainda abstrusas das requisições das análises e dos estudos do campo *PSI*, encartadas aos processos judiciários.

A conjunção desses saberes, suas sobreposições e fins podem ser entendidos como históricos. O binômio saúde mental-justiça é marcado por um vigoroso percurso. Por isso, o adensamento em torno dessa discussão faz-se imprescindível. O caso Pierre Rivière, de 1835, será aqui evocado, pois marca o tempo inaugural do uso dos conceitos psiquiátricos aplicados na justiça penal. E mais: sua natureza é extraordinariamente convergente com o movimento e o modelo atual do sistema de justiça de São Paulo, posto que se contemplam nesse sistema posições antagônicas entre três laudos – com um total de onze médicos envolvidos – na conclusão diagnóstica, que modificou a pena atribuída. Aí se descortina o poder de seus discursos. Se nesse caso a relevância dada à saúde mental do réu estava atrelada à pena a ser atribuída, em nossos casos está diretamente relacionada ao findar da medida de execução.

Em suma:

> Hoje, aparece como uma evidência o poder que tem a psiquiatria de, diagnosticando a doença mental do criminoso, inocentar o seu comportamento, confiando sua sorte a uma

63

instituição terapêutica[20]. Isso porém nem sempre aconteceu. E o duplo gesto de Rivière – um crime extraordinário acompanhado de um discurso não menos extraordinário – é um testemunho, pelas respostas teóricas e institucionais que suscitou, do nascimento da medicina psiquiátrica e da utilização de seus conceitos na justiça. (Foucault, 1977, p. 213)

Caso Pierre Rivière: saúde mental x justiça

Nenhuma palavra sobre a eventualidade de uma cura, nem mesmo de um tratamento. Este silêncio aparente espantoso por parte dos terapeutas [...] permite caracterizar as finalidades reais destes empreendimentos de patologização de um setor da criminalidade do qual o "caso Rivière" representa um episódio *particularmente significativo*. (Castel, 1977, p. 259-260)

Pierre Rivière, jovem francês, que no dia 3 de junho de 1835, aos vinte anos de idade cometeu um triplo assassinato: degolou sua mãe (grávida de seis meses), sua irmã e seu irmão.

Foucault (1977) e uma equipe, movidos pela perplexidade gerada após o "descobrimento" de vários documentos publicados nos *Annales d'hygiène publique et de médicine légale de 1836*, organizaram esse material e agregaram outros, como os referidos artigos nos jornais da época e todos os manuscritos de relevância encontrados. Ao final, em apenso, seus próprios comentários divididos em alguns temas. O inventário do processo permitiu elencar suas peças de praxe: interrogatórios do réu, relatórios do juiz de paz, do procurador, do presidente do tribunal do

---

[20] Pode-se estabelecer um paralelo atual, com fins ilustrativos, dessa conjunção de saberes institucionalizados, seu andamento e findar, com um caso de repercussão nacional, que ainda hoje viceja debates clamorosos: "Champinha", acusado, aos dezesseis anos, de ter assassinado um casal de namorados. "Ao longo desse período [de internação na Fundação CASA], a possibilidade de libertação de 'Champinha' [...] gerou inúmeros debates de especialistas, sucessivos exames psicológicos para verificar sua capacidade de retornar ao convívio social [...]". (*O Judiciário paulista*, 2006), Após o tempo máximo permitido por lei, o jovem adulto foi encaminhado para um estabelecimento psiquiátrico.

CAPÍTULO 1
(Des)patologização: um fenômeno que reascende questões

júri, do ministro da Justiça, pareceres médico-legais, depoimentos das testemunhas e, o mais extraordinário, o memorial do autor do delito, escrito a pedido do juiz após o primeiro interrogatório, tendo sido este o sublime motivo para a referida publicação.

Outras razões são também inquestionáveis e fundamentais: o fomento em torno da discussão do exercício do poder pelo saber, do discurso institucional, seus paradoxos, confluências, discriminações e embates. Explico: esse caso, não tão raro para a época como parricídio, é efetivamente díspar pela vasta documentação produzida. O desencadeamento para a entrada de tantos discursos deveu-se, essencialmente, por um único fator nobre: a saúde mental do réu. O memorial que escreveu vicejou tamanha multiplicidade de sentidos que, ao contrário de uma intenção esclarecedora, invalidou qualquer tentativa de se enfileirar uma unicidade de pensamento.

Tratava-se de um mentalmente alienado, de um "monomaníaco homicida"[21], de alguém que se fingia alienado, ou um criminoso perverso, um parricida? As respostas antinômicas produzidas por fontes das mais diversas ordens tornaram-se conflitantes por estarem adjuntas à decisão judicial, à condenação à morte, nesse caso. Uma conclusão (des)patologizante chancelaria a (não) responsabilização penal: culpado ou louco?

Do lado da medicina, a princípio, os doutores Vastel e Bouchard[22], foram convocados a avaliar Pierre Rivière e emitiram contrastantes pareceres conclusivos. O primeiro, arrolado pela defesa, atestou a alienação mental desde a infância. O segundo defendeu a tese da capacidade plena de discernimento do jovem, construída mediante "uma espécie de fenomenologia popular que se esforça para compreender o crime na conjunção quase acidental de séries causais independentes" (Castel, 1977, p. 262). Aqui, entre outras, se trava uma batalha de

---
[21] Termo psiquiátrico em discussão à época, proposto em 1908 por Esquirol, que define o delírio sobre um único objeto. Essa acepção encontrava resistências entre os magistrados na justiça penal, posto que estes atribuíam sua construção à saída psiquiátrica em patologizar um novo comportamento.
[22] Adiante, descrição dos respectivos médicos e suas especialidades.

65

poder discursivo que compõe o caso, seja entre os próprios signatários das perícias, com o examinando que, por vezes, anunciava sua intenção falaz quando se transmutava em "louco", ou com os magistrados.

Paralelamente, outros discursos produziam embates vigorosos. Dos magistrados, pelo acolhimento de um ou outro laudo médico e pela aplicação ou não das circunstâncias atenuantes. E das testemunhas, que, da mesma forma, teciam considerações absolutamente diversas entre si. E, enquistado a todo esse pluralismo de saberes, de discursos de convencimentos, de verdades, estava o réu, envolto sob uma difusão infindável de pensamentos e delírios (Foucault, 1977).

E mais, torna-se definitivo aqui vislumbrar que a pletora de discursos produzidos a partir de um único fato, de uma única narrativa e dos mesmos documentos, se deriva em teses e hipóteses vertidas em antíteses.

Rivière foi declarado culpado pelo júri e condenado à pena de morte por unanimidade. Provavelmente, a partir da bipartição médico-diagnóstica, interveio o pedido do indulto; invocaram-se, então, outros renomados peritos parisienses que emitiram laudo baseados unicamente nos autos, sem nunca terem, de fato, encontrado-se com o jovem. Consideraram-no um alienado mental. A pena foi comutada em prisão perpétua sem exposição. Quatro anos depois, ele se suicidou. Voltaremos ao caso adiante.

> Ele era enfim objeto de um exame médico: tratava-se de saber se sua ação e seu discurso correspondiam aos critérios de um quadro nosográfico [...] fazia-se com relação a seu gesto uma tríplice questão de verdade: verdade de fato, verdade de opinião, verdade de ciência. A este ato discursivo, a este discurso em ato, profundamente engajado nas regras do saber popular, aplicava-se as questões de um saber nascido alhures e gerido por outros. (Foucault, 1977, p. 221)

CAPÍTULO 1
(Des)patologização: um fenômeno que reascende questões

Analogias e assimetrias das avaliações médicas de Rivière e atuais

> [...] duas teses contraditórias (a dos médicos e a dos magistrados) puderam apoiar-se em duas narrativas diferentes [...] construídas utilizando as mesmas fontes de informações. (Riot, 1977, p. 240)

A subsunção do saber *PSI* como critério aplicado pela justiça, seja para determinação da pena/medida seja como dispositivo preditivo da cessação de periculosidade – ou ação preventiva ou repreensiva, respectivamente –, é demonstrada por meio das discussões dos processos atuais e do notório exemplo do caso Rivière.

Feito isso, torna-se necessário revolver os terrenos por onde se sustentam as teorias implicadas, suas lacunas e lógicas para edificação de um diagnóstico. E para além desse ponto, discutiremos a partir daí suas consequências jurídicas: responsabilização, imputabilidade e inimputabilidade.

Laudos médicos de Rivière

> [...] para salvar a cabeça de um assassino num caso litigioso, mais vale virar-se para o lado dos "médicos especialistas". (Castel, 1977, p. 266)

Aquele que atestou a capacidade de discernimento de Rivière e, portanto, concluiu por sua responsabilização e consequente condenação, o dr. Bouchard, era desprovido de qualquer saber médico especializado, mas orbitava sobre si certa notoriedade regional. Assim, foi nomeado pelo juiz de instrução, indicado pela acusação, para realizar a perícia. O resultado de seu parecer é produto de sua ignorância ou não formação sobre o saber, que permite fazer uso dos critérios nosográficos que descrevem a loucura (Castel, 1977).

Ao principiar afirmando ter o réu um temperamento "bilioso-melancólico" (Foucault, 1977, p. 113), o médico resgatou da Antiguidade a teoria dos humores, até então levada em consideração, e constituída por meio da percepção do semblante do periciando. Nesse passo, dr. Bouchard abriu um rol de aspectos físico-clínicos investigados, sobre os quais nenhuma anomalia detectou. Por outro lado, observa-se em sua narrativa traços obsessivos. "Ele é espantoso sobretudo por uma sequência de ideias da qual mal se pode afastá-lo." (Ibid.).

Em termos psiquiátricos atuais, a ressonância afetiva incongruente salta-lhe à vista quando espantosamente afirmou: "Se lhe lembramos seu crime, ele fala com uma espécie de tranquilidade que chega a fazer mal." (Ibid., p. 114). Embora tenha emitido um parecer bastante conciso, ainda assim encontrou espaço para contra-argumentar, de antemão, que não havia nele aptidão para tecer comentários acerca da ciência frenológica (relação direta entre as faculdades mentais e uma região do cérebro). E, por fim, atém a causalidade do crime "a um estado de exaltação momentânea" (Ibid.), analogamente hoje cunhado, de modo genérico, sob o termo da impulsividade, sem qualquer indício de "transtornos nas faculdades intelectuais" (Ibid.).

Em justa medida opoente, foi produzido outro parecer médico-legal, agora elaborado por um especialista em saúde mental, partidário da teoria pineliana, desenvolvida por Esquirol e contemporâneos. Vastel, ao contrário do que se poderia supor, não faz uso de todo o acúmulo de conhecimento gerado à época, restringindo-se apenas a estabelecer para o caso uma bipartição entre hipóteses de incoerência intelectual e deficiência mental, que conjuntamente atestam uma incapacidade ideativa (Castel, 1977).

A metodologia empregada é elucidada com a devida antecipação necessária, antes mesmo de iniciar o laudo propriamente dito.

> Os motivos que acarretaram minha convicção [...] são tirados da aparência exterior, da maneira de ser de Rivière, de sua origem e de seu parentesco, do estado de suas faculdades

CAPÍTULO 1
(Des)patologização: um fenômeno que reascende questões

intelectuais desde sua infância, da natureza do ato que cometeu e das circunstâncias que o acompanharam, enfim, de tudo o que se passou desde este acontecimento até o momento presente. (Foucault, p. 115-6)

Traços do semblante associados às devidas interpretações são descritos, ainda que o faça advertindo sobre a importância do tratamento dado a esse tipo de investigação específica. Em seguida, resgatou o histórico sociofamiliar do jovem, quando levou em consideração a hereditariedade como fator preponderante na assunção da loucura. Em seguida, apresentou um rol de sinais presentes desde a infância e que corroboram o quadro de alienação mental. Desse modo, partiu em busca de elementos que consubstanciam a construção de uma ordenação lógica e sustentam sua hipótese diagnóstica. A partir daí, trouxe o foco para o delito propriamente dito e tudo que nele estava circunscrito. Analisou as razões e a construção fantasmagórica do jovem aí presentes. E, por fim, traçou um panorama de todo o percurso realizado, suas ações e seus desdobramentos, sobretudo interpretando os (des)propósitos de suas ideias após o crime[23], complementando, com isso, suas hipóteses de rebaixamento intelectual e alienação mental. Concluiu ao atestar um alto grau de periculosidade, indicando, assim, sua reclusão. (Foucault, 1977)

Com a condenação do réu à pena de morte, aqueles que se renderam à hipótese diagnóstica de uma loucura francamente exposta sensibilizaram uma equipe de renomados médicos parisienses, dos quais seis deles redigiram um laudo fundamentado exclusivamente pelas peças do processo penal, sem jamais terem estado *in vivo* com o réu.

A análise de toda documentação permitiu-lhes afirmar que o delito de Rivière resultou exclusivamente de sua insanidade mental. O histórico obtido por meio dos depoimentos das testemunhas, do memorial, dos relatórios do momento da prisão, dos laudos médicos e de outras peças foi suficiente para arrolar sinais e traços que denunciassem em

---
[23] Rivière afugentou-se após o crime. Foi capturado após um mês.

última instância um quadro de "aberração profunda" (*Ibid.*, p. 164). E, nos entremeios, encontraram espaço para maldizer a lógica estabelecida, pelo dr. Bouchard, que culminou na conclusão de que ele tinha capacidade de discernimento sobre seus atos, o que de outro modo corroborava a tese da presença de uma crueldade basal. O critério do dr. Bouchard apoiava-se fundamentalmente na ausência de condições para inscrever as atitudes e os modos do jovem, um tanto oscilantes, na nosografia da época. Esse equívoco fora então desconstruído.

Laudos, relatórios e perícias médico-legais hoje

Esse cenário, em que convivem as diferenças radicais entre as perícias médicas encontradas nos pareceres sobre Rivière que, inclusive, foram determinantes para a reversão da pena de morte para prisão perpétua, é atual e talvez o seja sempre. Os três processos de execução anexos ilustram também as antinomias médicas discursivas. Cada instituição convocada a emitir um laudo sobre um adolescente dispõe de metodologia própria, e, ainda, cada profissional carrega consigo uma formação peculiar que incide sobre sua lavratura. E, curiosamente, após 172 anos, podemos traçar paralelos no que diz respeito à estrutura e aos critérios das avaliações de Rivière e às atuais.

A medicina, particularmente, esforçou-se ao longo de sua história no sentido de mitigar esses efeitos díspares que recaem nos diagnósticos e tratamentos. A proposta das abordagens operacional e ateórica inscritas nos manuais internacionais, CID e DSM[24], universaliza os diagnósticos com base em uma descrição explícita dos sintomas, cujo critério de uso se baseia na inclusão e exclusão a partir de um crivo estabelecido (Whitaker, 2003). Entretanto, a práxis impugna esse arcabouço regimental.

A série mais clássica das avaliações psiquiátricas presentes nos processos dos internos impõe uma metodologia rígida, que contempla itens

---

[24] CID: Classificação Estatística Internacional de Doenças e problemas relacionados à Saúde. DSM: Manual Diagnóstico e Estatístico de Transtorno Mental.

CAPÍTULO 1
(Des)patologização: um fenômeno que reascende questões

a serem investigados, pivôs do remate conclusivo[25]. Assim, delineia-se um percurso lógico de pensamentos na via da unicidade, com ausência de contradições extravagantes, o qual se torna orquestrador do laudo. Por isso, seu aspecto confiável, considerando todos os elementos propositadamente postos em cena, subsidiários do resultado. A estrutura do exame mantém uma fixidez de ordenação que inclui: identificação – histórico – antecedentes pessoais e familiares – exame físico geral e especial (somático e psíquico) – exames complementares – discussão e conclusão. Trata-se da acepção decorrente da psiquiatria forense que, por sua vez, é parte da Medicina Legal. A avaliação não é restrita à sanidade mental, presença ou não de transtorno, mas se dedica a uma visão mais acurada do contexto sociocultural e histórico do jovem, e obviamente do entrelaçamento com as questões jurídicas. Nesse passo, é absolutamente legítima por acordar com pressupostos reconhecidos no campo científico da medicina forense. Não podemos deixar de entrever uma proximidade com o parecer do dr. Vastel no caso Rivière.

Outro tipo de laudo oferecido ao Judiciário concorre para um modelo de receituário[26]. As breves linhas traçadas têm como referência as noções das funções mentais: capacidade de discernimento e presença ou não de transtorno mental, muito próximo da avaliação realizada pelo dr. Bouchard no caso Rivière.

Há ainda um terceiro grupo de perícia especializada em criminologia, que se aproxima do primeiro e dispõe de recursos metodológicos especializados[27]. Por isso, em geral é mais assertivo em suas convicções. São vários quesitos considerados: condições do exame – qualificação – motivo da medida socioeducativa – anamnese subjetiva (antecedentes mórbidos, familiares, história pessoal, comportamento infracional e relato sobre a vida institucional) – exame físico – exames complementares –

---

[25] Ver Processo A, anexo, avaliação do dia 13/12/2004, e Processo C, avaliação dos dias 09/06/2005 e 06/03/2006.

[26] Exemplo: Processo A, em anexo, avaliação de 10/08/2005.

[27] Ver Processo A, anexo, avaliação dos dias 06/04/2006 e 30/09/2006; Processo B, avaliação do dia 24/02/2006.

exame psíquico – discussão. Usualmente, esses quesitos fornecem diagnósticos e sugerem a implementação de medidas, as mais variadas, a serem executadas para a condução do progresso do quadro descrito.

Se há algo discutível, a nosso ver, nesse arranjo metodológico das avaliações realizadas, são as formas de manuseio dos dados obtidos, seus entendimentos e discernimentos, vertidos em critérios funcionais. Os peritos têm acesso aos prontuários dos internos dos quais dispõem de todas as informações não só processuais, mas ao longo do período de privação de liberdade, além de fazerem as entrevistas clínicas. Tomadas como verdades absolutas, as leituras dessas informações conjugam-se às outras colhidas em entrevistas, edificando interpretações. O conjunto dos dados é o que sustenta o *corpus* do documento redigido, tal como vimos também nos laudos de Rivière. A objetividade conspícua, derivada também de impressões subjetivas, adquire valor decisório. Ainda assim, um sujeito, com um histórico, com as mesmas informações documentais, pode conduzir a resultados contraditórios. Depende de quem os analisa. Sejamos mais específicos.

A justaposição dos critérios médicos e os da justiça

No caso Rivière, seu memorial, distante de promover uma hegemonia discursiva consensual daqueles implicados em seu processo, abriu uma fenda irrecuperável, dividindo-os em dois grupos. Havia a bancada dos que o entendiam como um alienado e outra que o considerava *monomaníaco homicida*, para usar um termo da época. Situamos como essa bipartição se tornou possível.

Ao se resgatar a infância de Rivière até a idade de aproximadamente 11 ou 12 anos, nota-se um período marcado essencialmente por escolarização e devoção; recitava sermões e mantinha os laços sociais sem discrepâncias notáveis. Isso é atestado tanto pelo memorial quanto pelos relatos das testemunhas. A renúncia pela vida sacerdotal culmina também com outras peculiaridades de condutas incomuns. Pois bem. Para alguns médicos, tratava-se de encontrar desde a infância sinais que

CAPÍTULO 1
(Des)patologização: um fenômeno que reascende questões

contribuíam como provas de sua insanidade mental. Ao contrário, para os magistrados, o memorial fundamentalmente explicativo tornou-se fonte inesgotável das razões que o levaram a cometer os crimes, impregnadas de lógica, de perversidade e de capacidade de premeditação. Isso bastou para sustentar a noção abrangente de inteligência, termo capital que baliza a culpabilidade (Riot, 1977). Atualmente, não constatamos diferenças significativas nesses critérios que consubstanciam um laudo.

Em quase a totalidade dos casos atualmente avaliados por psiquiatras e/ou psicólogos, forçosamente se resgata o histórico do sujeito em questão. Nele, pode-se encontrar uma imensa série de fatores que avolumam as bases arqueológicas que sustentam uma convicção, uma ideia, um percurso, um sintoma. Assim, constitui-se uma matriz que rege e ordena a lógica interpretativa. Várias equações, a partir disso, são possíveis de formular, em face da facilidade com que as expressões são produzidas. A ausência do pai biológico, a convivência com padrastos indesejáveis, a baixa escolarização, o envolvimento precoce com drogas, a miserabilidade, a desorganização familiar, as perdas significativas, a adolescência em si mesma e a violência doméstica são fartas variantes na vida dos jovens de hoje e e são comumente associadas aos delitos[28]. Assim, firmam-se as causas, que podem ser interpretadas como complicadoras na via da patologização, ou podem adquirir um estatuto de natureza atenuante, baseado no rebaixamento das condições sociais.

Em outra medida, o memorial de Rivière e seus depoimentos fornecem elementos bastante sólidos que comprovam a autoria do crime, por ele o ter assumido, e mais ainda traduzem a consciência de seu ato. A faculdade de explicitar e explicar o próprio crime tornou-se, à luz da justiça, de alguns médicos e psicólogos, um critério discriminatório[29].

---

[28] Deixemos claro que repugnamos essas leituras cartesianas de modo geral. Conforme Calligaris: "Ora, de tudo que aprendi em minha formação clínica, há uma regra que se verifica a cada vez: nossos males são efeitos de nossas interpretações [...] do que os outros fizeram para nós. Não são consequências diretas das ações dos outros. Por isso é possível mudar. Por isso o passado não constitui propriamente um destino: porque nunca somos apenas o efeito dos abusos sofridos. Em alguma medida, sempre decidimos do sentimento do alcance que atribuímos à violência da qual fomos vítima".

[29] Ver Processo B, anexo, data 22/08/2005.

Como nesse caso, trata-se de uma condição que atesta a (in)sanidade mental de um sujeito. Hoje, radicado pela justiça da infância e juventude, sobrevindo do saber psiquiátrico, o usufruto desse aspecto atende pelo nome de "crítica". A fórmula daí resultante expressa: o jovem que não assume o ato que lhe é imputado não dispõe de crítica. A partir de um automatismo instituído essa noção é anunciada e, em geral, encaminha-se o caso para avaliação *PSI*, por já se entrever traços de personalidade anômalos. Há aqueles que assumem o ato transgressor, sem dimensionar as consequências e a gravidade, cuja crítica se torna, portanto, comprometida aos olhos do médico[30]. A ausência de crítica, critério essencialmente massificado, tem enorme relevância para o juízo. Dificilmente um adolescente obterá sua liberdade com essa anotação em algum relatório técnico.

No rastro dessas estruturas institucionalizadas, articula-se uma noção conjugada entre insanidade mental e inimputabilidade. "[...] a loucura apaga o crime [...] quando o patológico entra em cena, a criminalidade, nos termos da lei, deve desaparecer" (Foucault, 1975, p. 39). Seu sentido positivo, por inversão, torna-se uma verdade. No entanto, o termo sanidade mental é restrito à loucura, à psicose. Outras formas de psicopatologias ou seus traços, ao contrário, são revertidos contra o acusado. No caso Rivière, como nos laudos atuais, encontram-se um enfileiramento de sinais que denunciam questões que, por suas vezes, apontam sérias dificuldades de convívio social, ou na relação que eles mantêm com o Outro. Isso se torna decisório no domínio jurídico. Nesse sentido, para o que interessa à justiça, essas análises *PSI* podem incriminar duplamente o réu. Conforme Foucault (1975):

> O psiquiatra se torna efetivamente um juiz; ele instrui efetivamente o processo, e não no nível da responsabilidade jurídica dos indivíduos, mas no de sua culpa real. E, inversamente, o juiz vai se desdobrar diante do médico. Porque, a partir do momento

---
[30] Ver Processo B, anexo, data 09/06/2005.

CAPÍTULO 1
(Des)patologização: um fenômeno que reascende questões

> em que ele vai efetivamente pronunciar seu julgamento, isto é, sua decisão de punição, não tanto relativa ao sujeito jurídico de uma infração definida como tal pela lei, mas relativa a esse indivíduo que é portador de todos esses traços de caráter assim definidos, a partir do momento em que vai lidar com esse duplo ético-moral do sujeito jurídico, o juiz, ao punir, não punirá a infração. Ele poderá permitir-se o luxo, a elegância ou a desculpa, como vocês preferirem, de impor a um indivíduo uma série de medidas corretivas, de medidas de readaptação, de medidas de reinserção. O duro ofício de punir vê-se assim alterado para o belo ofício de curar. É a essa alteração que serve, entre outras coisas, o exame psiquiátrico. (*Ibid.*, p. 28-29)

Esse comentário de Foucault cabe, na justa medida, no cotidiano das práticas do DEIJ, nos casos de infrações graves. No início desse capítulo, afirmamos que a indeterminação temporal diante de um delito, tal como disposta no ECA, deixando a critério do juiz, força-o a buscar outros meios de convicção para sua deliberação. E o saber *PSI* passou a ser sua referência e por isso se tornou soberano.

Considerações acerca do atual modelo

Diante de todo o exposto, cabe-nos agora alguns comentários.

A prática *PSI* no e para o domínio forense fixa-se como uma deontologia de peritagem e sofre efeitos de entronização. Ao que tudo indica, a estrutura da maior parte dos laudos e perícias médico-legais é regida sobre as bases da criminologia clínica, legítima e reconhecida na comunidade científica. Por outro lado, os relatórios psicológicos sobrevindos das avaliações forenses são também apoiados pelas teorias do desenvolvimento ou pela Psicanálise, por noções de psicopatologias, por resultados de instrumentos psicológicos (testes) e pela análise dos documentos acostados aos autos. É sobre a base epistêmica de um conhecimento outorgado que se constrói um saber que supõe dizer alguma verdade, sempre parcial,

75

sobre determinado sujeito/indivíduo. Obviamente, esse saber é sempre relativo. Com efeito, está em conformidade com seu tempo e contexto, quando reconhece e atribui diagnósticos correlativos à (in)evolução[31] da edificação e à ampliação da nosologia médico-psicológica. Esse, no entanto, não é o cerne da questão.

O saber *PSI*, como advindo da prática clínica, é inquestionável. No entanto tudo reside em seu usufruto institucional, no caso, como o campo jurídico dele se apropria. Não obstante, muitos já fomentaram essa discussão de forma crítica, como Foucault (1975), e, ainda assim, como demonstramos por meio de nosso cotidiano, mantemos, em parte, o que ele denominou de:

> [...] poder de normalização. Com o exame (médico-legal), tem-se uma prática que diz respeito aos anormais, que faz intervir certo poder de normalização e que tende [...] a transformar tanto o poder judiciário como o saber psiquiátrico, a se constituir como instância de controle do anormal. (*Ibid*, p. 52)

Em parte porque, em outra medida, é por meio do Judiciário, do poder que lhe é conferido, que podemos, por uma análise *PSI*, desvincular o sujeito do delito e assim apresentar uma vertente não jurídica e, por vezes, na via da despatologização.

Mas como aquilatar a conjunção dos dois campos institucionais específicos?

Requer-se aqui uma complexidade de ideias e discussões interssetoriais. Entretanto podemos contribuir, agregando-lhes duas sugestões, não sem provocar, talvez, certo estranhamento a alguns.

---

[31] Não há consenso sobre o alargamento das classificações diagnósticas com efeitos produtivos ou producentes sobre a população. A proporção para cada nova patologia descrita que avoluma as grades nosográficas é equivalente ao aumento do número de pacientes. Nesse sentido, os seres ficam cada vez mais sujeitos a esses códigos que atestam suas incapacidades.

CAPÍTULO 1
(Des)patologização: um fenômeno que reascende questões

Em se tratando de nossa realidade, do DEIJ e do ECA, duas sugestões serão invocadas. A primeira no plano forense, que nos atinge na própria carne e em nosso narcisismo pueril: a extinção por completo da chamada "sugestão de medida" nos laudos *PSI*. Asseguram-se às análises psicológicas dentro do domínio jurídico, conforme determina o ECA, Seção III – art. 151 (p. 64), "livre manifestação do ponto de vista técnico". Pois bem, cabe ao psicólogo fornecer subsídios para a decisão jurídica, no entanto, a sugestão de aplicação de medida, ainda que sempre "sugestão", intervém, de forma contundente, sobre a determinação.

Não há dúvida de que há uma descontinuidade, um desacerto marcado por diferenças naturais entre os fundamentos que sustentam uma avaliação *PSI* e a decisão jurídica. De um lado, o Direito Penal juvenil está sustentado ideologicamente por um sistema de justiça atrelado aos ideais do garantismo[32], cujas decisões jurídicas a eles devem acoplar-se. De outro, as teorias que fixam a desfiadura da personalidade humana e seus avatares. A assincronia está presente nos moldes atuais, não há intersecção entre esses dois campos instituídos. Trata-se, exclusivamente, da apropriação de um saber paralelo enquistado a outro domínio, no caso o Jurídico.

Isto posto, cabe reafirmar que a decisão judicial contempla questões extensas, que implica levar consigo tudo aquilo que a ela lhe concerne, os direitos e as garantias do jovem, o caráter penal e toda complexidade do ordenamento jurídico. As avaliações *PSI*, como perícia, concentram seus propósitos no estabelecimento dos móbeis psicológicos e/ou subjetivos vinculados à infração, permitindo entrever a posição do jovem em face do Outro, e/ou descrever sua dinâmica psicológica. A partir daí se introduzem como ideias, como sugestões a implementação de medidas que rompam com o binômio das causas e os liames infracionais.

Por todo o exposto, o destino de um jovem, sua reclusão ou liberdade, não deve se situar exclusivamente às expensas do saber *PSI*. Caso assim seja, será exigido que a medida de privação de liberdade, ou outra

---
[32] Vide nota de rodapé 6.

que se sugira, atenda a seus princípios naturais e universais, que não estão contemplados pela Lei, que, nesse caso particularmente, prevê a socioeducação. As ressignificações subjetivas e as remissões de sintomas que transigiriam a assunção de outra posição, e, com isso, irromperiam os mecanismos psicológicos alimentadores da compulsão ao delito, demandam outro tipo de trato que não passa pela pedagogia. Eis aqui um argumento lógico que desvela um desacordo entre o uso restrito da peritagem *PSI* pelo Jurídico com os propósitos legais.

De outro modo, ao não se explicitar a sugestão da medida socioeducativa a ser aplicada, e tampouco induzi-la no bojo dos laudos e avaliações, o juiz estará desamarrado e descentralizado do que constitui, mas absorvido também pelo teor de seu conteúdo. Encontramos, atualmente, no juiz diretor do Fórum das Varas Especiais da Infância e Juventude, Luiz Fernando Camargo Vidal (2006), uma posição ajustada a essa acepção: "[...] o bom técnico, que realiza um bom parecer, é aquele que dificulta a vida do juiz, que o faz refletir sobre a complexidade de cada caso. Fico contente quando vejo um laudo que me traz problemas".

Para concluir, o binômio *PSI* e justiça que historicamente atua no sentido do controle social e normalização, já tão bem discutido criticamente por Foucault (1975), está desvirtuado do paradigma do ECA. Não obstante, os atores e os operadores postos em cena ainda padecem de um vício de leitura anterior à sua promulgação, que inibe a assunção de novos modelos pragmáticos de atuação. Por isso, uma inflexão neste movimento torna-se emergente.

Uma segunda sugestão mais específica à medida de privação de liberdade recai sobre a legislatura. O princípio de proporcionalidade entre o delito e o tempo de reclusão inexiste no ECA, art. 121 § 2º (p. 50): "A medida não comporta prazo determinado, devendo sua manutenção ser reavaliada, mediante decisão fundamentada, no máximo a cada seis meses". Essa atemporalidade impõe ao julgador a necessidade de estabelecer critérios que fundamentem seu entendimento sobre o findar da necessidade de manter o jovem em regime fechado. Seus discernimentos, conforme já discutidos, modulam-se entre algumas variantes,

CAPÍTULO 1
(Des)patologização: um fenômeno que reascende questões

embora se evidencie que os exames *PSI* tenham determinada soberania, principalmente nos casos de infrações graves. Não obstante, os relatórios sobrevindos das unidades onde estão os jovens que contemplam a visão psicológica, social e pedagógica tornam-se o primeiro sinal balizador para uma possível progressão de medida.

Os Processos A, B e C, em anexo, são reveladores de uma situação jurídica que invoca vários procedimentos de estudos e análises para a formação da convicção da magistratura. Pois bem. Caso estivesse já previsto em lei o tempo de privação de liberdade correlacionado aos delitos cometidos, esse efeito discricionário seria mitigado. Não obstante, não sugerimos com isso uma justaposição da justiça penal adulta para a juvenil. Tampouco retiramos daí seus princípios socioeducativos. Cálculos complexos de pertinência pessoal, com abrangência plurissegmentar, vieses jurídico, social, psicológico, comporiam um arcabouço personalista a ser debatido no processo de conhecimento, quando o tempo de privação seria, então, determinado.

Temos plena ciência de que a predeterminação temporal de privação de liberdade na justiça penal juvenil é um tema que exige inúmeras discussões com vários setores da sociedade, posto que os fundamentos para sua aprovação tangenciam princípios rejeitados, a princípio, pelos autores do ECA. O primeiro deles, infiltrado pela condição adolescente e todas as suas idiossincrasias, diz respeito à negação do caráter punitivo das medidas socioeducativas[33]. Voltaremos ainda à discussão desse tema, uma vez que nossos argumentos partem também de outros aspectos, não se restringindo ao findar da medida de privação de liberdade.

No caminho da (des)patologização, a pesquisa leva-nos à especificidade da população juvenil encarcerada, uma discussão generalizada acerca de sua saúde mental.

---

[33] A (não) punição estabelecida pelo ECA é alvo de inúmeras interpretações e entendimentos. Há os que advogam pelo reconhecimento, sim, do caráter penal/punitivo das medidas socioeducativas, não sendo, por isso, conflitante com seus propósitos (Frasseto, 2005). Tema discutido adiante.

A SAÚDE MENTAL DOS INTERNOS: PANORAMA ATUAL

Nossa experiência e os exemplos dos andamentos processuais em anexo tornam-se a base que desvela o surgimento de um fenômeno constituído com base no acréscimo e na valorização da circulação do saber *PSI* no campo judicial.

Uma investigação sobre a composição do campo da saúde mental e seus operadores, suas estratégias, seus discernimentos, torna-se uma exigência, com propósitos efetivos para promover uma análise abrangente sobre os manejos e os resultados em torno do binômio delinquência-psicopatologia: uma equação definitiva?

O incremento da demanda do judiciário[34] e também um possível aumento de casos, que por si só exigem indicações para essa especialidade, e ainda outros fatores[35] incidiram diretamente sobre a Divisão Técnica de Saúde da Fundação CASA-SP, que reposicionou a estrutura do setor da saúde mental dos internos. Nesse ponto, criou-se um programa destinado a construir e a organizar estratégias que suplantem essas demandas, com propósitos de oferecer subsídios para a promoção do enfretamento e da superação da condição de estar no contrassentido da lei, sem pretensões "curativas", em um sentido genérico do termo.

Para isso, várias ações foram implementadas, entre elas, realçamos as parcerias com o Nufor – Núcleo Forense – IPQHC-FMUSP, que introduz o ambulatório psiquiátrico *in loco* nas unidades da Fundação CASA, com pretensões preventivas e/ou para acompanhamento por meio de atendimento semanal; e a capacitação dos profissionais da saúde mental da Fundação CASA, com enfoque para a psicopatologia clínica, avaliação

---

[34] Um aumento de determinação do Judiciário para realizações de avaliações no campo *PSI* estão referidas à Equipe Técnica do Judiciário (ETJ), às psiquiátricas e a testes psicológicos, especialmente Rorschach. Em determinados processos, encontram-se algumas avaliações efetuadas pela psicóloga da unidade onde o jovem se encontra, avaliações psiquiátricas (Nasca, Nufor ou Imesc), resultado do Rorschach e avaliações pela psicologia do Judiciário, para que o juiz possa reunir maiores elementos para formar sua convicção.

[35] As resoluções entre a Secretaria da Educação e da Saúde e Portarias Interministerial nº 1.426 e nº 340/2004 certamente concorrem para a produção de um programa de saúde mental da Fundação CASA-SP (Programa de Saúde Mental – 1ª versão).

CAPÍTULO 1
(Des)patologização: um fenômeno que reascende questões

psicológica clínica e assistência psicológica. E ainda a aplicação do instrumento Rorschach e a realização de perícia em seu local de origem. O Instituto de Medicina Social e de Criminologia de São Paulo (Imesc), instituição colaboradora de longa data, fica, no momento, destinado exclusivamente à realização de perícias psiquiátricas sob determinação judicial. Em outra medida, algumas diretrizes operacionais são discernidas para aquilo que interessa à participação dos profissionais da própria Fundação CASA – psicólogos e assistentes sociais – no nível assistencial. E, por fim, a criação de uma unidade experimental de saúde para o atendimento dos adolescentes com transtorno de comportamento, idealizada pelo prof. dr. Raul Gorayeb, da Unifesp, por meio do setor de psiquiatria da infância e adolescência dessa mesma universidade.

As avaliações no campo da saúde mental dos internos da Fundação CASA, obviamente, têm distintas metodologias e critérios, e estão de acordo com os princípios, os objetivos e as premissas de cada instituição presente[36].

A promulgação do ECA desencadeou uma série de mudanças nas estruturas institucionais, especialmente no Executivo e no Judiciário, no direcionamento e no manejo no trato com crianças e adolescentes. Após dezesseis anos, de fato, conduziram-se grandes avanços, e um deles diz respeito à entrada de outros domínios de conhecimento na seara jurídica.

O princípio fundamental do ECA, da proteção integral, cujos propósitos bloqueiam os processos de controle social, deveria ser incorporado aos exercícios das práticas especializadas. Contudo, sabe-se, outrossim, que a dimensão agigantada desse novo modelo não poderia ter um engajamento de curto prazo. A partir dessas questões, fez-se necessário entender e formalizar os movimentos atuais, especialmente no que tange à interface da Psicologia e do Direito (Vicentin, 2005a).

Com esse propósito, Vicentin (2005a) concluiu uma pesquisa que incluiu em seu método investigações em domínios distintos – operadores

---
[36] Ver item anterior: "Laudos, relatórios e perícias médico-legais hoje".

da Justiça das Varas Especiais da Infância e Juventude (Ministério Público, Procuradoria de Assistência Judiciária, juízes, advogados e equipe técnica do Judiciário), profissionais da área da saúde mental da Fundação CASA-SP e outros que atendem adolescentes infratores – e buscou discernir as formas como as fronteiras transdisciplinares, psicodireito, têm-se firmado atualmente. Não estritamente no nível de um mapeamento interinstitucional, mas com a preocupação de entrever a relação entre as teorias, os mecanismos pragmáticos daí derivados e as demandas sócio-históricas que as bordeiam.

Primeiro, constatou-se que a Fundação CASA não dispunha de informações sistematizadas sobre a saúde mental dos internos, tampouco o Judiciário (DEIJ) isolava os processos com diagnósticos de transtorno mental dos demais. Por isso, o estudo abarcou dados distribuídos em diversos segmentos, como entrevistas com os profissionais da Fundação CASA na área de saúde mental – Núcleo de atendimento à saúde da criança e do adolescente (Nasca), à época –, e outros atores do sistema que têm participação direta no tema, cujos resultados foram sobrepostos a outras tantas informações documentais consultadas (Ibid.).

A autora estabelece em termos quantitativos, por meio de "uma abordagem epidemiológica" (Ibid., p. 16), valores que expressam e traduzem um diagnóstico sobre a saúde mental dos internos da Fundação CASA-SP.

Os diagnósticos[37]

Em termos percentuais, a pesquisa sobre a saúde mental dos internos não foi precisa, mas o entrecruzamento de dados levantados pelas entrevistas com psiquiatras sugere que entre 5% e 20% dos internos são portadores de Transtorno de Personalidade Antissocial[38]. Por outro lado,

---

[37] Ainda que nosso foco nesse estudo não passe pela nosografia psiquiátrica, mas psicanalítica, esses dados nos servem como orientadores para a questão que tange a saúde mental de modo generalizado dos adolescentes infratores.

[38] "F60.2 - 301.7 Transtorno da Personalidade Antissocial:
A. Um padrão invasivo de desrespeito e violação dos direitos dos outros, que ocorre desde os quinze anos, como indicado por pelo menos três dos seguintes critérios: (1) fracasso em conformar-se às normas sociais

CAPÍTULO 1
(Des)patologização: um fenômeno que reascende questões

um documento sobrevindo do Nasca/2003 indica a prevalência de 6% dos internos do estado de São Paulo que incidem na nosografia estabelecida de transtorno mental, incluindo psicose, retardo mental e Transtorno de Personalidade Antissocial. Nota-se aí um assincronismo de dados que, segundo a autora, no que se refere ao TPAS, "não deixa de problematizar o grau de (im)precisão diagnóstica desse transtorno e as complexas implicações de sua utilização." (*Ibid.*, p. 30).

Procuramos atualizar esses dados[39]. O Nufor, em documento enviado, apresentou os resultados obtidos mediante a sistematização de um primeiro estudo, a partir da parceria estabelecida com a Fundação CASA. Com uma amostra de 208 casos, em 2.259 consultas, concluiu-se que 50,9% são portadores de quadro de morbidade psiquiátrica. Ao desentrelaçar os transtornos considerados de origem orgânica[40] do restante dos diagnósticos[41] atribuídos, concluiu-se que 32,3% apresentam patologias psíquicas. Apesar da discrepância entre a porcentagem anterior, ainda assim, a grande maioria dos internos não é considerada portadora

---

com relação a comportamentos legais, indicado pela execução repetida de atos que constituem motivo de detenção; (2) propensão para enganar, indicada por mentir repetidamente, usar nomes falsos ou ludibriar os outros para obter vantagens pessoais ou prazer; (3) impulsividade ou fracasso em fazer planos para o futuro; (4) irritabilidade e agressividade, indicadas por repetidas lutas corporais ou agressões físicas; (5) desrespeito irresponsável pela segurança própria ou alheia; (6) irresponsabilidade consistente, indicada por repetido fracasso em manter um comportamento laboral consistente ou honrar obrigações financeiras; e (7) ausência de remorso, indicada por indiferença ou racionalização por ter ferido, maltratado ou roubado outra pessoa B. O indivíduo tem no mínimo dezoito anos de idade.
C. Existem evidências de Transtorno da Conduta com início antes dos quinze anos de idade da ocorrência do comportamento antissocial não se dá exclusivamente durante o curso de Esquizofrenia ou Episódio Maníaco." (DSM, IV, 1995, p. 608-611)

[39] Em contato com a Divisão de Saúde da Fundação CASA para obtenção de dados genéricos sobre a saúde mental dos internos, fomos informados da inexistência de sistematizações dos mesmos, mas somente o número de realizações de avaliações psiquiátricas. Os dados quantitativos ofertados são relativos a avaliações psiquiátricas realizadas por determinação judicial. Em 2006, integralizaram-se 916; para efeitos comparativos no período de nov./dez. de 2005 e 2006 respectivamente, totalizaram-se cem e 188, ou seja, 88% de aumento.

[40] Transtorno Mental Orgânico, epilepsia, retardo mental e hiperatividade (não existe consenso sobre a natureza desse quadro: base orgânica ou psíquica).

[41] Episódio Depressivo, drogadição, transtorno de personalidade, ansiedade, transtorno do impulso, transtorno de conduta, esquizofrenia (ver nota 7) e transtorno afetivo bipolar.

83

de psicopatologia, e atribui-se o diagnóstico de transtorno de personalidade[42] somente a 4,3% da amostra.

Por outro lado, não observamos, em nosso cotidiano, a predominância de casos que poderiam estar contemplados na estrutura perversa de personalidade, conforme anuncia a Psicanálise. Diagnóstico este discrepante com a noção de psicopatia, sociopatia e afins, hoje denominada TPAS[43].

Sem a intenção de nos adensarmos sobre a noção teórica de perversão, arguimos no sentido de estabelecer os critérios que sustentam a ideia anterior. A premissa fundamental sobre a qual estamos assentados adverte que "não é, pois, a atuação que distingue a neurose da perversão, senão a posição do sujeito ante essa atuação." (Braunstein, 1990, p. 176). É a partir da posição do sujeito diante do Outro que se desvela sua condição subjetiva. O outro[44] detém uma função ao perverso que lhe permite atuar, esquadrinhando os desfiladeiros que conduzem aos hiatos subjetivos, à borda do *fadding*, do desvanecimento, momento em que a falta se introduz. E a partir daí, sob o manto da mascarada benevolência, o perverso oferece-se ao outro, na qualidade de satisfazer o desejo que irrompe.

Trata-se da tentativa de provocar a cisão do outro, suas vítimas, por vezes bem-sucedida. Por outro lado, "[...] o perverso [...] está perfeitamente integrado no discurso, é convincente, lógico, não só experto nas entranhas da lei, senão até legalista e legislador. Ensina e prega, catequiza e persuade." (Braunstein, 1990, p. 179).

O cenário que instaura para a realização fantasmática é aquele arquitetado sobre as bases da plenitude, o vazio causa-lhe horror, por isso mantém um discurso que transcende as contradições, as lacunas e suas

---

[42] Os critérios diagnósticos sobrevêm de avaliações clínicas psiquiátricas, que incluem, em sua metodologia, anamnese e exame psíquico.
[43] Na perícia médica incluída no Processo A, anexo, data 06/04/2006, existe um comentário acerca da "natureza ético-eufemística" que recai sobre o diagnóstico TPAS.
[44] O "outro" em minúscula distingue-se do "Outro" em maiúscula por sua natureza diversa, como par, como semelhante.

CAPÍTULO 1
(Des)patologização: um fenômeno que reascende questões

variações. O "saber gozar", seu fantasma, seduz o neurótico, por manter um semblante que o posiciona além da castração, o ideal inalcançável da neurose. É aquele que se apresenta no domínio do discurso, do desejo e do outro.

Na esteira dos passos freudianos, em sua disseminada fórmula da negatividade da neurose com relação à positividade da perversão, e que Lacan a inverteu[45], o perverso resiste sucumbir a uma posição vacilante, advinda da resposta do Outro às suas demandas. Ao contrário, ele próprio representa a resposta, posto que não haja demanda, mas injunção. Reivindica para si a divisão do outro; assume-se como sua causa (*Ibid.*, 1990).

O desafio à lei e sua transgressão são os traços específicos e fundamentais da estrutura perversa. Seu próprio desejo é o que reconhece exclusivamente como lei, e não a lei do desejo do outro. Isso é o testemunho de que o perverso não ignora a lei, mas a desafia, posto que seus fundamentos necessariamente devam ser por ele estabelecidos (Dor, 1988).

Nesses termos, a maioria dos adolescentes que avaliamos[46] não se enquadra nessa posição. Em oposição, o discurso usualmente formulado caracteriza-se por uma despotencialização do Eu, cuja debilidade e fragilidade daí decorrentes impõem certamente um distanciamento dos móbeis determinantes de seu próprio percurso. Assim, apresentam-se desimplicados, afastados do que o discurso demanda, a construção enunciativa. Permanecem à mercê da palavra que surge, sem dela quererem saber[47].

---

[45] Segundo Braunstein (1990), nunca deveria tê-lo feito, posto que a inversão não pode ser tomada em seu absolutismo.

[46] Em geral, a avaliação psicológica forense atual atém-se somente a uma, no máximo duas entrevistas, com o jovem e sua família. Não há padronização metodológica. Por isso, cada psicólogo é livre para usar os instrumentos que lhe convier e formalizar um relatório/laudo. O número reduzidíssimo de entrevistas (formato desse modelo de atuação) é absolutamente proporcional ao número de casos que chegam com determinação judicial, com prazo a ser cumprido e com o número de profissionais disponíveis. A equipe tem plena consciência dos limites aos quais cerceiam um ideal praxista, inatingível pelos procedimentos adotados pelo sistema de justiça atual. Ainda assim, a experiência diária, ao longo de vários anos, permite-nos presumir algo da posição do sujeito adolescente infrator.

[47] Uma leitura com maior profundidade sobre a posição dos jovens como sujeito está desenvolvida na Parte II deste trabalho.

Por outro lado, há aqueles jovens infratores que, sim, se apresentam conforme os parâmetros estabelecidos sobre a personalidade perversa. Não se trata da maioria, mas o contingente antes formado por uma pequeníssima parcela tem aumentado gradativamente com o passar dos anos.

Transtorno de Personalidade Antissocial e perversão: diferenças conceituais

O diagnóstico de Transtorno de Personalidade Antissocial (TPAS) é usualmente atribuído pelos peritos psiquiatras que usam a veia da medicina legal: a criminologia. A literatura é clara ao restringir sua indicação para os menores de dezoito anos, fazendo-se ainda necessário um histórico de manifestação de sintomas relativos ao Transtorno de Conduta[48], antes dos quinze anos. Esse tipo nosográfico, encadeado pela Psiquiatria da infância e adolescência, anteriormente denominado de delinquência, prevê um modelo de conduta antissocial e repetitiva, agressiva e desafiadora (DSM, IV, 1995).

As estatísticas pesquisadas sobre os internos encontram-se contempladas por essa entidade nosológica, TPAS, diante do número de jovens já maiores que ainda cumprem medida na Fundação CASA[49]. Nos casos em que não é recomendável a aplicação desse diagnóstico, características que lhe são análogas desfilam sem, no entanto, explicitá-lo[50].

As peritagens psiquiátricas são resultantes de entrevistas clínicas e de informações colaterais obtidas por meio do acesso a pastas/prontuários do adolescente de que a Fundação dispõe. Nelas estão todos os dados biográficos, processuais e a evolução durante o período do encarceramento. Se atentarmos aos critérios estabelecidos pelo manual diagnóstico, percebe-se que quase a totalidade dos itens catalogados, orientadores para

---

[48] A caracterização dos comportamentos que compõem o quadro de Transtorno de Conduta dispõe-se em quatro categorias: agressão a pessoas e animais, destruição de propriedade, defraudação ou furto, ou séria violação de regras (DSM, IV, 1995).

[49] Ver Processo A, anexo.

[50] Ver Processo B, anexo.

CAPÍTULO 1
(Des)patologização: um fenômeno que reascende questões

a atribuição diagnóstica, é mais passível de investigação via documental (informações colaterais) que por entrevista clínica. São padrões de comportamentos ou ações que detêm grande margem de consideração.

Em uma análise mais acurada da literatura, não restrita ao *box* (esquema resumido dos critérios), é possível perceber uma série de observações importantes para um discernimento que incide em um possível entrelaçamento com as várias outras patologias. Inclui-se aí o comportamento criminoso, distinto do TPAS por aspectos da personalidade, que tampouco não satisfaz todo rol de características discriminadas.

Em suma, trata-se de um diagnóstico firmado por meio do acoplamento dos padrões biográficos de conduta do indivíduo, associado às impressões subjetivas durante a entrevista clínica (incapacidade de desenvolver culpa, ausência de empatia, insensibilidade, volubilidade e superficialidade, entre alguns), ao critério estabelecido. O histórico comportamental é o que há de maior relevância para o diagnóstico.

Ao contrário, a clínica psicanalítica não está atenta aos atos, aos fenômenos, mas à escuta clínica, que permite discernir a posição do sujeito diante de sua atuação. São metodologias radicalmente oponentes. Para o que interessa aqui, essas diferenças obviamente têm inserções distintas quanto ao quadro de morbidade psiquiátrica relativo aos internos da Fundação CASA. Os elementos que constituem a entidade nosográfica do TPAS são, de fato, comuns aos jovens internos, mas podem estar circunscritos no espectro neurótico, como demonstraremos adiante.

Neste momento, situamos o segundo paradoxo da (des)patologização, que imprimimos no estudo sobre os internos. A delinquência enquanto fenômeno, mas fora da estrutura perversa de personalidade.

Essa diferença terá incidência distinta, não só no nível do diagnóstico, posto que a nomenclatura é o que menos importa, mas quanto à capacidade de ressignificação de percurso que permite a construção de novos paradigmas sociais, e assim um desengajamento dos jovens do meio marginal, e a assunção de um novo sujeito[51].

---

[51] Ver definição em nota de rodapé no item "A passagem dos móbeis sociais para a causa subjetiva".

Pois bem. As ciências criminológicas, tal como estão atualmente atreladas às decisões judiciais, e as bases que sustentam as perícias apresentadas[52] mostram-se arriscadas. Suas intenções esbarram em uma tentativa de satisfazer a demanda jurídica, enquanto colaboradoras para a emergência dos móbeis presentes na prática do crime, indicando graus de culpabilidade, periculosidade e responsabilidade. Trata-se de uma intervenção que invoca um amesquinhamento da condição de sujeito daquele que está sob seu jugo, sua "coisificação" (Rigazzio, 2006).

A história indica suas modulações e implicações sociais, mais precisamente na resposta do Legislativo diante do crime. Hoje, no Brasil, os mecanismos legais recaem sobre uma bipartição[53] radical disposta em imputabilidade e inimputabilidade no Direito Penal, mas não para a legislação especial, o ECA. Mas antes de adentrarmos esse tema específico, apresentaremos, brevemente, as bases conceituais das teorias criminológicas.

TEORIAS CRIMINOLÓGICAS

Correntes que fizeram história

O primeiro estudo científico de criminologia data de 1876, com a publicação de *O homem criminoso*, de Cesare Lombroso[54], cujo propósito incluía uma concepção causalista a respeito do delito. Para isso, analisou 5.907 delinquentes e 383 crânios de criminosos. Como organicista, defende a ideia de que os contraventores são destituídos fisicamente de elementos humanizadores e, por isso, manifestam comportamentos que

---

[52] Ver Processos A, B e C, anexo.
[53] Há ainda a semi-imputabilidade, art. 26 do Código Penal, inclusa na imputabilidade, como um subgrupo.
[54] Cesare Lombroso (1835-1909) foi professor universitário e criminologista italiano. Tornou-se mundialmente famoso por seus estudos e teorias no campo da caracterologia. Lombroso tentou relacionar certas características físicas, como o tamanho da mandíbula, à psicopatologia criminal, ou a tendência inata de indivíduos sociopatas com o comportamento criminal.

CAPÍTULO 1
(Des)patologização: um fenômeno que reascende questões

se aproximam da incivilidade e da rusticidade. Com base nessa proposição, rompe-se com a visão justaposta que há entre o ator do delito e o delito propriamente dito. O resultado de suas investigações aponta para a hereditariedade e má-formação como elementos determinantes naquilo que cercam as condutas antissociais, quando descreve e estabelece tipos físicos, cujas caracterizações indicam essa condição particular (Chartier, 1996).

O surgimento que alterca essa teoria não tardou a se manifestar. Os progressistas da época lançaram mão de outros fatores para a compreensão do fenômeno delituoso, a saber: o meio ambiente, por Gabriel Tarde[55], e os fatores sociais, por Durkheim[56] e Lacassagne[57], que acabaram por direcionar um modo de pensamento que originou a escola francesa. Durkheim, ao introduzir o pensamento sociológico sobre a questão da criminalidade, produziu uma ruptura na visão estabelecida, quando afirma que ela é uma das vicissitudes sociais inerente e necessária a qualquer cultura. Uma diversidade de fatores é produtora da delinquência, mas o fomento ao consumo, própria da sociedade industrial, e o abrandamento da pressão social sobre os cidadãos podem ser considerados os mais relevantes. Lacassagne e Tarde atribuem à desagregação dos laços familiares, à "escola sem Deus", ao alcoolismo e a outras heresias, o incremento do estado de anomia social. Aqui a ideia de separação entre o ato infracional e o autor é reforçada. Particularmente, ao tratar da delinquência juvenil, fenômeno que já nessa época revolvia a sociedade, aposta-se no reencontro com a natureza como forma de regeneração. Em detrimento do encarceramento, o juiz Frédéric August de Metz instituiu colônias de trabalho agrícola para os jovens; mais tarde, essas foram eliminadas, sob o comando do jornalista Aléxis Danan, pois foram consideradas, pejorativamente, indutoras de trabalhos forçados (Chartier, 1996).

---

[55] Jean-Gabriel Tarde (1834-1904) foi um filósofo, sociólogo, psicólogo e criminologista francês.

[56] Émile Durkheim (1858-1917) foi o fundador da escola francesa de sociologia, posterior a Marx, que combinava a pesquisa empírica com a teoria sociológica. É reconhecido amplamente como um dos melhores teóricos do conceito da coerção social. Partindo da afirmação de que "os fatos sociais devem ser tratados como coisas", forneceu uma definição do normal e do patológico aplicada a cada sociedade.

[57] Alexandre Lacassagne (1843-1924) considerado um dos fundadores da Antropologia Criminal.

Por outro lado, a filosofia não se furta à discussão sobre a criminologia. Seguindo um viés que abarca e acentua a penalidade, esse discurso aponta para o estabelecimento da relação entre a transgressão e a pena a ser instituída. Compreende-se aí um retorno à Lei de Talião, proposta por Kant, que não admite atenuante para o autor da infração, sob a prerrogativa de posicioná-lo como beneficiário perante o crime praticado. Hegel confere à punição a característica de elemento repressivo, a fim de inibir a disseminação do crime, ideia esta baseada em sua noção da evolução dos costumes (*Ibid.*).

A evolução da prática do Direito Penal direcionou para outro enfoque sobre os estudos da criminologia. Em um movimento articulado a outras disciplinas, como a Sociologia, e no campo da educação vigiada com Jacques Selosse e Anne-Marie Favard, surge a necessidade de ampliar a discussão dos fatores psicológicos implicados e possivelmente determinantes àqueles que praticam a transgressão. Nasce, então, o conceito de personalidade criminosa (*Ibid.*).

Bases para a criminologia clínica

Para o que consiste a teorização da personalidade criminosa, o arrefecimento do estudo do delito propriamente dito diante de seu autor, torna-se imperativo. Há de se produzir uma fenda entre os elementos que encerram o crime: sujeito e o ato. O autor do delito passa a ser analisado independentemente do crime praticado. Se, por um lado, o campo psicológico pode produzir conjeturas acerca do indivíduo, o âmbito jurídico o julga a partir do ato.

A teoria que funda a personalidade criminosa contempla inúmeras variantes. De Greff[58] torna-se referência e inspira autores mais contemporâneos, como Pinatel, que em 1977 estabelece traços anímicos típicos, cuja presença nos indivíduos impressiona pela inexpressividade da capacidade de alterabilidade ou movência. São eles: "egocentrismo, labilidade afetiva, indiferença e agressividade" (Chartier, 1996, p. 609),

---
[58] De Greff (1898-1961).

CAPÍTULO 1
(Des)patologização: um fenômeno que reascende questões

responsáveis pela ação precipitada e disruptiva que culmina na transgressão. No entanto, Chartier (1996) evidencia a dissonância dessa lógica. Trata-se de um *dialelo* (Ibid., p. 609) afirma ele. A passagem ao ato implica a existência da personalidade criminosa, quando ela mesma é produtora da ação intempestiva, pautada na violação. Além de estabelecer esse *tipo clínico*, em termos atuais, o nascimento dessa teoria tem como fim o tratamento do delinquente. Não muito adiante, em 1990, surgem autores que destacam o malograr dessa proposição clínica, cujas evidências apontaram conclusões desacreditadas sobre a possibilidade de reabilitação. Por outro lado, a crescente pluralização da teoria personalista não incluiu em seu bojo o conceito freudiano fundamental, o inconsciente, e essa ausência pode ter sido implacável e irremissível para fins clínicos.

Principais fundamentos da criminologia crítica

Em uma acepção mais contemporânea, situa-se a criminologia crítica, oriunda de uma multiplicidade de correntes de pensamentos que promoveu, a partir delas, uma inflexão às teorias clássicas acerca do binômio crime-criminoso. Entre essas escolas de pensamentos fundadoras da criminologia crítica, encontram-se: a teoria do etiquetamento, o abolicionismo penal, o interacionismo simbólico, a criminologia radical e o neorrealismo criminológico americano, entre outras (Frasseto, 2005).

As bases fundamentais[59], segundo a concepção de Baratta[60], vertem-se em: objeção à imputação da criminalidade ao infrator, tanto quanto a uma suposta predisposição nata, assim como às relações subjetivas intrínsecas ao domínio psíquico. Destaque para as macrodeterminações sociais rechaçando, por consequência, a criminologia clínica. Propõe a

---

[59] A criminologia crítica data de período posterior ao ensino de Lacan, no entanto, ver-se-á adiante que, em sua proposição sobre as funções da Psicanálise em criminologia, examina essa noção de responsabilização social que mitiga os efeitos puníveis do indivíduo nas sociedades primitivas.

[60] Jurista italiano de renome internacional, o professor doutor Alessandro Baratta é diretor do *Institut für Rechtsund Socialphilosophie* da Universidade do Saarland, Alemanha, considerado um dos mais brilhantes criminólogos da atualidade e respeitado pela comunidade científica internacional.

relativização do crime em relação ao contexto sócio-histórico e político, a partir do apotegma do materialismo dialético, que implica evolução do crime pela ordenação disciplinar imposta às classes menos favorecidas. Denuncia a institucionalização de pré-ideias e conceitos que personalizam o criminoso, tornando o sistema de Justiça Penal um instrumento de controle social, o que justifica e explica a população carcerária majoritariamente formada por pessoas empobrecidas; defesa de um sistema correcional exclusivo para fins ressocializadores, com vistas à reintegração social e que adverte para os malefícios da institucionalização, alimentadores da delinquência; advoga pelo fim da pena de prisão ou por sua permanente minimização, e ainda pela abolição de qualquer intervenção que provoque sofrimento e dor ao condenado; parte da premissa de que a criminalidade é resultado de um modelo social, o capitalismo e suas idiossincrasias. E a solução estabelece-se pela lógica inversa: alteração da estrutura social que tem efeitos pulverizadores da criminalidade (*Ibid.*).

A Psicanálise, no entanto, a partir de Freud, oferece também outra possibilidade de concepção do campo da criminologia. É a que o estudo nos remete agora.

Psicanálise e criminologia

Em Freud

Freud foi muito econômico ao tratar da questão da delinquência ou da criminologia. Suas poucas palavras a esse respeito denunciam, em alguma medida, certa rejeição diante do tema, inclusive advertindo os estudantes[61] de Psicanálise quanto à insuficiência de conhecimento para a compreensão da dinâmica psíquica aí presente (*apud* Chartier, 1996). No entanto, na abertura de seu texto de 1916, *Algunos tipos de carácter por el trabajo psicoanalítico*, lembra os leitores que, ao tratar um paciente,

---

[61] Aluno de Freud, Edoardo Weiss, a quem aconselhou: "Nossa arte analítica fracassa diante dessas pessoas, e nem mesmo nossa perspicácia é ainda capaz de sondar as relações dinâmicas que predominam nelas." (Freud *apud* Chartier, 1996).

CAPÍTULO 1
(Des)patologização: um fenômeno que reascende questões

o médico/analista jamais deve deixar prevalecer para si as questões relativas aos traços de caráter do paciente. Curiosamente, um dos tipos eleitos para esse texto foi o delinquente.

Freud (1986b) aqui propõe uma torção na lógica entre culpa e delito[62]. O próprio título da terceira parte elucida o mote da teoria em questão: *Los que delinquen por conciencia de culpa*. Não se trata, todavia, de uma tese universal, mas de uma parcela daqueles que escolhem a via transgressora. A clínica permite Freud conjeturar sobre os elementos subjetivos, presentes e atuantes na determinação e na motivação para a prática do proibido. Ao contrário do que se poderia supor, Freud desvela os mecanismos psíquicos, que incluem em sua dinâmica a culpa como mola propulsora da ação infratora. Portanto, pode-se afirmar que, nesses casos, no início, era a culpa. Ainda que de origem desconhecida, ela, incontestavelmente, mantém uma capacidade incitativa e alimentadora da necessidade subjetiva do agir na contravenção, mas que se dilui à medida que essa ideia ganha contornos reais.

No caso dos delinquentes juvenis, essa lógica permanece inalterada: a culpa inconsciente não é consequência, senão o motivo. E mais, há uma relação de proporção entre o incremento desse sentimento e a possibilidade de infringir a lei (Freud, 1986n).

Freud, então, questiona-se.

A culpa, por regra, advém do Complexo de Édipo, cuja própria definição contempla o parricídio ou o matricídio, a fim de possibilitar a relação com o outro sexo do casal parental. Esses dois tipos de crimes, parricídio e incesto, são ancestrais e, por isso, a constituição da consciência moral é considerada herdeira de Édipo. Pode-se, então, concluir que os delitos genericamente são cometidos para amenizar a culpa naturalmente humana?

Em crianças, é possível observar que, por vezes, elas criam situações que, por consequência, terão certamente um castigo ou uma punição,

---

[62] Lógica que já estava presente em dois textos importantes escritos anteriormente: Análisis de la fobia de un niño de cinco años (1909) e Hombre de los lobos (1914).

93

e, por outro lado, satisfazem uma necessidade de outra ordem, que não consciente (Freud, 1986b).

No caso dos delinquentes em geral, Freud (1986b), divide-os em dois grupos: aqueles que não manifestam culpa e os que são simetricamente antagônicos. No segundo caso, a punição pode ser pensada a partir da motivação psicológica para a prática infracional, seja ela a culpa. Para o primeiro caso, tanto o rebaixamento, ou afrouxamento da consciência moral, ou os argumentos do infrator, que subjazem ao delito, adquirem uma função utilitarista, a qual serve para legitimá-lo, e, assim, deixa-o isento de culpa.

Quando convidado a introduzir a versão original de *Os irmãos Karamázov*[63], Freud (1986d) destacou algumas características da personalidade de Dostoiévski. Ao tratar de sua faceta como suposto pecador ou criminoso, ele descreve os atributos psicológicos fundamentais desse tipo: egoísmo ilimitado e tendência destrutiva, que só se manifestam por uma condição preexistente, como ausência de amor e desvalorização do outro enquanto seu equivalente. Esses traços de personalidade parecem ter sido delineados para contra-argumentar qualquer tentativa de incluir esse romancista como portador de uma personalidade criminosa.

Por outra via, a criminalidade pode ser também determinada por alguns traços que compõem o tipo psicológico narcisista. Do ponto de vista dinâmico, entre as instâncias psíquicas, não se identifica nenhuma tensão entre o Eu e o Supereu. Essa última nem sempre se constitui. O Eu apresenta elevado grau de agressividade e, tão logo necessite, encontra-se apto para agir. Geralmente, as pessoas desse tipo de personalidade destacam-se em grupo por serem tomadas como arrimo ou prestadoras de apoio ao restante, pela condição de liderança que pode servir para, até mesmo, arruinar o que já está estabelecido. Preferem se situar na posição passiva quando o tema é o amor: preferem ser amadas a amar (Freud, 1986k).

---

[63] Romance de Dostoiévski.

CAPÍTULO 1
(Des)patologização: um fenômeno que reascende questões

Em uma análise da personagem Hamlet[64], Freud (1986h) discute a assunção de uma psicopatia com base em uma moção anterior e supostamente reprimida, mas com potencial em revelar-se: é isso que essa dramaturgia põe em questão. Muito embora esse texto seja usado por comentadores como referência para as questões da psicopatia em Freud, há uma nota de rodapé que informa que o termo psicopata foi empregado em seu sentido original, doente mental, e não como atualmente se utiliza, como um tipo particular, tal qual se discute neste trabalho.

Por fim, não menos importante e ao mesmo tempo inusitado, Freud (1986i) é convidado a traçar seu comentário sobre a delinquência, quando prefaciou o livro de Aichhorn. Freud, de imediato, evoca a educação, em uma compreensão para sua possível abordagem com a questão da delinquência. Por isso, não hesitou em afirmar que os delinquentes não podem se servir da Psicanálise diretamente, mas só como elemento secundário oriundo da formação teórica e da experiência própria de análise daqueles que com eles trabalham. Em primeiro lugar, pela simples razão, mas não tão óbvia, de que a Psicanálise não deve ser substituta da Educação. Os argumentos vão em direção às questões que envolvem a teoria e prática. Freud sustenta que o estabelecimento transferencial[65] é inviável, não só com eles, mas com os criminosos impulsivos e as crianças também[66]. E que a imaturidade relativa aos jovens é dissonante com a "pós-educação" (p. 297) que a Psicanálise opera nos adultos neuróticos. Freud anteviu que estudos sobre a relação entre a Psicanálise e Educação seriam realizados, e nisso estava certo. Contudo, sua posição cética com relação ao tratamento de jovens delinquentes pode ser questionada hoje, mas não por inteiro. Sua ideia de que a Psicanálise – tanto a teoria quanto a própria experiência de análise – pode subsidiar aqueles que tratam dos delinquentes ainda é perfeitamente cabível, e por isso ela é prioritariamente posta em cena como elemento coadjuvante.

---

[64] Personagem de W. Shakespeare.

[65] Freud não utilizou esse conceito exatamente, mas "situação analítica [...] atitude específica com o analista" (Freud, 1986i, p. 297, 298).

[66] Dizer hoje que a psicanálise infantil é inexequível é quase uma heresia.

Em Lacan

A Psicanálise amplia o campo das indicações de um tratamento possível do criminoso como tal – evidenciando a existência de crimes que só têm sentido se compreendidos numa estrutura fechada da subjetividade [...]. (Lacan, 2003b, p. 128)

Casos clínicos relacionados a crimes
Aimée

Lacan, ainda nos primórdios de sua especialização no campo da Psiquiatria, como residente na clínica do Hospital Saint-Anne, deu início à prática clínica em 1927, sob orientação de Henri Claude, e posteriormente em 1928-1929, de Clérambault, médico-chefe da enfermaria especial dos alienados da Chefatura de Polícia.

Em 1931, começou o tratamento de Marguerite Pantaine, de 38 anos, exatamente dois meses depois de ter atentado contra a vida de uma atriz. Internada, então, na clínica do asilo Saint-Anne, Lacan a assistiu durante um ano, momento concomitante à finalização de sua tese de doutorado, intitulada: "*De la psychose paranoïaques dans ses rapports avec la personnalité*", inspirada no caso Marguerite, que ele batiza de "Aimée". Esse trabalho lhe rendeu a promoção para chefe de escola (Roudinesco, 1994; Allouch, 1997).

Lacan aqui mostrou-se menos instigado pelo crime de sua paciente, pelo ato, e mais pela construção do delírio paranoico de autopunição, afecção esta que lhe despertava interesse há algum tempo. Ele estudou a paranoia para além do discurso dominante da época e transitou da clínica psiquiátrica à Psicanálise. Por outro lado, o método empregado à escrita, inspirado no freudismo, possibilitou ao leitor interpretar o caso diversamente de suas proposições. Ele escreveu a tese em contiguidade ao andamento das entrevistas, implicando os riscos idiossincráticos próprios da natureza discursiva (*Ibid.*).

CAPÍTULO 1
(Des)patologização: um fenômeno que reascende questões

O crime das irmãs Papin

Nessa mesma tese, Lacan discute o crime das irmãs Papin[67], igualmente na trilha da paranoia, quando conjugou o delírio às pulsões agressivas como seu fator desencadeante, os quais são determinantes para o ato. Uma vez encontrada a via de realização, o delírio se esvaece (Toledo, 2004).

O ato de "arrancar os olhos" como primeira escolha da ação sádica com relação às vítimas encontra ressonância nas questões narcísicas por excelência, que traduzem sua natureza ambígua do delírio: o desejo e a repugnância, por representarem o mal de si mesmas. Esse desejo remete à homossexualidade, também de ordem narcísica. Duas irmãs que se tomam como objeto de desejo. O psiquiatra que atendeu o caso manteve reserva quanto às realizações de relações sexuais entre ambas, com o que Lacan concordou. A homossexualidade entre as irmãs seria manifestação de uma formação reativa oriunda da hostilidade fraterna infantil. As bases para a paranoia, então, estão correlacionadas à perversão sadomasoquista, à homossexualidade narcisista ("almas siamesas") e à pulsão assassina (*Ibid.*).

Lacan produziu essa interpretação a respeito do crime das irmãs e da construção delirante que o motivou, ainda cercado pelas noções psiquiátricas adquiridas em sua formação. Não obstante, nota-se aí a precipitação de sua teoria a respeito da psicose, seu terceiro seminário (*Ibid.*).

---

[67] Duas irmãs, Christine e Lea, de 28 e 21 anos, são empregadas de um advogado, sua esposa e sua filha. Após uma pane do sistema elétrico da casa, causado por uma delas, enquanto os patrões estavam ausentes, aquelas mataram as patroas quando estas voltaram. Subjugaram-nas, arrancando-lhes os olhos da órbita, espancaram-nas e amassaram-lhes o rosto, cortando profundamente suas pernas, deixando o sexo à vista, e misturaram-lhes o sangue derramado. Após o crime, lavaram os instrumentos utilizados, banharam-se e deitaram-se nuas abraçadas e disseram: "Agora tudo está limpo" (Toledo, 2004).

Lacan diante da criminologia

> Mas é porque a verdade que ela (Psicanálise) busca é a verdade de um sujeito, precisamente, que ela não pode fazer outra coisa senão manter a ideia da responsabilidade, sem a qual a experiência humana não comporta nenhum progresso. (Lacan, 2003b)

Em uma visada especificamente direcionada à criminologia, Lacan não se distanciou muito de Freud em suas produções. Por seu turno, apresentou duas discussões sobre o tema, editadas em seus *Escritos*.

Em 29 de maio de 1950, na XIII Conferência de Psicanalistas de língua francesa, Lacan, com colaboração de Michel Cénac, proferiu um discurso intitulado "Introdução teórica às funções da Psicanálise em criminologia" (Lacan, 1998b). Em seguida, no debate, foram editadas as respostas em forma resumida: "Premissas a todo desenvolvimento possível da criminologia" (Lacan, 2003b).

Dividido em cinco temáticas, a fala dispôs as ideias concernentes à criminologia articulada à Psicanálise, em um movimento de desconstrução de paradigmas e inclusão de proposições. De modo resumido, os tópicos versaram sobre: 1) a verdade e a ciência do homem; 2) o crime e a lei, a realidade sociológica e a Psicanálise; 3) o crime e o Supereu; 4) o crime e a realidade do criminoso; e 5) a inexistência dos "instintos criminosos". Sucintamente apresentamos seus cernes:

1) Em suas primeiras palavras já não deixam desavisados seus ouvintes acerca de suas conjeturas naquele momento. Suas contribuições não têm como princípio enfocar a questão da delinquência propriamente dita tampouco divulgar a Psicanálise e seu método, mas pensá-la como instrumento na busca da verdade correlativa ao âmbito judicial. A verdade é intrínseca à Psicanálise, já que sua revelação é o

CAPÍTULO 1
(Des)patologização: um fenômeno que reascende questões

termômetro da eficácia do tratamento, e o é também da criminologia que a pretende em duas vertentes, policial e antropológica.

2) A relação entre a lei e o crime só pode ser estabelecida sob a perspectiva sociológica. Isso significa que o ato (criminoso ou não) só produz sentido àquele que o pratica se reconhecido por seus semelhantes. E qualquer tentativa de "cura" "não pode ser outra coisa senão uma integração, pelo sujeito, de sua verdadeira responsabilidade, e, aliás, era para isso que ele tendia, por vias confusas, na busca de uma punição que em certas situações talvez seja mais humano permitir que ele encontre." (*Ibid.*, p. 128). Não obstante, essa ordenação punitiva, tal como está firmada, acaba por impor uma aquiescência subjetiva por parte do criminoso, necessária para a significação da sanção determinada. Por "assentimento subjetivo" (Lacan, 1998b, p. 128) entende-se a implicação do criminoso na execução e significação de sua própria punição. Daí resulta a noção de responsabilidade, que ele conjuga com o castigo.

São duas as concepções que esse termo pode abarcar: a responsabilidade social ou individual, cuja primazia de uma ou de outra é relativa a cada sociedade. E a Psicanálise, por seu turno, pode contribuir para o discernimento dessas fronteiras indecisas da noção de responsabilidade na sociedade atual.

Ela não está qualificada para apreender totalmente o objeto sociológico, mas, em contrapartida, desvendou que as tensões próprias da relação social entre lei e crime têm uma função básica: revelar a relação da cultura com a natureza. Por isso, sua intervenção enquanto colaboradora para a criminologia incide sobre a responsabilidade do autor, e suas derivações, que, em outra medida, recai sobre a objetivação do crime.

A verdade que a criminologia anuncia obtém seu acesso, entre outros, na confissão do autor do delito. A reintegração social, de fato, é a visada final da aplicação e da execução da lei. Essas duas questões parecem encontrar uma espécie de ressonância privilegiada na Psicanálise,

99

posto que a clínica se destina à recuperação daquilo em que o indivíduo é efeito social.

3) A partir de Freud, o homem nasce com a Lei e o Crime. O aspecto social importado de *Totem e tabu* e transposto à Psicanálise o permitiu esquadrinhar a estrutura pela qual o homem se relaciona com o outro, e com sua própria edificação. O Supereu erige-se, a princípio, como decorrente da censura inconsciente, elucidando as psicopatologias àquela época reconhecidas. Posteriormente, essa entidade fundamentou as questões inerentes ao cotidiano, e ainda aos fatores relacionados à gênese de outros campos patológicos instituídos: "a neurose de caráter, os mecanismos do fracasso, as impotências sexuais (...)" (*Ibid.*, p. 132).

Os delitos, de natureza leve ou grave, podem ser entendidos a partir da estrutura edípica, ponto de ancoragem dos modos sociais. O elemento pelo qual o ilícito se verte como anômalo, se dá menos pelo ato e seu caráter moral e mais por sua natureza simbólica, como meio "irreal" (*Ibid.*, p. 133). O psicopata, por meio das ações simbólicas e não reais, rompe a estrutura social. O declínio da autoridade paterna no conjunto da estrutura edipiana e a incerteza daí decorrente concorrem para as formações psicopatológicas.

O método psicanalítico e a transferência, como elementos primordiais, permitem revolver o terreno imaginário do criminoso e, por meio dele, chegar ao real. A partir dessa ideia, Lacan e seu colaborador lançam uma sugestão no mínimo inusitada: que aqueles cujos crimes são relativos às questões edípicas deveriam ser entregues ao analista, e não ao encarceramento.

4) Lacan e Cénac discutem os resultados antinômicos advindos de uma civilização utilitarista que inflige ao autor do delito o castigo e, correlatamente, se retrai diante do humanitarismo sobre o qual se assenta.

Em face desse ideal antagônico, surge a avaliação psiquiátrica do criminoso, que atende a esse impasse, sob a rubrica higienista da penalogia. Abrem-se as fronteiras do Direito para a Psicologia. Lacan e seu colaborador entendem que a peritagem carece de dialética[68], em oposição à Psicanálise, que, por ser dialética, pode contornar o fluxo do sujeito ao ato.

Por outro lado, para chegar ao objeto criminogênico, os autores valeram-se das estruturas presentes na constituição do Eu. A denegação, tal como é apresentada por Freud, é um mecanismo que instrumentaliza o analista sobre o que o ato encerra, posto ser ela um meio pelo qual se exprime a subjetividade. A identificação, como fenômeno alienante, está circunscrita na natureza dos momentos de crise (desmame, Édipo, puberdade), relativos a cada passagem, quando as pulsões frustradas impingem ao Eu sua normalização. A cada identificação, desencadeia-se uma agressividade, e por isso a cada novo assentamento do Eu, a negatividade é manifesta. Nos intervalos da cadeia de crise, a latência, em que prevalece a estrutura dos objetos do desejo. A pulsão no malograr de seu destino impede o fenômeno resolutivo da identificação, e então o objeto criminogênico se constitui, primordialmente, pela interrupção da edificação do Eu.

O simbolismo do crime acopla-se justamente nessa estrutura de objeto, como se pode analisar a construção delirante da Aimée e das irmãs Papin. Ao contrário de uma visão social do último caso, pode-se entrever "a alienação da realidade do criminoso" (Ibid., p. 143).

Os educadores, que cumprem o propósito normativo dos delinquentes, são orientados por essa estrutura do objeto. A educação pode-se dizê-la correlativa à dialética. Por isso, as renovações são condições *sine qua non* na relação com aqueles a quem se dirige o ato correcional.

---

[68] Aqui, Lacan reveste-se do método dialético hegeliano composto por: tese (afirmação/premissa fundante); antítese (a contradição da tese); síntese (resultado do embate da tese e antítese), que se torna uma nova tese, e o ciclo continua infinitamente.

Para o que diz respeito às contribuições da Psicanálise à criminologia, a assunção da verdade pelo autor do crime é o que os autores forjam como exclusiva a esse domínio, posto que sua apreensão só é garantida em uma situação dialética. A verdade tratada é aquela que não se presta a excluí-los da natureza humana. Com isso, querer dizer que a humanização não condiz com a doutrinação, e sua subsequência lógica, o engessamento às normas, a alienação. O tratamento psicanalítico visa, primordialmente, à apropriação da responsabilidade que incide sobre a reabilitação como algo possível a partir de si mesmo. A confissão difere do reconhecimento, e este conduz necessariamente à implicação sobre o ato.

5) Aqui o discurso propositadamente promove uma inflexão nas teorias, banhadas por um atavismo, que concebem a presença de "instintos criminosos". A partir daí, constrói-se uma antítese (para seguir a mesma estrutura conceitual empregada no texto). A tese, por suposto, funda-se na ideia de que os diques que freiam os "instintos" animalescos no homem são devastados quando ele cede a seus impulsos mórbidos. A Psicanálise, suas investigações, apreende essa noção para além de uma univocidade cartesiana. O contraponto apresentado sugere indagação quanto ao destino da crueldade nata do homem. A violência humana apresenta-se como manifestação idiossincrática à sua existência, que carrega consigo uma intenção subjetiva de retorno, como uma expressão narcísica. O alvo é a si mesmo, como forma de autorreconhecimento. A pulsão, conceito fundamental da Psicanálise, introduzida por Freud, tomada em seu sentido econômico enquanto força intensiva, ao contrário do que se apregoa como forças instintivas, não é o que determina o bem ou o mal de qualquer conduta, ou coisa que o valha. Nos criminosos, ao contrário, entendem os autores, há uma retração da energia vital, a libido. Os estímulos são objetos de busca na prática dos delitos. As perversões só se prestam à Psicanálise se avaliadas segundo o interesse pela fixação objetal, da qual é tributária; as reincidências parecem

CAPÍTULO 1
(Des)patologização: um fenômeno que reascende questões

encontrar nexo na compulsão à repetição[69], em sua vertente básica de prazer ligado ao desprazer.

Os autores encerram a exposição menos pelo sentido da contribuição da Psicanálise na objetivação do crime do que na imposição de uma atribuição fraterna que ela própria reconhece como "função privilegiada" (Lacan, 1998b, p. 151).

RESPONSABILIZAÇÃO E SAÚDE MENTAL NA ORDENAÇÃO JURÍDICA

> Também é mister ressaltar que responsabilizar significa impor resposta, determinar resultado como consequência jurídica de uma conduta [...] pressupõe o legislador que crianças e adolescentes podem sofrer consequências decorrentes da prática de crimes [...] distinguindo ordens de responsabilização dentro do gênero de medidas. (Garrido de Paula, 2006)

Responsabilização: diretriz legal e interpretações

> São penalmente inimputáveis os menores de dezoito anos, sujeito às medidas previstas nesta Lei. (ECA, art. 104, 1990)

De forma explícita e sem espaço para ambiguidades, o Estatuto considera adolescentes eximidos da atribuição de penalidades quando envolvidos em situação de ilícito. Não obstante, comentadores e estudiosos do tema apresentam suas interpretações críticas ideológicas.

A despenalização, princípio da legislação especial, coexiste à (não) responsabilização[70]. Por inimputabilidade considera-se que o jovem é

---

[69] Conceito desenvolvido por Freud (*Wiederholungszwang*), que, em suma, o considerou um processo irredutível, inconsciente, advindo do embate conflituoso entre o princípio da realidade e do prazer.
[70] Trata-se de interpretação da lei.

103

interditado pela lei em ser penalizado criminalmente. Diversamente à responsabilização, pressuposto da imputabilidade (derivado de *imputare*), inflige uma resposta diante do ato cometido, seguindo as normas da legislação[71]. Dois conceitos, duas delimitações. As medidas socioeducativas perderam o caráter meramente retributivo das penas. A ressocialização é o desiderato da lei instrumentalizada por meio de práticas essencialmente pedagógicas (Amaral; Silva, 2006).

Em outro sentido, figura-se a denúncia de um equívoco interpretativo de que o ECA desresponsabiliza o adolescente autor de ato infracional e, inversamente, fomenta a prática delitiva, por um desentendimento baseado na impunidade. O Estado brasileiro encontra-se, de acordo com Maior Neto (2006), descompromissado com o assistencialismo garantidor da inclusão social. Por isso, a delinquência local está veementemente associada aos desassistidos, e eles não podem ser responsabilizados pela própria marginalização. Portanto, a solução de encarceramento não mitiga os determinantes sociais aí implicados.

Para outros, a penalização procede ainda nos termos da responsabilização com sacrifício e dor para o jovem delinquente. A nova legislação não deixou para trás os resquícios de uma cultura emoldurada pela repressão e pelo controle social dos excluídos. O delito vislumbrado em uma acepção que se volta ao indivíduo e suas motivações pessoais como transgressores das normas sociais e, por isso, seres patológicos, atende pelo Direito Penal do autor, e não pelo Direito Penal do ato, absolutamente antinômicos. O primeiro despersonifica o autor do delito promovendo uma cisão entre o delito e o sujeito, e traz à luz sua condição social. A transgressão é correlata ao Estado criminalizador.

> O ato infracional é uma realização histórica que não começa e nem termina no adolescente autor de ato infracional. É uma construção política do Estado e tem raízes nas políticas

---

[71] Sarulle (2004) trata da complexidade que a capacidade de culpabilidade suporta.

CAPÍTULO 1
(Des)patologização: um fenômeno que reascende questões

econômicas e sociais que são desenvolvidas sob a lógica da inclusão e da exclusão. (Nicodemos, 2006, p. 86)

Em outra perspectiva, a responsabilização dos jovens, como princípio da culpabilidade, diante da contravenção, é condição capital para garantia de seus direitos contemplados na ampla noção de cidadania. E a conjunção do binômio adolescência-impunidade, disseminado no discurso popular, eleva o alargamento de um viés repressivo como resposta social (Vicentin, 2006).

Os princípios que norteiam a zona etária e separam os imputáveis dos inimputáveis estão, sobretudo, assentados sobre a ideia de que os jovens são seres em desenvolvimento, imaturos, inacabados biopsicologicamente e, dito isso, que se apresentam diversamente qualificados dos maiores de dezoito anos na compreensão da dimensão da prática de delito. Como correlato desse princípio norteador, a adolescência, tal como conceitualmente estabelecida, fixa a ideia da conjugação de ações transgressoras a esse próprio processo de desenvolvimento. Especialistas na área são capazes de elucidar e discernir as condutas que efetivamente respondam ao fenômeno adolescer e suas idiossincrasias. Trata-se de uma visão de natureza protetiva (Machado, 2006; Maior Neto, 2006).

A adolescência, enquanto conceito, subsidia o legislador no balizamento da zona etária para o devir de uma disposição fixada, de doze a dezoito anos incompletos, tomada como um de seus critérios. Para outros, a despenalização encontra seu princípio-mor no desfavorecimento social em que está a maioria dos jovens confinados ou que se torna usuária do sistema de justiça especial juvenil. Dois critérios legalistas fundamentais.

Essas anotações destacadas servem para discriminar os ditames legalistas, seus critérios e as interpretações daí decorrentes. O jovem, sem dúvida, é responsabilizado pelo seu ato em um movimento, por vezes, coercitivo por parte do Estado. Medidas estão previstas para aqueles que transgridem.

105

Responsabilização e psicopatologias: efeitos institucionais e subjetivos

> Os adolescentes portadores de doença ou deficiência mental receberão tratamento individual e especializado, em local adequado às suas condições. (ECA, art. 112, § 3º, 1990)

Os dispositivos da legislação especial atendem a algumas garantias, entre as quais a capacidade de discernimento da situação transgressora envolvida. Com isso, é fato que os jovens portadores de anomalias, ou que apresentem *deficits* na esfera da saúde mental, oligofrenia ou qualquer transtorno psíquico que impeça o entendimento do caráter ilícito da ação cometida, está isento de receber medidas socioeducativas. Ponto indiscutível, embora muitas vezes não aplicado.

Em pesquisa já citada, evidenciou-se que os paradigmas sobre os quais o sistema de justiça encontra critérios de discernimento para sua decisão tangenciam sobremaneira o campo da saúde mental. Modulações pertinentes a essa especificidade desenvolveram-se. Entre os anos de 1999 e 2001 prevaleceram noções atreladas à saúde mental em seu espectro inveterado: drogadição, psicose e deficiências mentais. Posteriormente, entre 2002 e 2004, instalou-se um movimento na direção dos conceitos de transtornos de personalidade[72], com a difusão de diagnósticos e a determinação de perícias. Instituiu-se aí outra categorização para os jovens delinquentes. Se antes os casos que exigiam maior complexidade no trato se referiam aos "infratores estruturados"[73], passa agora, então, para aqueles portadores de transtorno de personalidade (Vicentin, 2006).

A delinquência, diante desse modelo institucional estabelecido, transita em direção às vias das patologias. É aqui que encontramos o primeiro

---

[72] Os números já aclarados traduzem esse abalo paradigmático quando indicam o enorme crescimento de determinações jurídicas para avaliações no campo *PSI*.

[73] Expressão que parte do discurso institucionalizado que fornece o sentido de colagem, de fixação, entre o jovem e o meio delinquente.

CAPÍTULO 1
(Des)patologização: um fenômeno que reascende questões

paradoxo institucional do fenômeno da (des)patologização, indicado anteriormente.

Para aquilo que aqui interessa, a patologização e seus efeitos podem incidir sobre a responsabilização do jovem, do sujeito.

Há os que advogam no sentido de arguir que os diagnósticos *PSI* podem, ao contrário de um resultado utilitarista, forjar os jovens à desimplicação de suas responsabilidades jurídicas e subjetivas (*Ibid.*). De fato, a partir do estigma que indica comprometimento no estabelecimento de laços sociais "normativos" – em conformidade com as normas –, constituem-se diretas decorrências. Em tese, duas soluções de compromisso podem ser vislumbradas pelos jovens. O malfadado afastamento de suas implicações enquanto sujeitos e, com isso, a desresponsabilização, no sentido jurídico, encontram aí reforços, ou uma posição antagônica, pelo engajamento social.

Na práxis, deparamos com outra situação adversa. Os jovens que avaliamos, cujos processos estão recheados de perícias, de testagens e avaliações, não têm conhecimento desses resultados, seus conteúdos e diagnósticos, e menos ainda de suas dimensões[74]. Portanto, suas decisões, escolhas e posições adotadas, como internos, estão menos contaminadas pelos diagnósticos do que por outras tensões existentes.

Para discriminar a questão da saúde mental e o ECA, concluímos com dois pontos relevantes: a legislação especial não estabelece diferenças na execução da lei para portadores de TPAS ou similares, tampouco tem incidências sobre a unidade a ser cumprida, e a (des)responsabilização dos jovens. Posição esta diversa da do Direito Penal[75]. Os efeitos dos diagnósticos, do ponto de vista dos direitos violados, constituem-se,

---

[74] Essa é uma situação que consideramos gravíssima, porquanto situa o jovem alienado (mais ainda) de seus interesses emergentes pessoais. As avaliações podem promover completa devastação de natureza íntima, mais para fins institucionais e menos para propósitos terapêuticos ou coisa que o valha.

[75] O Código Penal brasileiro prevê medida de segurança (internados em manicômios judiciários) para os doentes mentais, que são isentos de culpabilidade e não podem responder pelo crime, e assim serem tratados. Para os portadores de diagnósticos de TPAS, e estabelecido nexo entre o delito e a morbidade psiquiátrica, poderão ser considerados semi-imputáveis. Isso resulta atenuação de pena ou medida de segurança.

107

em geral, pelo tempo de privação de liberdade, conforme já apontamos, por meio dos processos de execução exemplificados. E sobre os casos de outros transtornos no campo *PSI*, os mais clássicos, o ECA dedica-se claramente às suas prerrogativas, mas ainda não encontra na execução sua aplicação ("local adequado à sua condição", por exemplo).

RESPONSABILIZAÇÃO E SUBJETIVIDADE

> [...] o sujeito de que se ocupa a Psicanálise, o sujeito do inconsciente, mantém sua posição de "falta-ser" [...] por estar capturado pelas leis do laço social e de linguagem [...] isso não o exclui da responsabilidade que lhe cabe por suas faltas. (Ambertín, 2006, p. 44)

A *despatologização*, antes de ser uma questão intuitiva que a práxis clínica com os jovens admite, é também uma constatação advinda diretamente da pesquisa sobre dados dos campos *PSI* (psiquiatria, psicologia e afins), que carregam em si sua dimensão científica. Os adolescentes em regime de internação da Fundação CASA, em sua maioria, não apresentam transtornos mentais ou patologias psíquicas, conforme já discutimos.

Com base nessa constatação, podemos contribuir com uma visada em outra direção, atribuindo outro sentido. Se a grande porcentagem dos adolescentes que estão internos na Fundação CASA não foi diagnosticada – tendo concorrido para isso vários instrumentos de análise – como pertencente à classe das patologias psiquiátricas[76], tampouco concluímos que se inclui à categoria perversa de personalidade, então,

---

[76] Ainda que nosso foco neste estudo não passe pela nosografia psiquiátrica, mas psicanalítica, esses dados nos servem como orientadores para a questão que tange a saúde mental de modo generalizado dos adolescentes infratores.

CAPÍTULO 1
(Des)patologização: um fenômeno que reascende questões

do que se trata, para sua disposição enquanto infrator[77], ou por essa posição social escolhida?

A passagem dos móbeis sociais para a causa subjetiva

À primeira vista, e principalmente à luz das ciências sociais, a raiz dessa questão está vinculada à estrutura social vigente. Nos cânones da desigualdade social e em seus desdobramentos situam-se, em primeiro plano, os argumentos de seus determinantes, especialmente nos países em ascensão.

Essa tendência de pensamento é regida por uma compreensão enfática dos fenômenos sociais, e a delinquência vislumbra sua acepção exatamente na perspectiva do resultado da violência social – no sentido amplo de privação, que em outra medida promove a rejeição social – da qual os jovens de classe social desfavorecida são profundamente afetados. Essa relação, baseada na opressão que os condena a uma posição de desamparo, produz o estabelecimento tênue e curto entre as noções de cidadania e seus direitos, como protesto, revolta, conflito, e o outro sentido, menos legalista, desses mesmos conceitos, em que os jovens encontram vias pragmáticas para sua exteriorização, seja na delinquência, seja na criminalidade (Adorno, 2005).

Por conseguinte, a diacronia[78], em tese, favorece a inscrição dos adolescentes no meio delitivo. Pode-se, a partir daí, deslizar metonimicamente por inúmeros significantes determinantes na configuração da filiação deles ao contexto infracional: desigualdade e segregação social, privação cultural, ausência de políticas sociais, marginalização, falta de

---

[77] Infrator aqui é empregado em seu sentido *lato sensu*, como atribuição comum aos jovens que transgridem a lei; não se reconhece nessa acepção uma entidade psicopatológica.

[78] Diacronia aqui contempla seu sentido antropológico e sociológico: *diá* (através de) e *khrónus* (tempo): conjunto dos fenômenos sociais que ocorrem e se desenvolvem através do tempo (Houaiss, 2001). Os fenômenos sociais aos quais nos referimos dizem respeito à confluência, à desigualdade que, por conseguinte, promove a segregação. Por outro lado, a diacronia enquanto "natureza dos fatos linguísticos observados ao longo do tempo" também concorre, do ponto de vista linguístico, para a formação das cadeias significantes, partes da rede social discursiva.

109

recursos e oportunidades etc. Trata-se de fatores indiscutíveis em suas causalidades sociais.

Sem desmerecê-las, mas procurando engendrar a construção de outro viés de pensamento, subtraindo talvez sua reificação, sobre as bases da perspectiva clínica, subjetiva e ancorada pela Psicanálise, é possível analisar a infração como resultado da relação entre o sujeito e o Outro social, vertida em ato. Dito de outro modo:

> O sujeito é uma criatura cuja carne é a palavra: a letra, o som e o sentido. Não há sujeito senão por oposição binária que se entabula entre ele e o Outro da linguagem que é sua casa e sua causa. (Braunstein, 2004, p. 38)

Questões do campo subjetivo podem ser tomadas como soberanas e determinantes desse destino, agora não mais fadado pelos fatos sociais, mas como uma escolha, enquanto Sujeito[79], que o lança no contrassentido das leis sociais.

O ato imputado e o autor do delito podem e devem ser entendidos, também, segundo uma razão psíquica, cujo princípio básico é o mesmo estabelecido por Lacan (1998a, p. 873) em sua concepção da posição do sujeito: "Por nossa posição de sujeito, sempre somos responsáveis. Que chamem a isso como quiserem, terrorismo". Aí se inclui a responsabilidade não só como sujeito de direito, mas por sua posição de ceder ou não ao seu desejo (Diogo, 2006). Pedra angular da Psicanálise, a

---

[79] Sujeito nos moldes propostos por Freud e Lacan, em algumas acepções: primeiro, como efeito da cena fundadora (assassinato do pai da Horda), de sua interdição, que humaniza o homem "[...] que interioriza o interdito, protege-o da fusão, da loucura e do assassinato" (Mougin-Lemerle, 1999, p. 11). Nessa medida, para a constituição subjetiva do sujeito humano, é necessária a figura separadora que permitirá a assunção do sujeito do desejo. Lacan opera com a premissa fundamental da Psicanálise, inconsciente, mas sem elidir o "não saber", na concepção de sujeito do inconsciente, cuja experiência da fala o denuncia. "Esse sujeito especificamente lacaniano não é tanto uma interrupção, mas o ato de assumir isso [...] isto é, uma aceitação de responsabilidade por aquilo que irrompe, assume a responsabilidade" (Fink, 1998, p. 69). A partir da Psicanálise se estabelece uma ruptura entre a noção de consciência e subjetividade. O saber inconsciente não se conhece, é sabido, sem sua apreensão consciente, mas está inscrito, registrado. Mantém sua natureza indelével. (Ibid.)

CAPÍTULO 1
(Des)patologização: um fenômeno que reascende questões

formulação dessa premissa fundamental – desde Freud sob o nome de determinismo psíquico[80] – recai sobre a plena implicação do sujeito diante de sua posição.

A partir daí, as razões sociais passam a ocupar outro nível na discussão e, principalmente, ficam dispostas no âmbito da alteridade. É na relação com esse Outro social que a participação do adolescente e sua inserção no circuito infracional passam a ser entendidas. Assim, ele deixa de ser sintoma do Outro[81] para ser visto como sujeito do próprio desejo.

Nesse passo, as garantias sociais comunitárias ficam despojadas de um sentido absoluto, pleno e determinante, quando se firma essa outra significação. Diz-se, com isso, que o cenário social em si mesmo não dita a regra. A segregação não impinge à criminalidade por si só, são necessários outros elementos para dar voz ao desejo de agarramento a esse *modus operandi*, a essa posição transgressora. É na relação que o adolescente trava com o Outro social que se configuram suas escolhas, resultantes de suas exigências pulsionais e de seus ideais construídos.

A consideração do inconsciente, e, como consequência, a lógica teórica que sustenta a relação que o sujeito estabelece com o Outro, impõe um princípio que, ao se entrecruzar com o sistema jurídico, assume outro viés. De algum modo, pode-se deduzir que todo humano se torna, então, imputável[82]?

O Outro social, aqui fortemente localizado em um desdobramento possível da cultura que impera na periferia da grande São Paulo[83], é,

---

[80] Desde a concepção do conceito de "inconsciente", a Psicanálise desloca para o próprio humano, tendo em conta a existência dessa instância, a "escolha" por seu destino.

[81] Outro: a despeito da complexidade que esse conceito carrega, aqui está circunscrito no sentido de alteridade. Melhor explicado nas páginas subsequentes.

[82] Aqui estão dissociados os termos imputabilidade e pena (diferente de medida socioeducativa). Não se trata de uma chamada para a discussão da maioridade penal, tema este que demanda exclusividade de um trabalho.

[83] De acordo com os trabalhos publicados em outros estados brasileiros (Minas Gerais, em *Tô fora: o adolescente fora da lei*) a questão da cultura periférica parece em muito se aproximar com a cidade de São Paulo. Por outro lado, existe uma pluralidade estética nas formas culturais características da população periférica, seja na música (grupos de rap e outros), na vestimenta etc.

também, regido por outra ordem, um pacto ao avesso da organização majoritária. Ao contrário da ideia[84] de que esse Outro se apresenta em torno do vazio dos elementos ordenadores e produtores do saber sobre o qual se "funda o laço social"[85] (Napoli, 2003, p. 37), esse Outro social pode ser lido, também, como formador e facilitador de uma distinta cultura, com algumas diversidades e oposições aos costumes e condutas da sociedade regular, *standard*. Os ideais, neste passo, não estão desaparecidos, mas são outros, por vezes estrangeiros à moral imposta. O "lugar crescente do mais de Gozo" (*Ibid*.) é insofismável, o gozo fálico[86], tal como está presente na lógica subjetiva dos neuróticos, é também parte da posição dos infratores. A diversidade reside no meio pelo qual ela é sustentada, a transgressão às leis sociais, que os remetem necessariamente ao campo jurídico.

Mas a junção das questões que envolvem o conceito do Outro lacaniano, o conceito do Social e do Sujeito merece ser tratada com o rigor que se confere à teoria psicanalítica. Não há um discurso uníssono e consensual diante dos entrecruzamentos desses conceitos, e menos ainda daquilo que daí se deriva. Há a bancada dos que desprezam a análise entre Outro e o social movidos pela articulação, que suplanta e esgota a noção do imaginário social, disposta entre o Simbólico e Real[87], às expensas da exclusividade majoritária do campo Imaginário. Sem infirmar

---

[84] Ideia original de Leguil, F.: "Formas do desencontro: segregação, solidão e amor. In: As formas do desencontro. Curinga, *Revista da Escola Brasileira de Psicanálise*, Belo Horizonte, 1998.

[85] No texto de referência a ideia do Outro que inexiste está atrelada à segregação, lida como um sintoma (Leguil *apud* Napoli, 2003). A população da periferia dos grandes centros brasileiros está, de fato, segregada? Preferimos responder que apenas parcialmente, posto que não está alienada da cultura vigente, pois também pertence a essa produção. No entanto, tem seu acesso prejudicado, com grau de qualidade, aos bens de consumo e de serviços (saúde, educação, cultura etc.), mas tem pleno conhecimento de suas existências. Pretendemos estabelecer essa diferença visando à não entendê-la como parte desintegrada e irreal da rede social.

[86] O gozo fálico, bem como as estruturas masculinas e femininas, será amplamente tratado adiante, na perspectiva da fórmula da sexuação lacaniana.

[87] Simbólico e Real são dois dos três registros lacanianos que, necessariamente, se articulam entre si. Tanto quanto em outros conceitos, estes carregam em si demasiada complexidade teórica. De modo reduzido: o Real, distinto da realidade, é um registro sem bordas, sem discernimento, indiferenciado, anterior à linguagem, em certa concepção. Ou: é aquilo que ainda está despojado de sua simbolização, por isso é exterior, está fora da realidade. O Simbólico está diretamente relacionado à linguagem, que permite,

por completo essa tese, não se pode deixar de entrever a formação de certo campo tensivo. É impossível desunir um registro dos outros dois, conforme as abundantes indicações do próprio Lacan. Ademais, o Imaginário não se exaure na noção de imaginação, de fantasia, mas se funda a partir da experiência subjetiva com a imagem do corpo próprio, entendendo, com isso, que essa vivência não é natural. A identificação é seu corolário, em um movimento de possessão dessa imagem construída, sob o manto narcísico (Elia, 1999).

O Outro institui-se na condição de alteridade como produto que marca a diferença do sujeito a partir de uma ruptura, que se distingue em oposição do outro enquanto análogo e semelhante, da qual a identificação imaginária é tributária. O inconsciente faz-se nesse lugar do corte, da fenda, que permite a assunção do sujeito do gozo e do desejo, "indo além do que lhe determinam os significantes da Cultura" (*Ibid.*, p. 134). O aforismo Lacaniano "o inconsciente é o Social" não se configura como uma prerrogativa do inconsciente sobre o social, mas em uma atribuição implicada entre ambos: "fazendo passar o social pelo inconsciente, recusando que haja, para o inconsciente, a figura de exceção, que pode ser 'Deus', o 'Homem', ou, mais recentemente, e no caso de nosso debate, 'O Social'" (*Ibid.*).

A Psicanálise, portanto, e seu arsenal teórico permitem erigir o sujeito a partir de seu ato, porquanto estabelece como princípio que o ato o desvela e o produz, sincronicamente. Ao revés de um cartesianismo difundido na lógica estabelecida em que o sujeito produz o ato, este também produz o sujeito, como consequência. Isso quer dizer que o sujeito não será o mesmo após o ato. A subjetivação da ação permite a edificação desse outro sujeito[88]: "[...] a Psicanálise tenta lançar o princípio de que todo sujeito é imputável enquanto que, responsabilizando-se de seu ato, se abre a possibilidade, mediante culpabilização, de subjetivá-lo [...]" (Rigazzio, 2006, p. 154).

---

por sua vez, a substituição e o deslocamento (metáfora e metonímia), que produz um "real de segunda ordem", fruto das impossibilidades e dos impasses entre seus elementos (FINK, 1998, p. 46).

[88] O caso Pierre Rivière é emblemático nesse aspecto.

Emprestando seu sentido absolutamente humanitário à Justiça, como já dizia Lacan em 1950, a Psicanálise consente ao sujeito a construção de um discurso, de uma rede de significantes, incluindo todos os impasses e contraditos próprios, que estabeleça nexo com o delito, necessário a um movimento sísmico de subjetivação. Diferentemente dos enunciados, dispostos à primeira mão, racionalizados e fictícios, tal como a estrutura imaginária do Eu[89] (Ibid.).

Aqui marcamos diferenças de vieses circunscritos nos campos do Direito e da Psicanálise. Se para o Direito o sujeito é responsável diante do Outro social, para a Psicanálise ele também o é diante de si mesmo, e a culpa é o sinal que alarde quando a falta (subjetiva) se apresenta; o limite (a lei) cobra sua função[90] (Ambertín, 2004).

O sujeito não está em uma posição individual alienado do Outro por completo, e, sim, em uma relação de contiguidade com a linguagem, a cultura, a sociedade e as estruturas jurídicas, políticas e econômicas (Braunstein, 2006).

Diante dessa posição psicanaliticamente adotada, propomo-nos a discutir e a relativizar as noções de adolescência e responsabilidade que ancoram os princípios do paradigma da Proteção Integral disposta no ECA.

Adolescência e responsabilização: a Psicanálise e a lei

Crise, drama, ritos de passagem ou iniciação, tempo de moratória e transição, período de movências, "cruzamento de caminhos entre o íntimo e o social, lugar das passagens, dos encontros e desencontros, das possibilidades, das aberturas e dos fechamentos" (Chassaing, 1996, p. 43), essas são algumas das caracterizações atribuídas na construção das teorias sobre esse período, denominado de adolescência, disposto entre a infância e a maturidade.

---

[89] Aqui pretendemos diferenciar a noção básica do Eu cartesiano, do discurso consciente, da noção do Eu ou sujeito inconsciente que a Psicanálise se presta a fazê-lo emergir pelos caminhos da associação livre.

[90] Questão tratada adiante.

CAPÍTULO 1
(Des)patologização: um fenômeno que reascende questões

A etimologia do termo, e suas possíveis derivações são em si mesmas marcantes, dadas as suas reais afinidades e proximidades com a literatura existente sobre o fenômeno do adolescer; eis o por quê: do latim *adolēscens* (particípio presente de *adolescĕre*) traduz-se para o português por aquele que se desenvolve, cresce, engrossa, aumenta; a origem da palavra contempla *alt-* antepositivo, do verbo latim: *alo, alĭtum* ou *altum, alĕre*: fazer aumentar, crescer, desenvolver; nutrir, alimentar, criar, sustentar, produzir, fortalecer etc. A cognação em português inclui: *adolescência, adolescente, adolescêntulo, adolescer* (Houaiss, 2001).

Sudbrack (1999) constata que toda a gama de significados que esse termo abarca converge para uma imagem de movimento, por um lado, e, por outro, também inclui, por meio do verbo *adolere*, cheirar mal, feder, fazer sacrifício. Assim sendo, o próprio estudo da evolução da palavra permite pensar a adolescência como um período de transição, não sem estar carregada também de sofrimento, de dor (raiz "do" — *addolecere*: que está na origem da palavra dor), como também de uma época em que surgem maus odores, provocados pelas alterações fisiológicas da puberdade. Portanto, a própria etimologia do termo adolescência traduz e condensa todos os sentidos, até mesmo os subjetivos, que esse construto carrega.

Até aqui nada de novo. Será isso uma pletora discursiva que reafirma persistentemente essas caracterizações no vasto domínio em que a adolescência é tomada enquanto conceito? Essa noção carrega, historicamente, uma série de verdades que tomaram formas dogmáticas, cujos desdobramentos são produtores de uma série de ações. As práticas pedagógicas, assistenciais, médicas, psicológicas e até legalistas revoam sempre sobre o mesmo ponto, e cada vez mais alimentam a engrenagem das soluções terapêuticas e afins.

Com base no campo epistemológico, pode-se interrogar a definição de adolescência. A ciência da adolescência tornou-se um fato de discurso mundialmente propagado, que se reproduz compulsivamente com uma facilidade atroz. Essa insistência força uma naturalização que, por

115

outra via, atravanca o surgimento de outras ideias. A adolescência assim assume uma forma extemporânea, a-histórica e transcultural,

> isto é, um "sujeito" epistemologicamente estéril, posto que monolítico e a-histórico, isto é, um "sujeito" portador de uma essência já conhecida [...] todavia, foi esse "sujeito" adolescente que se instalou no universo das preocupações científicas e do senso comum [...]. (César, 1998, p. 2)

Assim, demarcamos a ideia de que a adolescência é, tal como a infância, uma construção discursiva. Não se trata absolutamente de uma marca biológica, mas de uma montagem histórica. Desconsiderar seu caráter sociopolítico é perder de vista as modulações subjetivas aí presentes.

A história do construto adolescência

Autores[91] atuais, preocupados em contextualizar esse recente construto – adolescência –, desenvolvido ao longo do século XIX no Ocidente, abordam-no a partir de uma visão sócio-histórico-política, a qual ele responde.

Lesourd (2004, p. 15), por exemplo, remarca que, a despeito da disposição de os inúmeros historiadores privilegiarem a transcrição e o estudo da infância, da família, do casamento, da sexualidade e da escola, não existem, por outro lado, registros, e sim *"vestígios"* sobre a história da adolescência, propriamente dita. A raiz desse vácuo situa-se, segundo sua visão, na dificuldade em descrever uma cultura segundo uma perspectiva estrutural e organizacional. Pois é disso que se trata quando se

---

[91] Jardim, G. C. (2004), ao tratar da história da adolescência, cita vários autores que se dedicaram a essa pesquisa. Destacamos alguns: THIERCÉ, A. (1999) *Histoire de l'adolescence*. Paris: Éditions Belin, 1999. A autora conclui que o desenvolvimento da noção de adolescência está atrelado ao processo educacional, sendo que os primeiros estudiosos dela foram os educadores do XIX; visão esta que coincide com Lesourd (2004). OZELLA, S.; BOCK, A. M. M.; LIEBESNY, B. In: OZELLA, S. (Orgs.) (2003) *Adolescências construídas*: a visão da psicologia sócio-histórica. São Paulo: Cortez, 2003. Esses autores atribuem uma articulação entre a adolescência e o contexto sociocultural, sendo ela sua resultante, inclusive como construto.

CAPÍTULO 1
(Des)patologização: um fenômeno que reascende questões

aborda a questão dos ritos de passagem entre a infância e a idade adulta nas sociedades primitivas. Seu atrelamento às relações sociais está vinculado a uma constatação que situa o adolescente como objeto posto em discurso, justamente na época das transformações e transições de poder. Por isso, o autor elege dois campos de estudo: a história política das sociedades ocidentais e a escola nas culturas judaico-cristã e greco-latina na investigação histórica do tema, que acaba por consolidar o cerne de sua questão: o lugar do adolescente na sociedade moderna.

Sobre o primeiro campo, circunscreve alguns dos períodos em que o tema foi abordado. Na Grécia do século V a.C., Sócrates, Platão, Aristóteles, Isócrates consubstanciaram a ideia de promover a educação tradicional dos efebos, diante de suas qualidades pedagógicas e do interesse pela educação. Por isso são os filósofos os maiores expoentes, à época, sobre o tema. O modelo educacional implantado, então, incluindo a concepção de uma norma ética, foi inspirador para as escolas escolásticas na Europa posteriormente. Ainda nesse século, remarca o autor, delimita-se um período de transformação política a partir da democracia baseada na tradição e no espírito cívico para o império que valoriza o individualismo e a razão, e, em seu bojo, a educação dos jovens é posta em evidência.

No século XV, estabelece-se como modelo referencial – após um processo que perdurou séculos – o pensamento cristão, que se difundiu sobre as bases políticas. Essa passagem, prioritariamente, diz respeito à pluralidade de referências para a singularidade da divindade. Nesse mesmo passo, inaugura-se um novo padrão de ensino, que inclui a elegibilidade dos estudantes por classes, como também um sistema de progressão, modelo este que perdura até os séculos XVIII e XIX.

Essa pesquisa histórica leva o autor a constatar e a se intrigar com a conexão sempre presente entre o surgimento de um discurso e as ações pragmáticas voltadas para a juventude em um momento de transformação sociopolítica. Essa acuidade lhe permite constatar a atualidade que essa noção carrega, bastando apenas alterar os elementos que a compõem, mas mantendo sua lógica fundamental: a preocupação com a educação dos jovens encontra sua raiz no medo do exercício de suas potencialidades e, por consequência, na plausível e real possibilidade de eles dominarem o futuro a seu modo. A educação, a partir daí, passa a ser uma forma de controle.

Da Idade Média até o século XIX, o adolescente exerce, então, uma função reguladora na organização social, por meio de crítica, e, também, articuladora entre a cultura trabalhista e as aldeias. Essa posição que o situa sempre nos entremeios se manterá até os dias atuais e é, por vezes, o principal argumento dos autores atuais em suas leituras sobre o adolescer.

Na esteira do processo histórico, já no século XIX, dois movimentos distintos e secundários à cultura são provocadores de uma inflexão que reposiciona o adolescente. Com o surgimento da concepção da criança – de uma visão cristã – como ser primariamente inocente, mas passível de ser subvertido pela sociedade, tem-se como consequência a aposta na educação que, então, passa a ter uma função fundamentalmente normativa. O adolescente, ao contrário, como pertencente a um tempo *a posteriori* da infância, é qualificado como pervertido, e, por isso, não suscetível a receber tratamento preventivo, mas, sim, repreensivo. O segundo movimento reforça a tese do adolescente pervertido e delinquente, por estar ele contido em um dos âmbitos daqueles que se situam fora da ordem, período este descrito por Foucault como o século do encarceramento. Portanto, são duas as razões pelas quais ele passa a corporificar esse estado anômalo: sua função de crítica social[92], não reconhecida, sua sexualidade vista como perversa e por isso ameaçadora, e a segunda derivada da primeira que o torna excluído do meio social, conforme já dito, em conformidade com a cultura vigente desse período, que afugenta tudo o que estiver à margem da norma estabelecida (Lesourd, 2004).

---

[92] No período anterior, os jovens eram encarregados de regular as trocas sociais, inclusive as de âmbito sexual.

CAPÍTULO 1
(Des)patologização: um fenômeno que reascende questões

A história da adolescência pode ser revista também do ângulo do funcionamento e da descrição da dinâmica familiar, no qual incluem as relações entre os pais e a posição do então filho púbere.

Na civilização greco-helênica, considerada berço da cultura ocidental, a maioridade legal não era estabelecida pelo Estado, mas pelo pai ou tutor, que autorizava o uso de vestimenta de homem, a cortar o bigode e a iniciar a prática sexual. Esta se dava com outro homem, mais maduro, em geral mestre ou preceptor. Ainda na Roma Antiga, os efebos costumavam se agrupar e praticar vários tipos de danos públicos, mas também eram dados à prática de esportes. Os jovens também eram os operadores dos ritos de passagem de outros jovens de comunidade privadas para as confrarias e, para isso, também formavam grupos e promoviam badernas. O casamento, por outro lado, era algo de responsabilidade entre os pais e o Estado e alheio ao próprio interessado, por tratar-se de uma questão que implicava interesses econômicos, principalmente. Essa supremacia da autoridade parental – *paterna potestas* – ainda persiste na Idade Média, quando o fruto do trabalho dos filhos maiores fica à inteira disposição dos pais, que se apropriam dos bens e são seus gestores (Nazar, 1999).

No período renascentista mantém-se esse mesmo modelo da soberania parental, exceto pelo deslocamento da incumbência das questões educacionais para o colégio, incluindo aí a formação religiosa e assimilação de noções e valores morais e sociais (*Ibid.*).

Nos séculos XVIII e XIX, a atuação "transgressora" dos jovens promoveu alterações nas instituições. Se, por um lado, as classes escolares foram organizadas por faixa etária, por outro, eram os pais que estabeleciam as normas disciplinares do colégio. Passou-se a adjetivar a adolescência como um "momento crítico", e, com isso, a comunidade científica da época despertou para o fato, quando se instaurou o início da produção de estudos. Os médicos foram os principais autores de artigos sobre o tema. A partir do século XIX, a escola também incorporou a responsabilidade, para além da aquisição de conteúdo, da socialização (*Ibid.*).

Já no século XX, os jovens, permeados por tensão, rebelaram-se contra a macroinstitucionalização de poder que incidia sobre todos os vetores da vida: lazer, escolarização, trabalho e vida privada. Reivindicaram, então, a separação entre o que era de ordem pública e privada. Esse processo se estendeu até a segunda metade do século, quando a diluição da soberania institucional foi consequência de algumas rupturas de paradigmas como o incremento da parcela feminina no mercado de trabalho e, por outro lado, da valorização da escolarização. A revolução sexual dos anos 1960 resulta, então, em uma alteração mais aprofundada da estrutura familiar (*Ibid.*).

Uma vez assentadas as bases históricas da adolescência, passemos à sua pertinência na atualidade.

Adolescência como sintoma da modernidade

"A adolescência é o prisma pelo qual os adultos olham os adolescentes e pelo qual os adolescentes se contemplam." (Calligaris, 2000, p. 9).

Essa interpretação permite pensar a adolescência como fato de discurso. Explico: não se deve tomá-la como fenômeno idiossincrático ao ser, mas como advinda de um discurso e de um contexto cultural. A adolescência e tudo aquilo que a caracteriza não podem ser qualificados como tese universal. A história e os estudos antropológicos permitem verificar que em determinadas culturas esse fenômeno não surge como na modernidade ocidental. Ao contrário, como uma passagem sem ímpeto, amornada, como descreve Mead (1945, p. 183) as adolescentes de Samoa[93]: "[...] devemos admitir que reside aqui um fator vigoroso que influencia a passagem indolor da infância à condição de mulher". Considerando ainda que estabelecer fatores, mesmo que multicausais, sobre esse modo de adolescer é algo custoso, Mead traça algumas conjecturas. Atribui a abundância de diversidade cultural que incorre – sobretudo

---

[93] Samoa: Estado independente da Polinésia. A autora, antropóloga, realizou uma extensa pesquisa sobre a cultura local, quando constatou diferenças ruidosas no adolescer das jovens samoenses e das do Ocidente.

CAPÍTULO 1
(Des)patologização: um fenômeno que reascende questões

na civilização ocidental – sobre os adolescentes que os impele de forma imperiosa a fazer eleições dentro de um infinito espectro. Na sociedade samoana, diversamente, valoriza-se veementemente a mesmice, a igualdade, a continuidade e a indiferença, o que esvazia as condições geradoras de adversidades e conflitos. Por outro lado, as relações entre pais e filhos, tão enaltecida e falada em nossa cultura, em Samoa são estabelecidas a partir de outro paradigma que não são as relações fadadas à intimidade e tomadas como referências, paterna e materna, as quais se tornam decisivas para as escolhas futuras, como Freud (1986l)[94] postula. As relações afetivas, para nosso estranhamento, são marcadas pela inexistência de vínculos específicos, tal como está ordenada nossa estrutura: laços fraternos, paternos, maternos, consanguíneos e conjugais que inclui o vínculo sexual. Em Samoa prioriza-se a educação mista e o fomento de amizades livres. No entanto, a interdição social se institui por outros mecanismos e vieses. Mead faz um intenso e valioso esforço para apresentar as diferenças socioculturais existentes entre as culturas, que servem de substrato para uma teoria que responde pela vacuidade do processo do adolescer em outras formas de organizações sociais, colocando em xeque teorias psicológicas que reivindicavam a ideia da universalização da adolescência, como descrita na era moderna[95].

Nas sociedades primitivas, a passagem da infância para a vida adulta é concebida pelos ritos de iniciação, quando se cunha a inclusão do jovem para um outro *status* social, sem engendrar dificuldades particulares.

Pois bem, Calligaris (2000), em uma leitura voltada para a relação do adolescente com o social, parte da tese de que a adolescência – moderna – surge pela imposição cultural que obstaculiza o jovem em assumir completamente sua condição de cidadão de direitos e deveres.

---

[94] Freud (1986l) afirma que em duas situações presentes na adolescência é possível identificar a atualização das fantasias edípicas: a escolha do parceiro está sempre infiltrada pela construção subjetiva dos modelos dos parentais, seja pela equivalência, seja pela oposição. A necessidade de rebelar-se contra a autoridade parental é tributária da recusa às fantasias incestuosas que permite, por fim, a inclusão à cultura.

[95] A era moderna é aquela em que civilização ocidental toma como ideal de modo de vida a homogeneização cultural, com acento ao cosmopolitismo e, por consequência, a absorção ou minimização das tradições comunitárias, incluindo a cultura dos grupos sociais.

Trata-se de um tempo de suspensão e de moratória que é tributário do não reconhecimento social de sua suposta autonomia e competência; e também de uma transição de duração mal definida, porquanto não se tem deliberado uma significação precisa do que é ser homem e mulher. Paradoxalmente, a adolescência é idealizada por essa mesma comunidade que constrói expectativas a respeito da experiência durante esse tempo, fomentando ainda mais toda a ambiguidade que a cerca.

Na trilha dessa mesma discussão, a adolescência é examinada para além do discurso purista social ou biológico[96], que, em geral, permeia as abordagens psicológicas. Evidentemente, a história revela que houve momentos em que as demandas sociais sobre o jovem ou a puberdade resultaram ineficientes para a produção do fenômeno do adolescer. A partir disso, ajustam-se as ideias. Não só por exclusão, mas por aposição dessas premissas, a adolescência é tomada, portanto, como resultante de determinadas culturas e contextos sociais. A modernidade, como concebida no Ocidente, torna-se o vetor fundamental para o seu estabelecimento. Pois bem. Nesse ponto, pulsa uma questão que insiste em se formular: o que a modernidade introduziu para a produção de um efeito subjetivo na humanidade que resultou no processo do adolescer (Ruffino, 1993)?

Na verdade, subtraíram-se alguns fatores simbólicos existentes na Antiguidade que ancoravam a passagem da infância para a vida adulta. As reivindicações sociais, surgidas com a maturação dos indivíduos, não eram longínquas da realidade diária do período da infância. Por outro lado, a hegemonia e a constância das relações sociais arrefeciam desordens e conflitos existenciais. E, sobretudo, os rituais de passagem, tão enaltecidos e mantidos quase na ordem do sagrado, cuja eficácia simbólica suplantava o embate irrevogável e interpelante dos campos social e

---

[96] Em ambas as teses, sociais e biológicas, evidenciam-se esforços na tentativa de delimitar o período da adolescência. O impacto social e suas exigências sobre o indivíduo são entendidos como marco inicial do processo do adolescer, e seu findar com a entrada no mercado de trabalho. Essa, de modo reduzido, é a leitura sociogênica. A teoria organogênica tem como matriz a puberdade, facilitando, assim, a demarcação do início e fim da adolescência, à medida que a maturação dos órgãos se torna seu eixo balizador. Ambas as teorias são alvo de críticas dada a fragilidade de suas premissas (Ruffino, 1993).

somático, tinham uma função estabilizante e normativa. No vácuo desses elementos, surge o processo adolescer (*Ibid.*).

Ao aterrissarmos na era moderna, constatamos que igualmente ela vive hoje um período de transformação quando a adolescência se encontra no bojo do discurso social[97], e como afirma Calligaris (2000, p. 9): "ela é uma das formações culturais mais poderosas de nossa época".

Por isso, são inúmeros os autores que se lançaram sobre o tema na atualidade na área da saúde como a medicina – que incluiu em seu vasto campo de especializações a hebiatria, voltada ao atendimento dos adolescentes – e a Psicologia, que também produziu tratados a respeito. A Psicanálise, por seu lado, não se caracteriza como uma prática segmentária, com especializações em seu interior. Como ela é sustentada primordialmente pelo conceito do inconsciente, não cabe, então, seu incremento a fim de compor saberes especializados para a atuação clínica. O paciente, seja ele criança, adulto ou adolescente, é tomado em análise como sujeito do inconsciente. Nesse sentido, primordialmente, a Psicanálise não reivindica a adolescência como um conceito próprio, mas nem por isso se situa à sua margem.

Pode-se dizer que Psicanálise se rendeu aos apelos e demandas do meio científico, e por que não do meio social também, mas, sobretudo da prática clínica. Vários psicanalistas[98] começam a produzir estudos que engendram uma ampla discussão teórico-clínica acerca da questão da adolescência. Aí estão incluídas análises de diversas perspectivas: sobre seu lugar na teoria do sujeito, sobre o manejo clínico, mas, principalmente, a concebe como uma tarefa psíquica que o jovem púbere enfrenta em sua assunção para a vida adulta. E aí, sim, encaminhou-se a questão para a construção de ideias que pudessem circunscrevê-la e, na mesma ordem, serem postas como elementos determinantes.

Passemos a essas ideias.

---

[97] O número de livros e artigos, científicos e jornalísticos, publicados sobre o assunto nunca foi tão grande.
[98] Entres os mais notáveis estão Jean Jacques Rassial, Contardo Calligaris, Serge Lesourd e Charles Melman.

Adolescência e Psicanálise: os pós-lacanianos[99]

> A adolescência pode ser definida como um momento lógico mais do que cronológico, porque se ele se faz necessário pela puberdade, um certo número de acontecimentos pode fazer com que ele apareça mais cedo ou mais tarde. (Rassial, 1997, p. 52)

Não há vacilo na ideia de que a adolescência não é um conceito genuinamente psicanalítico, o que é unanimidade entre os autores. Todavia, valiosas contribuições teóricas surgiram com o propósito de circunscrever o que a encerra em suas particularidades subjetivas. Longe de ser examinada como parte da linha imaginária do desenvolvimento humano, mas com pretensões no nível do desvelamento dos elementos subjetivos presentes, a adolescência é tomada em seu processo dinâmico.

Jean-Jacques Rassial[100] é um dos autores pós-lacanianos de maior destaque na atualidade a retratar a questão do adolescer. Suas ideias originais e absolutamente fundamentadas garantem uma oxigenação inovadora sobre toda a teoria formulada acerca do adolescente, já tão sedimentada e excessivamente discutida. Além disso, essas ideias revolvem tanto o terreno teórico quanto o clínico da própria Psicanálise. Partamos delas.

Para conceber a adolescência no campo psicanalítico, é necessário tomá-la a partir de seu valor enquanto conceito. Sua definição só se sustenta pela atribuição ao registro simbólico, ao qual está predestinada. Explica-se. Para além das teorias psicológicas que a situa como originada por determinantes externos, como a puberdade e a tomada de posição

---

[99] A expressão "os pós-lacanianos" engloba o sentido da construção de um discurso, de uma compreensão acerca da adolescência, por autores que se utilizaram de conceitos que foram introduzidos por Lacan.

[100] Jean-Jacques Rassial é psicanalista e professor de psicopatologia na Universidade de Paris XIII. Ele coordena o grupo de pesquisa sobre a adolescência do Laboratório de Psicologia. Publicou diversos artigos sobre esse tema. "Foi sem dúvida o primeiro psicanalista de orientação lacaniana a tentar uma teorização específica da adolescência que, ao mesmo tempo, esclarece a clínica das condutas patológicas e interroga a própria psicanálise e o psicanalista, a partir das verdadeiras questões do adolescente" (Rassial, 1997, segunda capa do livro).

CAPÍTULO 1
(Des)patologização: um fenômeno que reascende questões

social, que implica necessariamente a adequação do Eu, a Psicanálise a idealiza como uma operação subjetiva na qual os elementos reais e imaginários também estão postos em cena em um movimento dinâmico, não estagnado. O simbólico assim passa a ser causa de determinados momentos em que o imaginário, a partir da imagem do corpo ancorada pela mãe (função), e o real, suportado por acontecimentos, convergem para a construção de um discurso dado a partir da transmissão paterna. Essa é a operação subjetiva do adolescer (Rassial, 1999).

Ultrapassando a ideia genuinamente freudiana de que a adolescência se emoldura como consequência e confirmação dos elementos estabelecidos na infância, ou como uma ruptura brusca do desenvolvimento, sob a análise de outros autores, ou ainda como um ajuste do Eu ao novo corpo, temível e danoso, também inúmeras vezes retratado nas teorias, ela passa a ser debatida, em primeiro lugar, como o momento da consumação da falsidade que a promessa edípica carrega. Esse compromisso previa a garantia de um gozo renunciado naquele momento para ser obtido *a posteriori*. Na adolescência, desvendam-se duas coisas: tanto que o gozo sexual não é total, da maneira contrária ao que ele havia concebido em suas fantasias infantis, e sobre as quais se torna saudoso, quanto que o gozo com o Outro é infinitamente adiável sob promessas intermináveis. Daí descortina-se em definitivo a verdade sobre a face ilusória do gozo, em que a morte é sua única certeza. Manter a chama da promessa acesa em busca desse gozo impossível pode levar o adolescente a constituir diversas patologias (*Idem.*).

Dois efeitos subjetivos daí resultam. Em primeiro lugar, a remodelagem da imagem corporal a partir da mudança de seu valor e estatuto. Desse ponto em diante, sua posição para com seu semelhante é estabelecida no plano horizontal, e isso obrigatoriamente levará o adolescente a dar uma nova dimensão imaginária ao Outro. E, em segundo lugar, essa atribuição que agora diferencia o Outro imaginário carrega uma qualidade simbólica, para o Eu, que depende da elegibilidade daquele que o encarna. De todo modo, os pais não poderão mais ocupar o lugar do Outro imaginário, porquanto o adolescente constatou que a condição deles

125

é também de sucessores dessa rede de gerações. Em termos lacanianos, isso remete ao impossível Outro do Outro e da relação sexual "antes de ser negada e recalcada na idade adulta [...] é o verdadeiro encontro tardio com o Outro sexo [...] a adolescência é o momento em que o Outro está em pane de consistência imaginária" (Ibid., p. 49). Até a inovação de outra fantasia substituta que implica o findar da adolescência, vários modos pasteurizados de ser e agir, tão bem descritos na literatura correspondente, acabam por caracterizá-la e são resultantes desse hiato da atribuição imaginária do Outro (Idem).

O Nome-do-Pai[101], enquanto suporte do Outro, manifesta-se presumidamente sob três versões: sua inscrição, sua forclusão e a suspensão das duas primeiras, sendo esta própria do momento do adolescer. Para que a primeira se suceda é necessária sua articulação à metáfora paterna[102] que sustenta essa inscrição. Aqui, o registro simbólico está entrelaçado ao imaginário. A segunda possibilidade – a forlusão do Nome-do-Pai – caracteriza a psicose (Idem).

Na adolescência, o que vigora está para além da metáfora paterna no que implica a inscrição ou forclusão do Nome-do-Pai, garantido por meio de seu próprio êxito enquanto operação primária. É uma operação que pode ser intrassubjetiva ou desarticulada de subjetividade (determinada por acontecimentos), que, por seu turno, desloca o discurso paterno para surgir em seu lugar o discurso do mestre, fundador do laço social[103]. Por isso, o Nome-do-Pai perde sua representação imaginária, até aqui apoiada na família, mas não sem prejuízo. Esse processo se torna custoso pela impossibilidade de existir um substituto ou, de outro modo, tornar-se causador do discurso do mestre. Em outra medida, a saída para

---

[101] O próprio autor situa o conceito com a precisão necessária para sua contextualização na adolescência. O Nome-do-Pai é a operação lógica pela qual o Outro está ancorado, cuja função ordena a cadeia significante, possibilitando assim, através do fantasma de cada qual, acentuar determinados significantes. Trata-se de uma operação inscrita na cultura e inerente ao humano (Idem). Conceito melhor desenvolvido ulteriormente.

[102] A metáfora paterna só exerce sua função a partir da vetorização do desejo da mãe primordial ao pai (nem sempre ao pai da realidade), que acaba por demarcá-lo falicamente, dando lugar à mãe edipiana.

[103] Esse movimento é o que Rassial (1997) denomina *A passagem adolescente* – Da família ao laço social, título de uma de suas obras publicadas.

CAPÍTULO 1
(Des)patologização: um fenômeno que reascende questões

essa vacuidade da representação imaginária do Nome-do-Pai consiste na destituição do pai da realidade, e com isso substituir seu discurso por outra variante, o que entoa um sentido perverso. Por isso, na adolescência, figura-se a legitimação ou, em oposição, a infirmação da operação Nome-do-Pai, dada ainda na primeira infância. Não há tempo previsto para isso, na proporção em que pode ocorrer abruptamente ou em um longínquo processo.

O fim da adolescência pode ser estabelecido quando o "*synthome*[104] [...] tornar-se um dos Nomes-do-Pai capaz de permitir uma validação além da metáfora paterna" (*Ibid.*, p. 54). Assim, o adolescente deve se liberar do pai para poder se valer dos Nomes-do-Pai, futuras referências de suas escolhas (Rassial, 1997).

Pode-se, em outros termos, tomar o processo do adolescer vinculado à ordem simbólica, quando se parte da premissa de que a era moderna extirpou determinados elementos, como os rituais, que tinham por função suportar simbolicamente a passagem da infância para a vida adulta. Esse esvaziamento do que legitimava a inscrição social do jovem implacavelmente o deixou no vácuo, como em um salto sem rede.

De forma quase poética, Ruffino (1993) estabelece em oposição métrica aquilo que diferencia, a partir da ordem simbólica, a Antiguidade da era moderna no que diz respeito à travessia para a fase adulta. Em correspondência, tem-se: prática social x tarefa solitária; movimentos inertes x esforço com tensão e crise; tradição x criação; discurso homogêneo x reivindicações; tempo necessário breve x tempo necessário longo; o findar lança o jovem para a unissonância x o findar lança o jovem para a ambiguidade; prevenção x moratória. A estrutura social pertinente à Era Moderna, traduzida pela não simbolização, afeta o sujeito pubertário de modo real, deixando-o desnudo, sem anteparo, sem intermediação, despojado de qualquer dispositivo utilitário para o enfrentamento da diversidade que o interpela. Diante disso, resta-lhe

---
[104] Le *Synthome* – título do Seminário XXIII (1975-1976) – ainda inédito. Ver p. 162.

tentar responder uma única pergunta: o que o Outro[105] quer de mim? Esta é uma questão que aturde e abre para um posicionamento diante da demanda do Outro, não sem engendrar impasses: isto é o adolescer. A operação psíquica que permite a saída desse momento estarrecedor é a transformação desse vazio em elementos simbolizáveis. É aí que se encerra o processo do adolescer.

Do ponto de vista psíquico, a tarefa do adolescente reside no que Freud (1986e) conceitualiza como trabalho de luto, que tem por função presentificar, de modo simbólico, o que foi perdido em seu contexto de realidade. Isso que lhe escapou não pode ser interpretado simplesmente como a tão comentada *infância perdida*, mas como os representantes simbólicos constituídos comunitariamente. Assim, sela-se o destino do adolescente: reinventar seu percurso, a despeito das perdas sofridas sem, no entanto, lastimá-las. Com isso, restitui-se uma nova ordem subjetiva que lhe permite movimentar-se, respondendo às demandas sociais que o avassalam. Esmorecer-se diante desse impasse pode resultar em processo de provocação da melancolia[106], em termos freudianos, cuja extensão conflui em dois eixos: impedimento do processo de simbolização que culmina em estado de paralisia e, concomitante, espera da diluição do impacto sofrido diante do encontro com o real. Isso posto, a adolescência figura-se ou como uma formação de compromisso entre a aquiescência e, por conseguinte, a produção de uma forma de enfrentá-la, ou como um estado inerte que o lança à passividade. Tomada como sintoma, a adolescência traduz exatamente esse processo, e o encontro com o vácuo de elementos destituídos de simbolização pode ser entendido como um evento traumático[107] tal como Freud o designou. Trata-se, portanto, de um trabalho psíquico que envolve esforço para atualização da própria estrutura do registro simbólico. Por isso, há de se pensar no tempo, na duração não cronológica, mas lógica que

---

[105] As três grandes referências ao Outro são: o Outro da Metáfora Paterna, o Outro da cultura e o Outro do sexo. O ser necessariamente está alienado ao Outro, não há saída que não essa. Por isso, a expressão: o Outro mortifica o ser.

[106] O autor esclarece que aqui a melancolia não está referida enquanto estrutura clínica, mas como um estado que demarca o processo do adolescer.

[107] Evento traumático em Freud é análogo ao encontro com o real em Lacan.

CAPÍTULO 1
(Des)patologização: um fenômeno que reascende questões

movimenta esse percurso, essa passagem. Assim, enquanto operação subjetiva, pode ser estabelecida em três tempos: é inaugurada a partir da interpelação do Outro, pela ausência de resposta ou pela falta de significante que o represente ao Outro, e por fim pelo seu reposicionamento (Ruffino, 1993).

Entalhando outro sentido à crise da adolescência, Melman (1999) tem uma visada particularmente centrada no devir da experiência sexual e suas implicações. Seu mote contorna a assertiva: "é um momento em que um sujeito não encontra o lugar (subjetivo) de seu gozo" (Ibid., p. 30). Para dar corpo à tese, apresenta suas ideias. Diferentemente do adulto que se esforça por manter–se emoldurado por um conjunto de elementos reguladores de seus hábitos, o adolescente titubeia, vacila e hesita. É justamente isso que engessa e que nos formata, que, talvez, ele resista. O gozo, como claudicante, como falho, especialmente como o gozo sexual, situa-se, é o que ele não quer saber, posto que a perda emerge e, quando surge, desmascara sua condição idiossincrática, um tanto aterrorizante, que é da ordem da irreversibilidade; é dessa confrontação com a falta fundamental própria do humano que ele tenta se esquivar. Sem brilho, sem cores, o lúdico fica despojado de lugar, e isso que se apresenta tem a dimensão de uma realidade implicada sem a possibilidade de nela poder brincar.

Há uma dissonância entre suas expectativas e o que a ele, adolescente, se oferece. O que está em jogo diz respeito à queda dos ideais construídos na infância. Os pais como referência são destituídos da aura ideal para a constatação decepcionante de que são tributários também desse gozo incompleto, da castração. Resignar-se a essa cena implica, por outro lado, carregar a dívida parental com relação aos antepassados que os supunha sem falta. "De uma certa maneira, a adolescência é esse momento em que o que até aqui, enquanto criança, funcionava no registro da privação, bruscamente, vai lhe dar acesso a esse campo infinitamente mais complexo que é o da castração[108]" (Ibid., p. 35). Por isso, a fantasia

---

[108] Faria (2003) adverte que, para Lacan, faz-se necessário distinguir esses dois termos: "na castração, há uma falta fundamental que se situa na cadeia simbólica [...] na privação, a falta está pura e simplesmente no real, limite ou hiância real" (Lacan, 1995, p. 101).

do ideal, até aqui garantida pela infância, é arrebatada para dar lugar à constatação de que a experiência sexual não é plena, e de que mesmo seus pais estão assujeitados a essa ordem; portanto, não poderá neles se apoiar e, com isso, forçosamente, terá de se remeter a outro lugar. Isso pode ser devastador do ponto de vista subjetivo (*Idem*).

Resgatar essas questões, da montagem do construto da adolescência e as operações psíquicas presentes, torna-se indispensável para sublinhar uma concepção que a situa para além dos muros da universalidade, da fisiologia e mais ainda da cediça "crise psicológica", que em muitas situações interrompe qualquer tentativa de enfrentamento das inquietações, dos sintomas, das patologias ou das "estranhas" posições juvenis. A adolescência, em sua acepção comum, se tomada em sua radicalidade, adquire um estatuto de valor absoluto que, perigosamente, pode encobrir tantos outros sintomas que o sujeito jovem pode manifestar. Esse é um afluente do qual fazemos questão de desviar, posto que monolítico.

Nesse diapasão, firmamos a ideia de que a caracterização da adolescência não recobre o liame dos jovens com o meio delinquencial. Suas significações podem reduzir drasticamente uma conjunção infinita de ensaios no circuito que compõe seu drama, o da adolescência.

Infração, marca diferencial de crime, mantém em sua significação a noção de adolescência. Mas esta é uma concepção do Direito, que, por meio da legislação especial, cunha a equação adolescência e infração, ou ato infracional. Será tratar-se de um "expediente de natureza ético-eufemística", como dizia o psiquiatra do Imesc[109]? Existe uma lógica interna ao Estatuto que sustenta a aplicação de outros significantes que desprezam o valor historicamente sedimentado da conexão dos termos "menor" e "crime".

A lei reconhece que o adolescente goza de uma condição particular como um ser em desenvolvimento, princípio irredutível que ancora um tratamento diferencial:

---

[109] Ver Anexo, Processo A.

CAPÍTULO 1
(Des)patologização: um fenômeno que reascende questões

> [...] afirmada, por força normativa internacional, e por imposição de uma constatação biológica e psicológica, há que ser reconhecida a adolescência como uma etapa especial de desenvolvimento, não se admitindo o ignorar desta situação. (Saraiva, 2002, p. 25)

A partir dessa concepção, as interpretações do ECA, distribuídas em vários sentidos, assentam-se em uma polissemia desvairada. A discussão em voga sobre a maioridade penal encontra aí seu lastro.

Há a bancada dos que atribuem à lei um

> [...] paternalismo ingênuo, que somente enxerga o adolescente infrator como vítima de um sistema excludente, em uma leitura apenas tutelar; ou a um retribucionismo hipócrita, que vê no adolescente infrator o algoz da sociedade, somente o conceituando como vitimizador, em uma leitura sobre o prisma do Direito Penal Máximo. (Ibid., p. 25)

Assim, a mídia atual estampa em suas vitrines: "Menores criminosos devem ser julgados como adultos?"[110] ou "A tribo dos meninos perdidos. Com um revolver nas mãos, jovens miram a frustração e acertam inocentes"[111], em que se discute a redução da maioridade penal. Os prós e contras são aí considerados a partir de argumentos jornalísticos fundamentados em entrevistas, estatísticas e pesquisas em instituições especializadas. Os 87% dos brasileiros que são a favor do rebaixamento estão, sem dúvida alguma, referidos a essa interpretação da lei, entre outros princípios.

---

[110] Capa da revista *Época*, 7 de maio de 2007.

[111] Reportagem da revista *Veja*, incluída em edição especial, cujo tema está estampado na capa: "Violência". (Joly, H. 10 de janeiro de 2007, abril).

Não obstante, são outros tantos especialistas, juristas, procuradores, legisladores que se afinam com outra leitura do ECA e defendem a apreensão equivocada da lei, fruto da ignorância e do desconhecimento. Nesse grupo estão os que levam em consideração as doutrinas e as convenções de direitos internacionais, que subsidiam o ECA em seu potencial máximo, que sustentam seu viés de alegação sobre as bases e coerências legais.

> Os adolescentes são e devem seguir sendo inimputáveis penalmente, quer dizer, não devem estar submetidos nem ao processo, nem às sanções dos adultos [...] no entanto, os adolescentes são e devem seguir sendo responsáveis pelos seus atos [...] contribuir com a criação de qualquer tipo de imagem que associe a adolescência com impunidade (de fato ou de direito) é um desserviço que se faz aos adolescentes [...]. (Mendez *apud* Saraiva, 2002, p. 29)

Pois bem, diante desses entendimentos díspares e antinômicos, o debate reascende. A lei tomada no sentido da responsabilização do adolescente, mesmo que sopesada a inimputabilidade, alinha-se a um dos fundamentos *princeps* da Psicanálise, que não vê outra saída para o sujeito, seja ele adolescente ou não, senão a apropriação de um ato como resultado de seu existir. Caso contrário, um pretenso laxismo interpretativo da legislação posto em cena afasta-se, obviamente, da Psicanálise.

Não há o que duvidar, trata-se de uma questão de interpretação da lei.

Todavia, em nosso entendimento, urge desgarrar desse patamar discursivo, retórico e dos debates intelectuais, embora pertinentes, e encaminhar a questão para uma escuta muito particular, dos maiores interessados. Se a legislação carrega consigo uma polêmica arraigada, intrínseca, torna-se imprescindível deslocar a atenção para os jovens, a partir deles. E, além disso, também escutar pretensamente os efeitos subjetivos e objetivos que a lei repercute neles.

CAPÍTULO 1
(Des)patologização: um fenômeno que reascende questões

Aqui, desde um viés particular, jaz a grande questão, que transcende qualquer ideal, por mais bem intencionado que seja, para a consagração a um possível entrelaçamento teórico-prático. Só assim o manejo, no sentido do direcionamento prático da questão, poderá ser subvencionado através da resultante dessa sobreposição.

É por essa via que remetemos, agora, o estudo à escuta dos jovens que muito dizem, embora saibamos que suas vozes sejam muito pouco reverberadas.

Introduzimos uma leitura e um entendimento das questões que nos soam mais uniformizadas, mais massificadas, que se apresentam em grande magnitude. A clínica forense, especializada em avaliações sobre os jovens infratores internos da Fundação CASA, é nosso alicerce fundamental.

PARTE II

CAMPO CLÍNICO

CAPÍTULO 2

A PRÁTICA CLÍNICA FORENSE À LUZ DA PSICANÁLISE

A AVALIAÇÃO CLÍNICA, SUAS DERIVAÇÕES E SEUS RESULTADOS

O exercício clínico que a prática forense cotidiana fornece com os jovens infratores irradia elementos inspiradores para uma análise que não passa pelo viés de um entendimento unívoco – seja sob a ótica da delinquência e da adolescência, ou mesmo sob suas conjugações –, descontaminado de tantas outras questões que atravessam suas posições, sobre as quais nos debruçaremos agora.

Em primeiro lugar, situaremos o leitor sobre o circuito pelo qual o jovem percorre, desde a ação transgressora até sua chegada à justiça e à equipe técnica do Judiciário, a fim de evidenciar a organização institucional e a disposição funcional dos operadores envolvidos nesse núcleo do Judiciário.

Infração: o circuito operacional e seus trâmites

A lei maior que rege os direitos e deveres da criança e do adolescente – ECA –, considerada como um modelo ideal e avançado, prevê várias garantias processuais aos jovens que cometem delitos.

O adolescente autor de ato infracional, após a apreensão efetuada pela polícia, em caso de flagrante, e a devida lavratura do Boletim de Ocorrência, poderá ser conduzido à Fundação CASA, em Unidade de Atendimento Inicial (UAI), ou ser liberado pelo delegado, quando acompanhado pelo responsável, mantendo o compromisso de apresentar-se ao Ministério Público (MP) no primeiro dia útil subsequente. O que subsidia uma ou outra conduta é a gravidade do delito. O MP, por sua vez, é o órgão responsável pelo primeiro julgamento, em oitiva informal, que tem a prerrogativa de arquivar os autos, conceder a remissão ou representar o adolescente, quando, em geral, requer a internação provisória. Essa tripla faculdade é relativa também à gravidade do delito e à apuração dos fatos, conforme prevê a lei. Por isso, nem todos os atos delitivos terão abertura de processo pela Vara Especial da Infância

CAPÍTULO 2
A prática clínica forense à luz da Psicanálise

e Juventude, pois algumas dessas condutas poderão ser aplicadas pelo promotor e homologadas pelo juíz. Esses são os casos de ato infracional considerados *leves*, geralmente praticados por adolescentes primários. Outros fatores também são considerados, como: existência de respaldo familiar, a real participação no delito, as circunstâncias etc. Em regra, são aplicadas medidas de advertência e reparação de dano. Nos casos em que obrigatoriamente é necessária a aplicação de outras medidas, a representação é direcionada ao juiz de Direito.

A partir daí, dá-se início ao processo de conhecimento executado por uma das quatro Varas Especiais. Nesse momento, ocorre de fato o julgamento, quando o jovem pode ser responsabilizado pelo ato cometido. Enquanto perdura a fase de conhecimento, que pode ser desmembrada em várias audiências de continuação, o juiz, usualmente, determina a internação provisória, que tem fim em 45 dias – período máximo para o fim do julgamento. Depois de responsabilizado juridicamente, o adolescente recebe uma ou mais medidas socioeducativas, desde que necessariamente compatíveis, das sete existentes, que são dispostas progressivamente em: advertência, obrigação de reparar o dano, prestação de serviço à comunidade (PSC), liberdade assistida (LA), inserção em regime de semiliberdade e internação sem prazo determinado (três anos) em estabelecimento educacional. Pode-se-lhe acrescentar ainda as medidas protetivas.

Após o trâmite do julgamento, o processo do adolescente é enviado para o Departamento de Execuções da Infância e Juventude (DEIJ), responsável pelo acompanhamento da execução da medida, e que atualmente é composto por quatro juízes, sendo que um deles acumula as funções de corregedor da Fundação CASA e diretor do DEIJ.

A função do psicólogo no Departamento de Execuções da Infância e Juventude: impasses e limitações

Em sua extensão, o Judiciário de São Paulo, nas Varas Especiais da Infância e Juventude da capital, dispõe de uma equipe técnica composta por psicólogos e assistentes sociais que, por meio de um saber

139

especializado, subsidiam o juiz em seu julgamento. Entre a população atendida, figuram, no âmbito da justiça, todos os adolescentes infratores, desde aqueles que ainda serão julgados pelo delito cometido, até os que são internos na Fundação CASA de longa data. Isso permite que sua intervenção se dê, a princípio, ainda em fase de conhecimento, quando é possível apontar, por outro viés que não o jurídico, a dinâmica psicológica que subjaz ao contexto da infração.

Na execução, o psicólogo pode ser acionado, somente pelo juiz, a qualquer período do (des)cumprimento da medida, para a realização de avaliação clínica do adolescente. Esses estudos, vinculados a uma peritagem, têm como escopo investigar a condição psicológica do interno, a fim de sugerir a melhor medida socioeducativa a ser aplicada naquele momento.

Não há atualmente um padrão metodológico instituído circunscrito a essas avaliações. Cabe ao profissional fazer uso de suas ferramentas teóricas para realizá-las e depois sustentar a escrita do caso em forma de laudo/relatório.

Em razão de uma pauta excessivamente agigantada em proporção ao número de profissionais estabelecidos, o número de entrevistas com o adolescente e sua família torna-se muito reduzido[1].

Essa montagem organizacional, da maneira como está firmada hoje, responde a uma demanda institucional. E, ao seu largo, os propósitos específicos da avaliação estão correlacionados à demanda dos magistrados. Assim, a Psicologia marca seu lugar na especificidade desse domínio forense. Traduzir e interpretar a fala do sujeito em questão, utilizando critérios[2] situados na intersecção do Direito e da Psicologia, é o que importa e satisfaz. Não estamos distantes de uma prática exclusiva de

---

[1] Se estabelecermos um índice que traduz esses números, diríamos que uma entrevista com o jovem e uma com a família é o mais usual. Duas entrevistas com o jovem em todos os casos atendidos é muito menos comum. Três entrevistas realizadas já se configuram exceção.

[2] Podemos citar alguns: "crítica" (mescla de culpabilidade e responsabilidade sobre o ato); nível de elaboração, de vulnerabilidade, de discernimento, de periculosidade e de "respaldo familiar". Esses são usualmente comentados nos relatórios, não sem oferecer uma leitura contextual dos móbeis infracionários, relativos ao sujeito e às condições sociofamiliares.

CAPÍTULO 2
A prática clínica forense à luz da Psicanálise

peritagem, acomodada à Psicologia forense, sem aplicação de uma metodologia recomendada.

Trata-se aqui menos da construção de um discurso maculador e mais no sentido de apontar seus limites. A avaliação psicológica é legítima e faz parte de um recorte do exercício da Psicologia clínica aplicada à instituição. A questão que insiste[3] incide sobre a apropriação de um rigor metodológico[4] que eleve e aquilate essas avaliações.

O que se pode fazer para que as exigências da clínica se tornem operacionalizadas?

De modo bastante direto: equacionar a demanda institucional (número de casos e prazos legais) aos imperativos intrínsecos convencionados a uma avaliação clínica.

INVENTÁRIO ESTATÍSTICO: UM MAPA ATUALIZADO QUE REDEFINE O TRAÇADO DOS JOVENS INTERNOS

Durante anos, a clínica forense nas VEIJ trouxe à tona um cenário que contextualiza o jovem infrator e com isso diversos elementos, que, por sua vez, contrariam o senso comum em muitos de seus aspectos.

É fato que houve um deslocamento, ao longo do tempo, do *perfil* dos jovens internos. Os casos que se configuravam em épocas anteriores como exceções, aqueles cujos atos infracionais impressionavam pela gravidade do delito, ou pelo histórico (muitas reincidências), ou mesmo pela posição adotada pelo jovem (resistência), hoje se tornaram menos incomuns. Essa visão encontra eco em todos os implicados nos trâmites legais-jurídicos dos processos de execução.

---

[3] Na Parte I tratamos da questão institucional, do usufruto desse saber específico. Aqui, discutimos a dimensão clínica, seus impasses. Por outro lado, não nos furtamos a esclarecer que esse tema já foi contornado pela equipe em diversas reuniões de trabalho, sem uma solução conclusiva e prática.

[4] O aumento do número de entrevistas, por exemplo, é o mínimo na promoção de uma avaliação diagnóstica situacional e clínica, conforme recomendam os padrões reconhecidos.

Na contramão de uma conclusão lógica, regida por uma ordenação coerente de ideias, o aumento da incidência de adolescentes reincidentes, que praticam delitos graves e com dificuldades em aceder ao contrato social, não implica necessariamente vinculá-lo a um acréscimo proporcional à categorização de perversidade. Outras questões estão circunscritas, que pretendemos apresentar e discutir.

Alguns paradigmas estabelecidos, até pela literatura disseminada e reconhecida[5], se mostram, por vezes, distantes em alguns aspectos dessa clientela localizada. Interrogam-se, a partir disso, esses lugares-comuns, clichês institucionalizados, que insistentemente reproduzem concepções tradicionais, históricas e cediças. O objetivo é oferecer outras bases que, certamente, produzirão um desvirtuamento do classicismo habitual presente em diversas leituras, para que assim abrasem inusitadas posições teóricas que reconstituem os contornos particulares de uma clientela. Por isso, reportamo-nos à utilização de um inventário, cujos resultados catalogados reafirmam e corroboram o panorama que a experiência já denunciava.

O cenário do infrator e os fatos particulares que dele fazem parte encontram-se contemplados em uma pesquisa realizada a partir de um recenseamento de dados quantitativos, pautados em uma planilha, que somente têm como função ilustrar as discussões. Não há aqui qualquer objetivo de tomar seus resultados como fim conclusivo. Na verdade, servem como abertura para um debate sustentado.

Para esta pesquisa, escolhemos somente catalogar, investigar, analisar e discutir os casos que se configuraram com os internos da Fundação CASA. Trata-se da maioria de nossa clientela, implicada nos chamados processos de execução. Ou seja, são os casos de jovens que já foram julgados e estão em fase de (des)cumprimento da medida de internação.

---

[5] Referimo-nos aqui aos diversos textos considerados clássicos que deslizam continuamente para uma relação entre delinquência, vitimização e privação (em seus sentidos amplos), e em torno também das questões intrínsecas às desordens familiares, à segregação e a tantas outras. Esses vieses, consubstanciados a partir de um discurso científico, quando da atenção para a delinquência como um fenômeno social, podem ser considerados históricos e discursivamente dominantes, posto que até os dias atuais impregnam e consolidam os entendimentos pluridisciplinares.

CAPÍTULO 2
A prática clínica forense à luz da Psicanálise

Cabe advertir que existem três tipos de internação – provisória, sanção e por tempo indeterminado –, e os internos são considerados judicialmente, entre todos os infratores, os de maior gravidade, posto que essa medida é a mais severa. Segundo o ECA, a medida de internação só deve ser aplicada em caso de excepcionalidade.

Dados estatísticos coletados

Amostra e procedimento

Esta pesquisa específica foi realizada no Fórum das Varas Especiais da Infância e Juventude da capital paulista, concomitantemente à avaliação psicológica por determinação judicial. Na maioria dos aspectos abordados, compuseram a amostra 165 internos da Fundação CASA. Esta pesquisa é, portanto, resultante das determinações judiciais para avaliação psicológica pela ETJ. Trata-se de um recorte da clientela a partir dos discernimentos dos juízes, que elegem parte dos processos para avaliação[6]. Os sujeitos arrolados obedeceram rigorosamente à ordenação da pauta diária dos casos que nos foi atribuída. Com isso, buscou-se manter um nível satisfatório de aleatoriedade, livre de seleção. A coleta de dados[7] estendeu-se no período de março de 2005 a julho de 2006, obedecendo, exclusivamente, como critério para lançamento, a condição de ser interno da Fundação. Duas fontes foram consideradas para obtenção dos dados: a documental, por meio das informações dos autos do processo judicial, e as entrevistas clínicas, incluindo as falas do próprio adolescente e de seus familiares.

A planilha e sua arquitetura

Utilizamos como instrumento metodológico a pesquisa documental por meio dos processos judiciais e da entrevista clínica, que, por sua vez, também permitiu responder às catorze variáveis de uma planilha

---

[6] Os critérios dos magistrados são pauta de discussão na Parte I deste trabalho.
[7] A coleta de dados só foi executada por esta pesquisadora.

elaborada e padronizada. O jovem e sua família compuseram os sujeitos das entrevistas. Dada a unicidade da consulta para a realização de uma avaliação, servimo-nos do método semidirigido de entrevista. Em geral, o conteúdo dos enunciados dos sujeitos respondia automaticamente às variáveis do protocolo, e, se não, as lacunas produzidas eram decifradas a partir de questões temáticas diretas, sempre ao término da avaliação.

Com as variáveis da planilha idealizada, buscamos cercar os elementos que, de certa maneira, classificavam-se como contrassenso de um discurso enraizado e disseminado que descreve o contexto dos jovens infratores e aduz certos determinantes causais para seus engajamentos. No entanto, algo que já está desatualizado ou descontextualizado da realidade paulista brasileira.

As variáveis, suas pertinências e critérios

Os aspectos pesquisados são: idade que tinha quando cometeu o delito; sexo; tipo do ato infracional (correlativo ao Código Penal); se havia maior de idade presente na ação; se fazia uso de drogas no período da infração; se estava sob efeito de drogas durante o delito; se já havia sofrido de quadro de abstinência quando recluso ou em outro ambiente; se mantinha vínculo estudantil à época do delito; se é reincidente em prática infracional; se estava sob responsabilidade familiar, e de quem; se já havia sido vítima de violência doméstica; se fora vitimizado na infância; se havia tido manifestação de transtorno de conduta até a adolescência; tipo de moradia. Todos os itens são relativos ao período da ação delitiva. Com isso, busca-se tornar preciso o contexto do infrator no momento em que ele comete o delito.

Adotamos também critérios para a aplicação de respostas, cujo crivo, estabelecido por uma legenda[8], evitava distorções e aferições subjetivas.

A média de idade nos soou importante para a pesquisa, porquanto, intuitivamente, parecia diminuir cada vez mais. Atentamo-nos para esse

---

[8] Ver legenda a seguir.

CAPÍTULO 2
A prática clínica forense à luz da Psicanálise

revés factual e buscamos precisar o momento cronológico em que o jovem comete o delito.

O sexo, dotado de fixidez e imutabilidade em todas as pesquisas realizadas, mesmo nas instituições carcerárias, só reacende a única questão que insiste: o que subjaz a desproporção insofismável entre homens e mulheres, ou jovens meninos e meninas, que compõem as instituições correcionais[9]?

O exercício cotidiano sinalizava também que o tipo da infração sofria deslocamentos, dos mais leves em direção aos médios e graves, considerando-se a média dos delitos. Esse movimento migratório, não só desvela as incursões infringentes, mas abre um espectro para discussão de um fenômeno intimidante do ponto de vista social que está intrinsecamente implicado na relação do lugar do Outro às posições subjetivas constituídas.

Insistentemente, em determinadas oportunidades em que a questão da maioridade penal é trazida à tona, anunciam-se máximas, como parte dos contra-argumentos, que evidenciam uma estreita relação entre a pujança dos adultos sobre os jovens, forçando aí uma ideia de suposto aliciamento para a prática de delitos. Os jovens, despojados da capacidade de livrar-se dessas influências nefastas, tornam-se vítimas desses algozes. Por isso, a contagem fez-se necessária, assegurada pelo discernimento da presença ou não no delito (seja objetivamente em presença física, ou virtualmente, a mando) de um maior.

A tradição de décadas, reforçada pela importação de uma conceituação monolítica, cristalizou outro binômio que vincula veementemente o delito às drogas. Por meio de três variáveis articuláveis, pode-se vislumbrar uma acepção atualizada sobre o tema: se, à época do delito, o jovem fazia uso esporádico ou não de algum tipo de psicoativo, lícito ou ilícito; se estava sob efeito deles na hora da prática do ato infracional; ou se já havia sofrido de crise de abstinência (documentado ou em relato). Assim, no entrecruzamento desses resultados, pode-se, de fato, inflectir a equação

---

[9] Tema tratado ao final desta parte.

estéril e equivocada (drogas ≈ delitos), e assim vislumbrar outras formas pragmáticas na idealização de intervenções junto a eles.

A escolaridade, por seu turno, evidencia índices de engajamento, de rompimentos ou de resistência aos vínculos sociais formalizados, ou à intelectualização.

Desvendar o grau de primariedade permite a discussão sobre o fracasso ou o êxito da implementação das medidas socioeducativas anteriormente aplicadas e, por outro lado, avalia a insistência dos jovens por esse *modus vivendi*. Triplamente ordenadas em "não, com/sem processo", expressam se delitos ocorreram também sem ter havido capturas ou outras intervenções repressivas (ilesos/bem-sucedidos). Para isso, considerou-se, exclusivamente, os depoimentos dos próprios jovens, já que não havia registro documental. Para registrar o "sim", acatou-se ambos os casos (com e sem processo).

Sopesando o discurso entronizado, histórico e dominante que instala e eleva a família como objeto primordial dotado de inúmeras funções orgânicas e vitais para a constituição e manutenção de sujeitos, sua presença (em amplo sentido) deveria estar de algum modo aí aferida. Tratados psicológicos foram editados no rastro da concepção da família burguesa[10], principalmente no pós-guerra, sobre as consequências nefastas da ausência de familiares, ou das figuras vitais para o desenvolvimento biopsicológico da criança[11]. Essa tradição se mantém agora cristalizada, dotada de substratos intransponíveis, os quais atribuem à família valor supremo ao equilíbrio do ser, visão esta um tanto impregnada em nossa cultura[12]. Isso bastou para que a estatística fosse alimentada

---

[10] No decurso do século XIX, surge um novo modelo de organização familiar. A "família burguesa" institui-se como núcleo funcional e normativo que se centra na educação da prole, a partir de uma política higienista, caracterizada por um ambiente marcado pela intimidade e pela valorização de laços afetivos intensos entre seus membros. O critério de muitos campos de atuação, como o Serviço Social e até a própria Psicologia, encontra nessa acepção seu alicerce legítimo.

[11] René Spitz e John Bowlby são os autores mais expoentes.

[12] No Judiciário, por exemplo, o critério da presença/ausência da família no universo do infrator é altamente valorizado, sendo difícil desconstruí-lo quando, por exemplo, o jovem desinveste os pais da realidade de função, seja no sentido da identificação ou da referência, o que, portanto, invalida a premissa do duplo positivo: a presença familiar contribui para as não recidivas em delitos.

CAPÍTULO 2
A prática clínica forense à luz da Psicanálise

com indicadores declinantes sobre a ausência das figuras, no sentido de irresponsabilização ou desimplicação para com os jovens. A caracterização dos vínculos entre família e adolescentes estava, assim, mapeada. Instituiu-se algumas combinações na aferição das figuras familiares responsáveis (em uma acepção de convivência, de coabitação e mais ainda com função educacional) pelo jovem à época em que praticou o delito: mãe, pai, madrasta, padrasto, avós ou demais familiares (tios, irmãos, primos etc.). Registraram-se também, pelo "I" (independente), aqueles que mantinham vida independente por opção e que, a despeito das desvinculações físicas do lar onde a família estava instalada, seu responsável não se furtou a marcar presença nos momentos necessários (na internação, por exemplo). Isso evidencia a manutenção dos laços e é indicativo de que os jovens não foram vítimas de abandono ou desapego do ponto de vista objetivo[13].

Nessa mesma configuração discursiva, fixou-se a ideia dos malefícios psicológicos, por vezes irreversíveis, do cenário violento presente no contexto familiar ou social dos seres. A violência doméstica no Brasil torna-se algo a ser superado nas famílias, ainda marcadas por importantes dispositivos que impingem ao outro meios violáveis de relações. Em geral, as mulheres e crianças são suas maiores vítimas. A delinquência comumente está aí vinculada por uma ideia simplista que a concebe como consequência direta, por inversão – de vítima a algozes –, dos infortúnios sofridos ao longo do desenvolvimento, a partir da máxima: "violência gera violência". Cercar essa variável de modo mensurável na população juvenil reclusa tornou-se, então, um imperativo inevitável.

Nesse mesmo diapasão, surge o fenômeno da vitimização infantil como fator determinante na construção de móbeis de um processo que inclui também a delinquência, insurgindo um verdadeiro ciclo da reprodução da violência. Destaca-se aí a ideia de as crianças serem tomadas como objeto de maus-tratos dos adultos, geralmente de algum

---

[13] É inevitável antecipar que, do ponto de vista psíquico, a presença das famílias não se mostra "suficiente" na relação com os jovens para a constituição de suas subjetividades. Nomeamos este fenômeno de "fraturas nos processos constitutivos".

dos progenitores. Consideramos quatro formas de vitimização: *negligência familiar* → que se traduz por redução ou impropriedades das funções educacionais primordiais (descaso, desinvestimento, falta de cuidados); *maus-tratos* → abarcam todas as possibilidades que esse termo carrega (físico e de submissão de modo geral); *abandono* → quando os responsáveis desistem de exercer suas funções, definitivamente ou não, e entregam as crianças a outras pessoas; e *abuso sexual* → ter sido vítima na infância (fato normalmente relacionado, como consequência, aos abusadores/ infratores adultos).

Na literatura médica o transtorno de conduta é critério *sine qua non* para a atribuição do diagnóstico de TPAS, por isso pesquisar o grau de sua manifestação tornou-se necessário. A taxionomia, tributária dos manuais internacionais, dispõe de quatro categorias que sustentam sua validação: agressão a pessoas ou animais; destruição de propriedade; defraudação ou furto; séria violação de regras. Para a nossa planilha, consideramos algumas manifestações sintomáticas, de modo mais específico, ocorridas até os onze anos de idade: furto; roubo; hiperatividade; agressividade; fuga de casa; vandalismo; evasão escolar; uso de drogas (lícitas e ilícitas), e ainda outras que não estas relacionadas. Ainda que em nossas planilhas essas variantes estejam discriminadas, consideramos somente na tabulação final os resultados "sim" e "não" correlatos à manifestação do quadro.

E, por último, aferimos a moradia. Menos por sua concepção social na discussão, que envolve a criminalização da pobreza[14], e mais para redobrar a questão que reveste o abandono familiar. Por isso, consideramos quatro elementos que discernem esse aspecto: lugares onde moravam quando praticaram o delito (rua; instituição; casa; favela).

Apresentamos a seguir a legenda da tabela utilizada que ilustra os critérios de seu preenchimento e seus respectivos resultados.

---

[14] É cediço que esse tema é historicamente tratado com várias contribuições importantes. Por isso, resgatá-lo seria algo redundante.

CAPÍTULO 2
A prática clínica forense à luz da Psicanálise

LEGENDA

Todos os dados são relativos à data do último ato infracional (AI)

- Idade: quando do AI.
- Sexo: **M** ou **F**.
- AI: ato infracional – artigo do código penal.
- Maior presente (na ação infracional): **S** (sim) ou **N** (não).
- Drogas ilícitas: **S** (sim) ou **N** (não).
  (Uso esporádico ou não, no período do AI)
- Uso de drogas durante o ato infracional.
- Abstinência: **S** (sim) ou **N** (não).
  (Se foi constatada na unidade ou o adolescente relata em entrevista)
- Escolaridade: **S** (sim) ou **N** (não).
  (Se frequentava à época do AI)
- Reincidência: **SC P** (sim com processo) ou **SS P** (sim sem processo) ou **N** (não).
- Família: apontar o(s) responsável(is) à época do AI:
  M (mãe)
  P (pai)
  PD (padrasto)
  A (avós)
  F (familiares)
  I (independente)
  (Pode-se fazer combinações de letras – por exemplo, M+PD ou M+P)

149

- Violência doméstica: **S** (sim) ou **N** (não). (Histórico familiar – considerar desde a infância: agressão física ou outra)

- Vitimização infantil (até 11 anos completos):
  NF (negligência familiar)
  MT (maus-tratos)
  A (abandono)
  AS (abuso sexual)

- Transtorno de conduta na infância (até 11 anos completos):
  F (furto)
  R (roubo)
  H (hiperatividade)
  A (agressividade)
  FC (fuga de casa)
  V (vandalismo)
  EV (evasão escolar)
  D (abuso de substância – incluindo álcool, cola e cigarro)
  O (outros)

- Moradia: **C** (casa) – **F** (favela) – **R** (rua).

Resultados percentuais das variáveis catalogadas
- Média de idade: 16 anos
- Sexo: 96% masculino
                            4% feminino
- Tipos de atos infracionais: 48% roubo
                                15% homicídio
                                11% furto
                                7% latrocínio
                                6% porte de entorpecente
                                5% tráfico de entorpecente

CAPÍTULO 2
A prática clínica forense à luz da Psicanálise

2% ato violento ao pudor
2% porte de arma
2% abuso sexual
2% sequestro
1% estupro
1% lesão corporal

- Maior de idade presente ao delito: 57% não / 37% sim

- Uso de drogas no período em que cometeram o delito: 51% não / 49% sim

- Estavam sob efeito de drogas durante o delito: 83% não / 17% sim

- Manifestação de quadro de abstinência: 92% não / 8% sim

- Frequência escolar: 80% não / 20% sim

- Reincidência: 82% sim / 18% não

- Estavam sob responsabilidade familiar: 87% sim / 7% vida independente / 6% não

- Violência doméstica: 86% não / 14% sim

- Vitimização infantil: 78% não / 22% sim

- Transtorno de conduta
  na infância:
- Moradia:

63% não
7% sim

66% casa
20% favela
13% rua
1% instituição

Considerações

Por um lado, esses dados admitem um mapeamento objetivo, mediante os resultados analisados, que subsidia a discussão, não sem um entrelaçamento teórico. De outro, eles consentem uma atualização das feições, do contorno do adolescente interno da Fundação CASA no estado de São Paulo. Essa dupla via permite consolidar um solo produtivo, a partir do qual é possível construir linhas de pensamento.

Por isso, ao contrário da metodologia clássica no ordenamento de um trabalho de valor científico, os dados estatísticos elencados não têm como função o recenseamento dos resultados, que, via de regra, encaminham à conclusão. Aqui esses resultados são compilados para endossar e ilustrar as discussões que se seguem e orientam também o eixo norteador do desenvolvimento da teorização interpretativa que se pretende. Eles são os germes da discussão, e não seu fim.

O agrupamento de informações é conclusivo em alguns aspectos, e desbanca, em parte, as caracterizações um tanto firmadas sobre os jovens autores de atos infracionais.

Em sua maioria, eles não são sujeitos desvinculados da família, e estas não estão estabelecidas em favelas, embora nas periferias. Dilui-se, assim, o vínculo estabelecido entre meninos de rua e a prática antissocial. Geralmente, trata-se de adolescentes do sexo masculino, usuários de drogas, mas não dependentes, e reincidentes na prática infracional, que cometem a ação transgressora sem estar sob efeito de psicoativos. A agressão está presente na maioria dos atos, uma vez que uma porcentagem baixa pratica o delito sem a presença de vítima. O desinvestimento intelectual é também um fato evidente, marcado pela evasão escolar. A maioria absoluta não se configura como vítima de violência no decurso de sua história, e tampouco foi alvo de maus-tratos, físico ou psicológico na infância. Mais da metade da população pesquisada não apresentou na infância qualquer transtorno de conduta.

Esses resultados negativizam a maioria das teses clássicas sobre a delinquência[15], que trilham seus percursos em busca dos móbeis extrínsecos ao sujeito, via de regra fixados nos percalços biográficos ou na reificação[16].

Torna-se desnecessário afirmar que não os consideramos desprezíveis, mas pretendemos deslocar essa leitura que, de tanto rançosa[17] e incansavelmente repetida ao longo dos últimos anos, se infiltrou no imaginário popular e nas instituições, seus operadores. E aí persistem consequências pragmáticas nos tratamentos dispensados, nas soluções.

Por outro lado, negativizar as equações sedimentadas implica necessariamente *despatologizar*, aproximando-se do sentido da *desvitimização*, tanto na acepção médica quanto na social. Ao se romper com a prática reprodutiva de fundamentos, lançaremos luz sincronicamente sobre outras vertentes inusitadas no entendimento desse fenômeno dos quais os jovens infratores são protagonistas.

A despeito da pluralização discursiva que esse tema exige, centraremos nossa discussão nos campos intersubjetivos que circundam a prática infracional. Com isso, os processos psíquicos serão trazidos à tona, para o desvelamento do impacto que o Outro social exerce sobre o jovem, cujos efeitos, apesar de conspícuos, ainda carecem de um deciframento formal mais acurado.

---

[15] Seguindo a tradição winnicotiana, – em *Privação e delinquência*, de 1984 – que atribui a natureza da tendência antissocial ao ambiente social, ao campo das privações –, diversos outros autores estenderam suas pesquisas. Citamos alguns: Assis e Constantino (2001), Maldonado (1997), Levisky. (1997-2002) e outros que seguem as mesmas teses.

[16] Conceito definido anteriormente na Parte I deste trabalho.

[17] Aqui consideramos exclusivamente a clientela estudada.

A Psicanálise, por sua vez, a partir de seus conceitos complexos, sustenta uma leitura articulada disso que o exercício clínico da escuta cotidiana dos internos da Fundação CASA evidencia. É sobre esse pilar que nos apoiaremos agora, construindo hipóteses ordenadoras, referências das discussões que se seguem.

Se esses jovens não se enquadram no quadro de delinquência clássica[18], como se pode, então, apreendê-los?

CULTURA[19] INFRACIONAL: LAÇO SOCIAL QUE PROMOVE UMA IDENTIDADE

A clínica com o adolescente infrator adverte que a questão do delito está menos dirigida para uma suposta perversidade individual e mais vinculada essencialmente à filiação e identificação a um *modus vivendi*, que, entre outras modalidades de costumes[20], inclui transgressões ao contrato social estabelecido.

Essa cultura infracional vigente figura como paradigmática e, por isso, idealizada, em que os jovens, em sua maioria do sexo masculino, oriundos da periferia da cidade, desejam se inserir. Ao mesmo tempo em que ela preexiste a eles, posto que já esteja lá estabelecida, são eles mesmos que a sustentam, a disseminam, a alimentam e promovem cada vez mais sua edificação, alterando, conforme o tempo, os elementos que a constituem. Essa condição não é em vão. A construção e validação

---

[18] Estamos nos referindo à despatologização e à desvitimização, conforme discussão imediatamente anterior.

[19] A noção de cultura é extensa, por isso vamos circunscrever os limites conceituais aos quais ela será empregada nesta pesquisa. De acordo com Lesourd (2004, p. 11-12), as questões reorganizadoras que cingem as identificações e o amor na adolescência são tributárias da passagem da referência do Outro da infância, encarnado pelas figuras parentais, para o Outro da vida adulta, que "encontra sua existência na ordem simbólica do mundo [...] em outros termos, Jacques Lacan denominou 'discurso'. A adolescência é assim a passagem do discurso infantil referido ao Pai para os discursos sociais referidos ao Outro Social". A cultura aqui faz equivalência com essa ordem simbólica disposta no mundo.

[20] Entre os hábitos mais significativos, apontamos: resistência ao engajamento a qualquer organização social instituída de normas: escola formal, ONGs, atividades esportivas. A droga é um componente importante que circula. Frequentar "salões" ("baladas" em termos atuais) é o lazer em voga.

CAPÍTULO 2
A prática clínica forense à luz da Psicanálise

dessa cultura estão a serviço da promoção do laço social que garante uma identidade almejada, daqueles que se situam ou se posicionam ao largo do contexto cultural e social legal.

Os elementos situados na raiz dessa questão são aqueles que buscamos examinar, ainda que necessariamente estejam todos articulados, mas não por isso ainda discriminados na literatura. Para tanto, a pergunta "o que subjaz, do ponto de vista psicanalítico, a filiação do adolescente a essa cultura, que tem em sua divisa a transgressão à ordem social?" torna-se inevitável. As outras tantas que surgem são, na verdade, derivadas dessa e a compõe. O que se pode identificar como elementos fundamentadores desse processo? Quais os desejos subjetivos implicados? Quais são os mecanismos psíquicos aí envolvidos que sustentam tanta reincidência? A identificação à cultura infracional garante uma filiação? Ou vice-versa? Qual é a real necessidade subjetiva em se agrupar para praticar o delito? E, por fim, quais são os sentidos imaginários atribuídos em *ser do mundo do crime*?

Essa hipótese sobre a questão do adolescente infrator, associada à filiação a uma cultura transgressora, encontra sua correspondência nas ideias de Freud (1986j; 1986g), em dois de seus principais textos, em que examina o tema do coletivo, da cultura, e suas relações com a subjetividade humana.

A posição fálica sustentada pela insígnia de infrator

> Pela confissão que recebemos do neurótico ou do perverso sobre o gozo inefável que eles obtêm ao se perderem na imagem fascinante, podemos avaliar o poder de um hedonismo que nos introduzirá nas relações ambíguas da realidade com o prazer. (Lacan, 1998b, p. 150)

Para parte dessa parcela da população adolescente de baixa renda, a insígnia de transgressor, a despeito da contravenção da lei, fornece uma marca, em última instância, fálica. Por isso, não se pode furtar à análise dessa *escolha* como uma questão de ordem subjetiva que ultrapassa respostas unívocas e simplistas. Aí se delineiam vários elementos que são postos à prova quando se tecem abordagens unilaterais, que conservam uma visão dualista e maniqueísta. De um lado, a cultura que exclui e segrega, e, de outro, adolescentes infratores vítimas desse quadro.

A posição fálica se constrói duplamente: pelos supostos ganhos objetivos oriundos dos delitos, mas também por ganhos de cunho mais subjetivos. Quanto a este último, o simples fato de encarnar esse tipo mítico implica, no imaginário social, a aquisição da marca do poder, que traz em suas entrelinhas a onipotência assegurada pelo posto daquele que se situa acima da lei.

Quanto ao primeiro, podemos citar os objetos de desejo de consumo como principal representante da cultura *gadget*[21], cujo alcance possibilita o engajamento a outras tantas vertentes que lhes são idiossincráticas. E o segundo é correlativo direto da posição fálica.

Essas interpretações se fazem endossar a partir de vinhetas clínicas, com as palavras cunhadas pelos próprios jovens, no momento das avaliações. A insígnia do infrator:

> [...] eu queria sair da vida do crime, mas não conseguia [...] talvez porque eu não quisesse mesmo, em certos momentos eu gostava. As pessoas tinham respeito, eu era reconhecido, era considerado. Mas o que aconteceu foi que as outras pessoas passaram a ter medo de mim, e isso não é bom. Quando a pessoa 'tá (sic) no crime, o que a gente quer é respeito, sem preconceito. Gostava de me sentir, de ter sucesso. (T., 18 anos, reincidente, AI: homicídio)

---

[21] Noção que atribui às coisas um valor aumentado mais pela engenhosidade e menos pela utilidade (Houaiss, 2001).

CAPÍTULO 2
A prática clínica forense à luz da Psicanálise

A posição fálica: "[...] queria ser o 'bambambam' da vida [ser o patrão da cidade = ganhar moral com as pessoas] para mostrar para os outros [...] queria ter carro, mulher e arma [...] só queria ter as coisas". Essa posição se mantém no decurso de sua reclusão: "[...] entrei na Febem com um só pensamento: só rebelião[22]" (M., 19 anos, 2ª internação, AI: tráfico). Abrasar rebeliões remete a esse lugar fálico, mas imaginário (de poder decisório), principalmente junto aos outros internos.

Por outro jovem, o mesmo padrão de enunciado se apresenta:

> [...] via os moleques tendo coisa que eu não tinha [...] era revoltado [...] então corri atrás [...] tava curtindo essa vida aí (do crime), que não dá nada. (V., 19 anos, 3ª internação, AI: tráfico)

Este outro jovem, já apontando nível de elaboração crítica sobre a cultura consumista, vislumbra uma possível mudança de posição:

> [...] aí também vivia querendo (objetos) para desfilar, ficar mostrando para o outro. Hoje quero um relógio, amanhã sai um outro e aí vou querer aquele, não tem fim [...] amanhã, se eu não tiver um celular, vou falar do orelhão. (J., 17 anos, 2ª internação, AI: roubo)

Nesta outra ilustração, evidencia-se a incrustação do duplo idealizado, dinheiro e hedonismo:

> [...] queria desfrutar do mesmo luxo [...] queria gastar quinhentos reais numa balada [...] uísque e mulher [...] não queria parar, dava dinheiro [lucro]. (B., dezenove anos, 2ª internação, AI: roubo)

O ideal imaginário e a identificação subsequente:

---

[22] Não nos furtaremos a lembrar uma nobre discussão a respeito desse tema, que nos é referência, enfocado sobre outros paradigmas, hoje editado: *A vida em rebelião*: jovens em conflito com a lei, (Vicentín, 2005).

157

> [...] quando comecei na vida do crime, pensei que ia ter tudo fácil, que ia conseguir objetos materiais [...] comecei a traficar e depois de três meses fui preso [...] via aquelas pessoas mais velhas que já faziam isso há muito tempo, e tinham muita coisa [...] me espelhei naquilo e esperava que fosse acontecer a mesma coisa comigo. (F., 18 anos, 3ª internação, AI: tráfico)

> Me iludi, gostava do dinheiro, da arma que eu tinha, aí eu roubava e comecei ganhar atenção dos bandidos, traficantes, de garotas que eu não conseguia chegar, aí percebi que era interesse. (W., 17 anos, 2ª internação, AI: roubo)

Podemos examinar essas posições a partir de uma dupla vertente: a de *ter* (objetos), e a de *ser* (infrator), mesmo que se apresentem sobrepostas.

O correlato teórico

Essa posição, de aderência à cultura infracional, traduz a inscrição na lógica do reconhecimento social, simbólico. É o encontro com um lugar almejado enquanto possibilidade garantidora de uma demarcação social, fálica por excelência. Passemos, então, à ordenação teórica.

Ao deparar com sua não exclusividade enquanto ser do desejo materno, a criança atribuirá àqueles infinitos objetos que a seduzem (a mãe) um valor absoluto, supremo, porquanto se situam para além dela (criança). Um significante vem lhes prestar significância como "significante do desejo do Outro". Ele é o falo, o artifício capturado na cultura que suplanta o inalcançável e inatingível gozo absoluto (Fink, 1998).

O falo enquanto significante do desejo do Outro exerce uma função operacional nas relações humanas, porquanto organiza e comanda o desejo. Ele circula e reveste, falaz e transitoriamente, objetos (fálicos) de desejo. Ele representa a resposta do sujeito diante de sua "falta-ser"[23].

---

[23] "Manque à être", sem hífen, aproxima-se do sentido de carência no ser ou carência a ser, determinante na relação do sujeito com o próprio significante (Fink, 1998).

CAPÍTULO 2
A prática clínica forense à luz da Psicanálise

Portanto, ele também é o *significante da falta*, da perda, em uma correlativa coesão à falta, que tem sua origem na castração, e que, por sua vez, faz movimentar o simbólico (significante na qualidade de significado) (Braunstein, 1990; Fink, 1998).

Pois bem, assim dito, evidencia-se desde o princípio que nada aqui pode se prestar às formas simplórias de descrição. Não obstante, muitos autores já decifraram a retórica lacaniana sobre os modos de subjetivação do ser e seus desdobramentos. Por isso, não nos deteremos nas complexidades conceituais aí presentes.

Para tratar da posição do sujeito diante da cultura, Lacan formula quatro discursos que fazem laço social[24] e se exprimem como modos de gozo. Particularmente, quando se refere ao capitalismo das sociedades ocidentais atuais, condiciona-as pelo imperativo do consumismo, pelo domínio do objeto, pelo *mais-de-gozar*, em uma referência explícita à "mais-valia" marxista. O discurso capitalista é o único que não faz laço social (Alberti, 2007).

Gozo na teorização lacaniana passa de um sentido (que pode vir a ser possessão no sentido jurídico, satisfação pulsional, gozo adjetivado) a outro (gozo do Um[25]) ao passo das modulações de suas teses. Daí em diante, já se resgatou as múltiplas aplicações e funções que esse termo procede nos entremeios da teoria[26].

A mais-valia marxista desvela o excesso perdido, além do lucro, pelo trabalhador, pelo produto das economias capitalistas. Como modo de espoliação, o sistema que mantém a fixidez dos rendimentos da classe produtiva não admite outras concessões. Trata-se de um resto que não pode ser computado de forma simbólica e, por isso, ambos o desconhecem, o capitalista e o trabalhador. E, justamente por não permitir mensuração, é tão valorizado. Lacan[27], então, faz correspondência com

---

[24] São eles: discurso do mestre, da universidade, do psicanalista e da histérica (Lacan, 1992).
[25] Leite (2007).
[26] Braunstein (1990); Miller (1998) *Los signos del goce*; Valas (2001) *As dimensões do gozo*.
[27] Essa concepção perdura até o seminário XVII – O avesso da psicanálise. Nos seguintes, Lacan altera os nomes dos lugares (agente/verdade/outro/produto), e o lugar da produção é o lugar do *mais-de-gozar* (Alberti, 2007).

159

o *"gozo a mais"*, que não encontra significação no campo do gozo fálico (*Idem*). Com a frase, Lacan, contemporiza a ideia de que a atualidade subverteu o discurso do mestre[28].

> Alguma coisa mudou no discurso do mestre a partir de um certo momento da história [...] a partir de um certo dia, o *mais-de-gozar* se conta, se contabiliza, se totaliza. Eis quando se começa o que chamamos a acumulação do capital. (Lacan, 1970, p. 169)

O capitalismo que mantém em sua estrutura a ideia de produto, lucro e perda implica o sujeito dividido e alienado. Nesse sentido, o Outro idealizado é tomado como demanda de desejo, quando o sujeito se projeta aí no lugar daquilo que a estrutura capitalista lhe reservou. Por isso, torna-se usuário dos produtos, alienado de sua posição de sujeito. Assim, a cultura dos *gadgets*, articulada ao discurso capitalista, imprime um brilho *a mais*[29] nos significantes, despojando o sujeito do lugar de agente, sem que o saiba (*Idem*).

> [...] roubava para ter umas coisas caras, de marca [...] às vezes queria uma roupa mais cara, então não queria esperar minha mãe ou meu pai me darem, aí eu ia mesmo roubar [...] porque, Graças a Deus, em casa nunca faltou nada [...] os caras andavam com bastante dinheiro, era isso que eu queria. (E., 18 anos, 2ª internação, AI: tráfico)

---

[28] Discurso do mestre: a posição privilegiada é a do significante-mestre, S1 (o significante sem nexo, sem razão; do poder sem razão), que se dirige ao escravo, S2, situado na posição do trabalhador ou outro, que "descobre" que detém o saber, que não interessa ao mestre, que somente deseja manter o poder. Faz-se corresponder o mestre com o capitalista e o trabalhador com o escravo que produz o excedente, mais-valia, que é apropriado pelo capitalista, que proporciona um prazer a mais ao escravo, a saber, *mais-de-gozar*.

[29] Aqui, podemos traçar um paralelo com as "marcas-etiquetas" do mercado comercial que, ao serem impressas nos objetos, ganham um valor "a mais" e, por isso, tornam-se tão almejadas.

Essa acepção dos *gadgets*, aproximada do *mais-de-gozar*, implica o sujeito ceder ao gozo, instrumentalizado pelo significante-mestre, fixando-se em um lugar predeterminado. O discurso capitalista, ao contrário dos outros, não exige a renúncia pulsional[30], mas provoca a pulsão de modo a forçar o sujeito a manter relações com a demanda, reassegurando, nesse movimento, a pulsão de morte. A verdade situa-se no lugar do *brilho*, enquanto que o sujeito se imagina agente (*Idem*).

Para o que nos interessa aqui, aquela posição a que nos referimos sobre a validação do lugar de sujeito na cultura, valemo-nos da noção, radicalizada, do *mais-de-gozar* como um dos possíveis modos de gozo dos jovens infratores. Aqui nos aproximamos da coisificação do ser, que busca sua completude não no sentido, mas no objeto, pressuposto do discurso capitalista. Mas algo ainda surge no particular do universo infracional. Os objetos frutos dos delitos ou outros que os convertam em objetos *mais-de-gozar*, obtidos a qualquer custo, digo, ao custo da morte, são insígnias imaginárias que os sustentam por um curto momento: "queria ter carro, mulher e arma", por exemplo. O carro "frio" não pode circular por muito tempo, e logo deve ser abandonado. A arma, sempre oculta, só lhe serve em situações particulares. A mulher é tomada enquanto mercadoria, objeto *mais-de-gozar* a partir de uma posição fálica.

A busca por esse lugar idealizado e seu encontro resulta de um duplo viés complementar: ser e ter. A rapidez com que esses mesmos objetos falazes são dissipados impressiona: "dinheiro que vem fácil, sai fácil. A vida do crime não leva a lugar nenhum, só cadeia ou morte". Esses axiomas já institucionalizados dão conta da transitoriedade e da noção de engodo que representam os produtos das transgressões. Invocamos uma frase emblemática que, de tão insistentemente usada, já está petrificada: "eu 'tava na vida do crime, senhora, por ilusão [de ter e de ser]". O paradoxo aí se instala: antes de buscar aquilo que os faz suplência para a condição de existir na cultura capitalista, de antemão já o sabem de sua inconsistência. E, em contrapartida, esses mesmos objetos "adquiridos"

---

[30] Isso é o que Freud (1930) propõe como condição *sine qua non* para a vida em sociedade.

são altamente destituídos de valor de uso, posto que oriundos de delitos; o nível de durabilidade é ínfimo. E, ainda assim, persistem nas infrações. O número de reincidentes é alto.

Por outra perspectiva, a de *ser*, conforme anunciou o jovem que entrevistamos, o lugar de "infrator", marca de quem está inscrito na "vida do crime", é menos falacioso e ao mesmo tempo mais consistente. Os objetos e o dinheiro se vão, seu lugar imaginariamente entronizado na comunidade permanece. Mas ele mesmo percebe que, talvez, nem todos lhe atribuem essa posição desejada, e isso o frustra. Aqui a questão nos parece remeter mais à imperiosidade da inscrição fálica. A insígnia de "ladrão, bandido", como muitos dizem, o faz ser (enquanto semblante) fálico.

Enquanto o ser é primordialmente marcado pela *falta primordial*, o *falo* pode ser entendido como *significante do desejo*, desde as primeiras concepções lacanianas, como o objeto imaginário que falta à mãe. Daí, ele se reveste de qualidade, como valor circular de troca, em uma aproximação com a noção marxista de mercadoria. Nesse sentido, o significante que representa a imagem de transgressor é dado como fálico nessa cultura específica, e, assim, aqueles que transgridem estão em seu rastro como inscrição na lógica do reconhecimento simbólico.

> [...] tinha muita vontade de colar no grupo que estava saindo para roubar [...] achava que era bonito para as pessoas que andavam ao meu redor [...] queria me sentir, ter sucesso [...] que as pessoas me achassem [...]. (M., dezoito anos, 2ª internação, AI: roubo)

A despeito de que todo ser inserido na cultura utilitarista, mercadológica e consumista por excelência, parte do universo capitalista, busca sua completude nos *brilhos* dos objetos de consumo, os jovens autores de infrações, a nosso ver, desejam tão avidamente se alimentar deles a ponto de arriscarem a própria vida; assim, só podemos entender que aqui reside uma questão que lhes é particular. A busca radical pelo objeto pode ser resultado de uma falta *a mais*, constituída nos processos de subjetivação.

> [...] é o pior dos casos, quando são os bens materiais que vêm fazer a completude imaginária para o sujeito [...] então abrem-se os caminhos da delinquência [...] para encontrar o gozo em bens consumíveis à vontade [...] quando a realidade psíquica desejante se reduz à realidade material dos bens de consumo, impedindo então a simbolização do interdito edipiano, então, o filho deixado à luta com seu narcisismo ou com a manipulação perversa do objeto de satisfação. (Lesourd, 2004, p. 61-62)

Fraturas nos processos constitutivos de subjetivação e suas consequências

A escuta clínica, para além dos elementos que as avaliações forenses demandam, desvela, assustadoramente, verdadeiros "buracos negros" nos entremeios dos processos constitutivos de subjetivação desses jovens. A questão parece advir de um tempo remoto, mas fundamental do lugar, enquanto objetos de investimento libidinal, que lhe são devidos na trama familiar e, por outro lado, o lugar atribuído às funções parentais. Disso, resultam restos. Um talvez, já por consequência, seja aquele que acabamos de mencionar, a busca radical pela posição fálica, como forma de responder a esses vácuos constituídos[31].

Em geral, por uma imposição institucional judiciária, a família é posta em cena com o infrator nos trâmites forenses, posto a valoração cultural e histórica que lhe é conferida[32]. Pois bem, é também as escutando que podemos tentar apreender esse lugar claudicante, se assim podemos adjetivar, destinado aos jovens na disposição dos desejos familiares constituídos.

---

[31] Não afirmamos que a relação entre o sujeito e o Outro seja passível de uma apreensão completa. Há sempre restos, vazios, e o descompasso é inerente à condição humana. No caso em questão, há perdas absolutas que impedem uma construção imaginária necessária, assentada em sua história, sua biografia.

[32] Tema já discutido no item: "As variáveis, suas pertinências e critérios".

Trata-se, como nos outros temas abordados, de um fenômeno que apresenta índices significativos de manifestação. Por isso, é possível tomá-lo de forma generalizada.

Quando os jovens são convidados a discorrer sobre seus percursos históricos, autobiográficos, ou mesmo a falarem de si, evidencia-se a presença de hiatos, de espaços em branco, não passíveis de preenchimento e que não estão disponíveis no acesso pela linguagem, como algo que se perdeu para além deles mesmos. Para aquém da resposta à pergunta "quem és?", em uma acepção psicanalítica incluindo aí a tríade real-simbólico-imaginário, a resposta imaginária é, em primeiro lugar, a que se apresenta absolutamente claudicante. Só podemos entender que a inibição diante dessa (não) construção imaginária é decorrente da "fragilidade" dos processos subjetivos. Assim elas se apresentam de fato[33]: o resgate de seus históricos só se torna possível se fragmentados, porquanto há uma dificuldade significativa de construção discursiva. Por isso, usualmente, os convidamos a retratar a infância, uma cena, ou o que se queira dizer:

> nem me lembro de muita coisa [...] não me lembro não [...] só lembro que nós [R. e seus irmãos] ficávamos empinando pipa. (R., 19 anos, 2ª internação, AI: latrocínio)

> [...] não sei falar disso não [...] jogava bola, meu pai me ajudava, me levava para o campo [...] aí ele começou a beber [...]. (E., 17 anos, 2ª internação, AI: latrocínio)

> [...] lembranças? Não me lembro muito não [...] lembro que onde eu morava, soltava pipa, só isso. (F., 17 anos, 1ª internação, AI: tráfico)

---

[33] As vinhetas aqui somente têm como função ilustrar e não sustentam, de modo exclusivo, as interpretações que agora apresentamos. Obviamente, elas, as interpretações, são fruto de uma quantidade significativa de entrevistas realizadas, que contemplam um espectro fecundo enquanto material, tomadas em suas integralidades, inter-relações e nas posições dos jovens e de seus responsáveis/familiares em discurso.

CAPÍTULO 2
A prática clínica forense à luz da Psicanálise

[...] brincava muito, ia para escola, briga não tinha, só a presença da minha mãe e do meu pai era rara. (A., 20 anos, primário, homicídio)

[...] de quando eu era pequeno? Quando tinha 10 anos, meu pai me deu um "coro" porque roubei umas moedas de um bar. (D, 18 anos, 2ª internação, AI: roubo)

Esses pequenos recortes descortinam algo que se situa menos pelo sentido que eles carregam (ausência de pais, agressões, alcoolismo) e mais pela incapacidade imaginária de (re)construir suas próprias histórias, de personalizar um percurso, de demarcar um espaço. Evidencia-se aí uma descontinuidade nos modos de constituição subjetivos que intervém na assunção do ser, do sujeito. E isso parece ter efeitos nefastos, pois:

> No "mito individual", um sujeito se produz na posição de autoria de uma versão fálica das origens. A partir da inclusão do significante fálico no ordenamento do discurso e da pulsão, o lugar do sujeito é representado na ficção de um "eu" (je/moi) duplicado: ele conta sua história e é contado por ela. (Poli, 2003, p. 88)

A rigor, tratar-se-ia da conjunção de duas posições do sujeito, como autor (I) e como produto (a) para que se produza o mito, uma história de vida. Nos jovens adolescentes, particularmente, essa passagem organizadora da "realidade psíquica" exige uma operação subjetiva, determinada pelo real sexual que a puberdade instala, que recubra as teorias infantis[34] que outrora os sustentavam (Ibid.). Voltaremos a essa passagem doravante.

---

[34] As mais difundidas são a gravidez por ingestão de alimento e o nascimento pelo ânus.

Por isso, o desamparo[35] dos sujeitos não pode exclusivamente se esgotar em uma visão concreta, pautada no estado relativo às necessidades básicas de vida, causado pelo desabono social, mas também como resultado de uma posição subjetiva estabelecida na cena familiar.

Os históricos de vida analisados e o discurso sob transferência de muitos jovens encarcerados anunciam dificuldades de pertencimento ao próprio núcleo familiar. Aí podemos entrever que a busca por outro paradigma cultural com o qual buscam identificar-se mantém também aí sua raiz.

A escuta daqueles que respondem às funções materna ou paterna, independente dos laços biológicos presentes, converge também, e isso não é extraordinário, para essa mesma situação de redutibilidade da existência desses jovens. O desejo, aqui em uma acepção ampliada, que traduz o modo de relação, dos endereçamentos, das catexias (freudianas), dos investimentos subjetivos a eles destinados, mostra-se diluído, debilitado, espraiado.

Do mesmo modo que convidamos os jovens a discorrer sobre sua vida, fazemos a mesma coisa com os responsáveis (sempre lembrando que consideramos as funções), para que produzam uma fala daqueles que, em tese, são tomados no lugar de filhos. Nossa experiência ensinou-nos que a questão "Como ele é?", que poderia trazer numerosas acepções reveladoras desde o lugar materno/paterno, provoca inibição, paralisa o discurso. Por isso, da mesma forma, mantemos uma configuração de entrevista baseada no passo a passo. Aí, a questão que os convoca a produzir um discurso sobre a infância, uma cena, ou mesmo a delinear suas particularidades, é introduzida. Valemo-nos de algumas ilustrações:

> [...] [a infância?] foi bem. Ele nunca me deu trabalho, sempre foi para escola certo. Não era de sair. Sempre foi um bom menino, educado. Ele não foi criado jogado. Toda vida ele teve as

---

[35] Desamparo aqui não se estabelece em termos freudianos, mas no sentido de abandono generalizado.

CAPÍTULO 2
A prática clínica forense à luz da Psicanálise

coisas que queria. [Uma cena da infância?] Não sei, não me lembro. (Mãe de S., 19 anos, primário, AI: latrocínio)

[...] que eu saiba foi normal [infância] [...] brincava, ia para escola [...] foi crescendo assim normal. (Mãe de R., 17 anos, reincidente, AI: porte de arma)

[...] antes dos 12 anos era normal, ia para igreja, estudava [...] não sei, só isso. (Avó de T., 18 anos, primário, AI: homicídio)

[...] não tô me lembrando de nada [...] nunca quis saber por que ele foi preso, não fico perguntando, não gosto de perguntar [O que não quer saber?]. Não sei, acho que meu filho tem que voltar para casa". (Mãe de E., 18 anos, 2ª internação, AI: roubo)

[...] ele estudava e faltava muito e tinha algumas brigas [infância]. R. é muito bom, ia pela cabeça dos outros, não me obedecia. Sou separada do pai dele desde quando ele tinha 2 anos. Com 11 anos foi morar com o pai, porque lá ele fica à vontade. O pai dele é alcoólatra. [...] meu outro filho também está na Febem tem sete meses. Depois que ele saiu da primeira vez [primeira internação], foi viver comigo, mas não durou uns seis meses, voltou para a casa do pai, não me escutou. (Mãe de R., 19 anos, 2ª internação, AI: latrocínio)

[...] foi normal, sempre levei na escolinha [...] uma criança normal, brincava com tudo. Ele é inteligente. Com 4 anos pulou o muro da escolinha e foi para casa sozinho [...] talvez um pouco de rebeldia. (Mãe de E., 17 anos, 2ª internação, AI: latrocínio)

[...] ele gostava de jogar bola, de assistir TV [...] era calmo, sempre foi um menino bom, atencioso, só isso. (Mãe de M., 18 anos, 4ª internação, AI: roubo)

167

[...] ele é um menino bom, não é ruim, acho que foi influência [o motivo de ter praticado o delito]. Era estudioso [na infância] ficava na creche, depois foi para escola, brincava, só não teve luxo. (Mãe e Pai de F., 17 anos, reincidente, AI: tráfico)

[...] ele sempre foi bom, nunca foi de caçar confusão [...] uma criança tranquila, cresceu normal. [O que é ser normal?] Sossegado, tranquilo, nunca foi agressivo. O que eu falo, ele escuta, não é de responder. [Uma cena infantil] Lembrança? Vou te ser sincera, não me lembro mesmo. É tanta coisa na cabeça da gente [...]. (Mãe de R., 18 anos, 2ª internação, AI: tráfico)

[...] agora é um pouco difícil, da infância eu não lembro nada, sei que eu morava com o pai dele, com ele [...] não sei, ele gostava de brincar. Que eu lembro da infância, nunca aprontou nada, era uma criança saudável [...] não sei, não lembro, sempre foi um menino assim [...] não lembro de nenhuma infância de nenhum filho. (Mãe de A., 20 anos, primário, homicídio)

A baixa escolarização desses responsáveis concorre, de fato, para o devir de enunciados menos ou poucos elaborados. Todavia, isso não implica diretamente falas despersonalizantes, destituídas de qualquer particularidade, da atribuição de um lugar impactante em seus próprios modos de subjetivação.

Não raro, as famílias desses adolescentes produzem filhos a partir de certa causalidade subjetiva descompromissada. A presença objetiva de mãe e pai é incontestável, conforme os dados estatísticos comprovam: 87% dos adolescentes estavam sob responsabilidade familiar, 7% mantinham vida independente por opção e 6% estavam desvinculados da família no momento em que infracionaram.

No entanto, como estamos situados no campo da Psicanálise, a presença objetiva da família não basta para produzir encontros e fazer circular desejos (Gibilisco, 2006).

CAPÍTULO 2
A prática clínica forense à luz da Psicanálise

A família, a princípio, mantém uma função fundamental para a constituição subjetiva da prole "[...] implicando a relação com um desejo que não seja anônimo" (Lacan, 2003a, p. 369). Ou seja:

> Isso quer dizer que, para o devir de um sujeito, é necessário um desejo [...] endereçado e com remetente, e isso aponta para o particular, no sentido de o desejo se situar como singular e único [...] com a função de nomear, de transformar o grito em apelo. (Whitaker, 2003, p. 130-131)

Aquilo que Freud (1986f, p. 88) tão bem define com a expressão *His majesty the Baby*, ao tratar dos desejos parentais sobre os filhos, nos casos aqui discutidos, está muito distante do sentido do que se depreende das falas dos pais, ou por vezes só da mãe (Gibilisco, 2006).

Esse sentido de *despossessão* dos jovens vinculados à posição materna implica naturalmente outras questões que se incluem nessa rede particular das tramas familiares. Pode-se vislumbrar que duas posições justapostas se evidenciam: a permissividade, em um sentido de laxismo, e o abandono. A primeira associa-se a um lugar de insuficiência de limites reguladores, normativos, cuja consequência direta recai sobre um aprisionamento do jovem e, ao mesmo tempo, uma ligação direta às moções pulsionais. O abandono, não no sentido objetivo, está imbricado a essa lógica que lança o sujeito ao universo puro das ações, no qual a palavra está desprovida de valor, e menos ainda de exercer sua função mediadora e estabilizadora (*Idem*). A chamada situação de vulnerabilidade social também é decorrente disso.

Do lado da escuta dos casos dos jovens infratores, em sua maioria, é permitido identificar isso, que logo demonstraremos com as vinhetas, que se traduzem por inconsistências, debilidades encontradas nas relações com aqueles que exercem as funções materna e paterna. Algo que se articula diretamente aos desejos familiares a eles endereçados, que demonstra que a trama do tecido familiar não sustenta qualquer tentativa de desfiadura. Se, por um lado, a mãe, aquela que aparece no discurso manifesto dos jovens de forma um tanto enaltecida, é quase envolvida sob o manto do "sagrado", com a qual expressam o desejo de redimir-se; por outro, é fato que, na tentativa de recuperar seus históricos e percursos, as narrativas sobre a infância se revelam obscuras, indefinidas e desprovidas de um senso de pertencimento, de identificação a elas, que acaba por indicar a natureza desse vínculo.

Há uma expressão estereotipada extremamente usual: "quando sair [da Fundação CASA], senhora, vou trabalhar e ajudar minha mãe [ou família]", que ilustra o lugar de atribuição à família, por parte dos jovens, mas algo da ordem de uma fantasia idealizada.

Quando sugerimos produzir enunciações sobre a mãe ou pai surgem algumas falas que ilustram a contradição entre aquilo que eles anunciam e suas posições de fato quando decidem praticar delitos:

> [...] não gosto que minha mãe gaste dinheiro comigo. (E., 16 anos, reincidente, AI: furto)

> [...] minha mãe criou eu e meu irmão sem pai. Tipo assim: não gosto de viver às custas da minha mãe, por isso é que faço o que faço. (R., 18 anos, 2ª internação, AI: tráfico)

> [...] quando a gente fica maior [de idade], começa a pensar no sofrimento da família [...] eles estão sofrendo com muita falta de mim, é que 'tô fazendo falta lá também. (W., 19 anos, 2ª internação, AI: tráfico)

> [...] minha mãe é pessoa maravilhosa, me criou [...] quando eu tinha 15 anos, decidi que ia fazer minha vida. (depois de um mês de namoro foi viver com a namorada e após três meses a abandonou por outra com quem também foi coabitar) (P., 18 anos, primário, AI: homicídio)

CAPÍTULO 2
A prática clínica forense à luz da Psicanálise

> [...] não dava valor à família, ficava uns quinze dias em casa e saía, ia praticar erros [...] se eu tivesse dado mais atenção à família, eu teria progredido para o bem. Se eu 'tô pagando, eles (familiares) estão sofrendo [...] queria ficar na rua vagabundeando. (D., 18 anos, 2ª internação, AI: roubo)

> [...] só minha família, minha mãe é que são minhas amigas. Antes falava para ela, quando ia sair [desinternado]: mãe, não vou fazer mais isso! Não dava outra, quando saía, em uma semana estava aprontando tudo de novo. (D., 19 anos, 2ª internação, AI: roubo)

Independentemente das numerosas interpretações que esses pequenos recortes das construções discursivas possibilitam, aqui nos interessa fixar a ideia desse imbróglio sobre o qual as relações familiares estão assentadas. De um lado, os pais dos jovens que padecem de certo distanciamento das entranhas do existir de seus próprios filhos, e, por outro, os jovens que se espaçam, com certa facilidade, dos discursos vinculados à estrutura familiar, seja o materno ou o paterno. Mas ambos se imaginam em uma relação um tanto compromissada e consistente. Exemplo disso são as tatuagens que marcam os corpos dos jovens, onde se inscreve o nome da mãe, invólucros que fazem do Outro sua testemunha do gozo endogâmico, se assim pudermos nomear.

> Minha mãe sempre me ajudou, sempre deu exemplo, eu é que não ouvia ela [...] ela ia atrás de mim [...] eu amo ela [...] só pelo que ela me ama, fazia de tudo para fazer o que eu queria, ela trabalhava, e eu não me esforçava. (R., 17 anos, reincidente, AI: porte de arma)

Atentamos para o fato de que isso que descrevemos é conexo com a busca de um lugar outro, cujos ideais passam ao largo das pertinências familiares[36]. Vislumbramos aí uma dupla questão: a busca pela posição fálica encontrada no tipo infrator, de certa forma faz suplência a essas carências encontradas na transmissão familiar, em que os elementos circuladores de desejos se apresentam um tanto arrefecidos. E a outra, que dessa se desdobra, reflete no modo facilitador com que os jovens aderem à cultura infracional, porquanto há uma redução significativa à fala daqueles que, em tese, exercem funções essenciais no devir humano, como a maternagem e a normatização, a inscrição da lei. O valor do que anunciam, de suas certezas, do que transmitem, em amplo sentido, não é reconhecido enquanto tal, e isto, entendemos, se situa como ponto crucial para o desvirtuamento dos bordes que margeiam a cena familiar. É um discurso que adquire um estatuto que se aproxima da vacuidade, que não produz ressonâncias subjetivas, que não impactam e não desestabilizam verdades. Em suma, não engendram inflexões ou reflexões.

> [...] E a mãe? Ela ficava preocupada [...] mas eu não ligava. Escutava ela, mas voltava a fazer tudo de novo. (R., 17 anos, reincidente, AI: porte de arma)

O pai biológico, em geral, não vive com os jovens, é desconhecido, falecido, ou se mantém afastado de suas funções[37]. A imagem que constroem a seu respeito desde a infância é trincada, nebulosa, entre suas entradas e saídas em cena, seja pelo discurso materno, seja concretamente. Daí que essa referência é, assim como a memória de suas infâncias, algo instável. Essa situação faz vetorizar para a genitora funções a mais, quando acaba por executar, de modo exclusivo, uma função

---

[36] É certo que o momento adolescer é propiciador de uma desmontagem dos ideais familiares constituídos na infância, quando os jovens se "rebelam" aos discursos e costumes parentais. A questão que aqui identificamos difere desse clássico fenômeno. Não escutamos que a infração seja uma tentativa de oposição ao ideal, tido como referência. Trata-se de uma posição que não encontra um viés, seja por oposição ou por identificação na trama familiar.

[37] Em um levantamento estatístico com os processos de execução, realizados durantes os meses de novembro de 2005 a junho de 2006, conclui-se que 63% dos pais biológicos se configuram entre ausentes/desconhecidos/falecidos, de um total de 71 casos analisados.

CAPÍTULO 2
A prática clínica forense à luz da Psicanálise

dobrada. Não só pela ausência física de um pai, mas pelos discursos pouco assertivos que elas mesmas enunciam sobre eles: "seu pai? não sei dele, não!".

A desvalorização que desimplica os pais de um lugar imprescindível, por direito e por necessidade subjetiva, produz efeitos nocivos. Ao mesmo tempo que o discurso da mãe desmerece essa posição paterna, o seu próprio discurso se despotencializa, se desintensifica aos ouvidos deles, seus filhos. Aqui encontramos uma das formas complementárias que subjazem à *despossessão*, a que nos referíamos anteriormente, a qual agora os jovens instituem na trama familiar. Da posição de assujeitamento, passam a ser agentes ativos, demonstrando aí a relação sempre dialética intrínseca às relações humanas. Os discursos transmitidos são processados de modo a produzirem outros, que ensejam posições, mais ou menos alienadas com relação ao falo, na puberdade. Assim: "A posição do sujeito na filiação e na sexuação fica submetida, aqui, aos efeitos imaginários de significação de uma herança nobre ou denegrida" (Poli, 2003, p. 88).

Há outro modo, entre tantos, sempre enquanto semblantes, desses jovens se posicionarem diante da mãe, ou de quem a substitua, que se correlaciona à imagem de agente que supre suas necessidades. Recuperamos aquela frase emblemática "quando sair [da Fundação CASA], senhora, vou trabalhar e ajudar minha mãe [ou família]", que está em complementaridade a "não gosto de viver às custas da minha mãe". Há nestes exemplos uma "inversão" das funções. Os jovens que respondem a uma demanda imaginária de terem que acrescentar aquilo que falta à mãe e, na mesma medida, tornarem-se independentes precocemente. Apoiados sobre essas premissas, cometem infrações, resultantes de um viés de culpabilidade por suas próprias existências.

> Não gosto de viver às custas da minha mãe. Tem um pouco a ver com o roubo e tráfico. De uma parte eu queria comprar uns negócios [...] se eu quisesse pedir uma bicicleta para minha mãe, eu sei que o dinheiro não ia dar, porque ela tá sustentando eu e meus irmãos. (R., 18 anos, 2ª internação, AI: tráfico)

173

Com catorze anos, eu tinha colocado na minha mente que eu ia ajudar minha mãe, decidi ir roubar. (L., 17 anos, AI: 3ª internação, AI: roubo)

Nesse mesmo diapasão jamais denigrem a imagem materna, ao contrário, desresponsabilizam-na de todo e qualquer malefício que possam ter-lhes causado[38]. Assim, em geral, escutamos:

Ela é uma boa mãe, sempre quis meu bem, eu é que não ligava, agora ela me faz falta. (R., 17 anos, reincidente, AI: porte de arma)

[...] quando me envolvi na vida do crime, nunca minha vó me apoiou. Saí de casa e gostava muito dela, mas [...] tava apegado àquela vida. (T., 16 anos, reincidente, AI: homicídio)

[...] meu pai é pessoa maravilhosa, melhor amigo que eu tenho, me ajuda muito, nunca me deixou, sempre quer que eu chego mais perto dele. [...] [E a mãe?] Que nem eu falei do meu pai. [Sobre práticas infracionais] Foi má influência que eu comecei a andar e que começou a me arrastar para vida do crime, fui de embalo e comecei a me envolver [...] não precisava disso não. (E., 17 anos, 2ª internação, AI: latrocínio)

[Mãe] Ela é uma pessoa decisiva, é forte, se ela fala "É esse negócio e pronto!", acho bom, porque ela sendo assim é bom porque ajuda [...] antes eu não escutava, naquele tempo pensava que a vida era só curtição, falava "Ah, mãe, não enche meu

---

[38] Esse modo se opõe radicalmente aos paradigmas da adolescência que, enquanto momento estruturante, exige uma *desqualificação* da família e do pai para desencarná-los do lugar de Outro (RASSIAL, 1997).

saco!'". Hoje vejo que o que ela queria era para o meu bem. (F., 17 anos, reincidente, AI: tráfico)[39]

[Mãe.] Ela é muito importante para mim, me pôs no mundo, me alimentou e me ensinou a não fazer coisa errada [...] mas eu desobedecia ela. (M., dezoito anos, 4ª internação, AI: roubo)

Minha mãe é tudo para mim. Eu tenho que dar valor que depois que eu perder, já era. Só que eu tinha que pensar nisso antes. Minha mãe só quer ver meu bem, quer ver nós (irmãos) tudo do lado dela[40]. (R, dezenove anos, 2ª internação, AI: latrocínio)

Aí estão as mães intocáveis e inatacáveis descritas apenas pelo viés do coletivo imaginário que as dispõe emolduradas, *como se todas fossem iguais*... sem faltas, sem falhas, sem barras. Isso remete à similaridade dos seus próprios discursos com relação aos filhos, como já dissemos.

Em torno desses aspectos insurgem resultantes. Recapitulemos, rapidamente, as articulações efetuadas: as fraturas na constituição dos processos subjetivos – aqui sobrevindas a partir das marcas tracejadas nas relações mães (função) e filhos – engendram efeitos prejudiciais[41] para o sujeito do inconsciente.

Uma articulação já apontada remete à facilidade com que esses jovens sucumbem ao discurso da cultura infracional, da transgressão, dos quais se apropriam e que, por suas vezes, são conexos com a busca por uma posição fálica garantida pelo *status* de infrator, com o *ser do mundo do crime*.

---

[39] Esse adolescente saiu de casa aos quinze anos, foi para casa de um amigo e depois com dinheiro ilícito comprou uma "casa" (barraco na favela) onde ficou um ano e meio, até ser pego novamente pela polícia. Seu irmão gêmeo está engajado em projetos esportivos e educacionais, sempre foi referência positiva (no sentido da moral).

[40] Esse jovem preteriu a convivência materna à paterna que, por sua vez, "é mais liberal, é sossegado, só fica ali nos barzinhos".

[41] Frise-se, não estamos no plano da moral.

Outra resultante, sempre inter-relacionada, diz respeito a um entendimento particular, que situa esses jovens em uma posição alienada de si mesmos. Trata-se de algo que fenomenicamente se apresenta como uma desordem e indiferença com relação a eles mesmos. Podemos aí supor uma causação, entre outras, sobrevinda de uma alienação intrínseca, entendida como uma operação estrutural incluída nos processos subjetivos[42], que assim se inscreve:

Para que o sujeito construa sua genealogia, faz-se necessário um percurso, das teorias sexuais infantis[43] (quando as crianças se situam como seres pulsionais) para o romance familiar (quando ela é fruto do desejo) e ainda para o mito individual do neurótico (quando ela é produto de três gerações) (Douville *apud* Poli, 2003). Essas "gerações" condizem com as versões da constituição da realidade psíquica[44], que se edificam graças à operação alienação/separação.

São elas: cena primária/teoria sexual infantil[45]; romance familiar/mito individual e fantasma/tragédia. Se a primeira está circunscrita à lógica pré-fálica, em que a realidade psíquica se constrói sobre as bordas do corpo em um movimento organizacional do objeto pulsional, quando

---

[42] Advertimos que esse entendimento é um entre tantos outros possíveis e, por isso, não se deve tomá-lo pleno, soberano. O fenômeno aqui exposto (algo como uma indiferença e desorientação em relação a si mesmo) é desproporcionalmente encontrado entre os sexos: no masculino é evidentemente maior. As meninas, via de regra, posicionam-se de modo mais organizado, são mais centradas. Portanto, acreditamos que as posições masculinas e femininas também estão aí entranhadas e articuladas, não enquanto gênero (homem, mulher), mas como posições subjetivas.

[43] Definição adiante.

[44] A "realidade psíquica" é uma construção que define o modo como o sujeito se posiciona diante da estrutura que lhe antecede (um Outro que lhe atribui um significante S1, que, por sua vez, concorre para que a criança suporte o intervalo significante existente entre a enunciação e o enunciado, quando ela se liberta de uma "entrega" radical ao Outro) e permite a edificação de um lugar, a elaboração *ficcional* de um Eu narrador. Isto é o efeito libertador da operação alienação e também relacionado com a operação separação, porquanto o sujeito se faz representar como terceiro excluído (*nem eu, nem tu*) a partir da produção significante (Poli, 2003). Ver próxima nota de rodapé.

[45] Concebido como dois tempos do processo de alienação/separação, a cena primária e teorias sexuais infantis, diz respeito ao momento em que a criança se situa, primeiro, radicalmente alienada da sua posição na estrutura, da qual se separa, com uma versão já formulada. Em um segundo tempo, "o sujeito se produz na falha do saber [...] ele se inclui entre pares, na série significante". Se antes ele era contado pelo Outro, agora conta para o Outro (Poli, 2003, p. 67).

se delimitam as fronteiras (eu/não eu – interno/externo), a segunda inscreve-se na lógica fálica (Poli, 2003).

O fantasma construído no tempo do adolescer é um retorno aos dois primeiros, da passagem do fálico ao genital, quando o recalque originário e a referência fálica (edípica) não recobrem a questão em forma de enigma que exige deciframento do encontro com o corpo do Outro, no sentido de pura alteridade. A tragédia do adolescer, sua crise, é consoante com o destino do Édipo, quando o jovem é convocado a fazer-se representar no laço social, ultrapassando a esfinge que subjaz o Outro sexo. Se do lado da separação está a tragédia, do lado do fantasma está a alienação, nos moldes da realidade psíquica. "A adolescência é, pois, o momento no qual o fantasma vai se constituir em versão de uma tentativa de representação do movimento alienação/separação do sujeito na relação ao Outro sexo" (Ibid., p. 91). Sabe-se que a esfinge é indecifrável, o que mantém o sujeito em suspensão.

Contudo, é possível, a partir do conceito de *sinthoma*, entendido como uma "[...] versão da realidade que altere as próprias condições de representação, permitindo que algo do enigma do Outro sexo se inscreva" (Ibid., p. 92), estabelecer a marca significante suportável, que singularize o adolescente, representada na operação de separação. A adolescência, enquanto uma imposição cultural, não permite tal passagem, exceto se realizada "um a um; mesmo que, para tanto, seja imprescindível a companhia de outros" (Idem).

Dito dessa forma, o que representa a famosa *crise da adolescência*, em uma acepção que abarca a realidade psíquica, se traduz em uma passagem que implica operações psíquicas de alienação/separação, determinadas pelo significante que, na verdade, atesta a transmissão e a permissão para a inscrição do jovem à sua genealogia. A narrativa histórica do sujeito carrega consigo o passo a passo de cada uma dessas versões (Ibid.).

É exatamente aí que reside a questão que cercávamos. Os jovens, clientes do DEIJ, apresentam significativa insuficiência na formulação de suas biografias, em preencher a cronologia de um tempo de vida que, a rigor, atestam suas representações singulares, suas inscrições particulares enquanto *nome*. Apoiadas na realidade, as versões organizam um discurso, "[...] tornam-se o suporte enunciativo de uma narrativa" (*Ibid.*, p. 84). Supomos em nossos casos que a última versão que possibilita obturar de certa forma o enigma do Outro sexo, a partir da constituição do "*sinthome*", se mostra prejudicada em razão da inconsistência referente à formulação do "mito individual".

É muito interessante notar que a adoção de algumas formas de subversão do uso da linguagem, tão comum na adolescência, em nosso caso específico, é (re)construída de modo a despersonalizá-los ainda mais. A preferência pelo uso da terceira pessoa do singular em detrimento à primeira é paradigmática, assim: "*não entendeu*", em vez de "não entendi"; "*não sabe*", no lugar de "não sei". Com isso, entendemos aqui um modo de alienação manifesta no plano imaginário, implicado em um movimento que expressa uma tentativa de desgarramento de si mesmo, preterindo o singular pelo coletivo.

Reafirmamos, em suma, a ideia de que os vácuos instaurados nas narrativas que impossibilitam a construção imaginária de suas genealogias resultam da transmissão do endereçamento dos investimentos – no caso aqui minorados ou claudicantes – aos jovens destinados, a partir da trama familiar que, por conseguinte, pode dificultar o atravessamento das operações subjetivas fundamentais, alienação/separação, ordenadas pela referência fálica. E, em outra medida, a família idealizada, imaginária, necessária na puberdade enquanto suporte da representação alienada, apresenta-se inconsistente, escapa a uma abordagem corporificada.

Com isso, talvez possamos interrogar a *crise da adolescência* – aqui menos vinculada aos fenômenos pubertários, e mais atreladas a uma operação estrutural, metapsicológica – nos casos em questão. Se

> [...] a adolescência define [...] a operação subjetiva pela qual um sujeito produz uma "passagem" que se conclui na inscrição do sinthoma [...] o percurso significante que conduz de uma a

outra é o que nos permite reconhecer a efetividade da transmissão, isto é, a inclusão do sujeito em uma genealogia. (*Ibid.*, p. 88-86)

Assim, poderíamos supô-la comprometida[46]. Essa posição que, a nosso ver, deságua em uma espécie de alheamento, produz consequências. A formação grupal para a prática de delitos sobrepõe-se a uma necessidade de desidentificação pessoal, que traz consigo uma dessimplicação mortífera, na medida em que se apresenta como uma tentativa de desaparecimento do próprio sujeito. Passemos ao tema.

A formação grupal, necessidade operacional e subjetiva

A formação da "horda marginalizada pelo estado de direito" (*Ibid.*, p. 58) responde menos pelos objetos que os une, e mais à aderência aos ideais projetados imaginários, aos quais os jovens situados além das fronteiras do estrato social se rendem (Rassial, 1997). Aqui se indica, com toda propriedade, a fragilidade do laço entre aqueles que se "unem" para transgredir, em que não se evidencia uma função grupal estruturante. Isso quer dizer que está menos para a imantação de elementos ideológicos e mais para garantir a prática, em seu sentido operacional e subjetivo.

Tal análise é também resultado de alguns elementos que compõem o contexto da prática infracional propriamente dita. É raro um adolescente cometer um delito sozinho[47], como também fazer parte de uma gangue permanente. Na maioria das vezes, encontra-se em par ou trio formado para aquela específica ação, não mantendo necessariamente essa vinculação para além dessa experiência. O pequeno grupo formado

---

[46] É importante sublinhar novamente que esta interpretação não abrange a posição de todos os adolescentes, mas uma parcela. Deve também ser lida não como um axioma, mas como uma contribuição complementária.

[47] Em 89 processos analisados, os delitos cometidos por dois ou mais adolescentes somam 73 ou, em outros termos, resultam em 82%.

visa somente ao ato e, por vezes, os adolescentes possuíam parcos contatos anteriores.

> [...] você tá ali numa rodinha e alguém fala "vamos roubar, vamos roubar!", e, você vai por emoção mesmo, qualquer coisa [...] tá sem estudar, você não pensa em nada naquela hora, só quer o dinheiro. (R., 17 anos, reincidente, AI: porte de arma)

> [...] quando saí [desinternado da Fundação], encontrei com ele [último comparsa] na rua. Ele foi na minha casa e me chamou até o portão, e fui até a casa dele pegar minha blusa e nisso apareceu um outro companheiro que chegou com a proposta de ir roubar [...] fui porque estava precisando de dinheiro. (L., dezessete anos, 3ª internação, AI: roubo)

> [...] eu não sei, às vezes, 'tava andando de bicicleta e aí juntava os caras que me chamavam, aí eu se envolvia por vontade própria. (D., 19 anos, 2ª internação, AI: roubo)

> Fiz porque não fui resistente a dizer não, fui pelas amizades. A pessoa que infracionei agora, não conhecia ela da primeira passagem [internação]. Conheci uns tempinhos antes desse ato. Já tinha ouvido falar dele, que ele tinha roubado um comércio. Quando topei de novo com ele, fomos roubar [...] Vi ele no máximo umas seis vezes, depois não tive mais notícias. (F., 18 anos, 2ª internação, AI: roubo)

> Depois de dois dias que eu estava lá, os moleques que já faziam 155 [furto] me chamaram e comecei a fazer assalto. Fui me iludindo, achando que tava muito bom. (W., 17 anos, 2ª internação, AI: roubo)

A necessidade da formação grupal, *a fortiori*, sustenta as práticas delitivas, por um lado, e, por outro, desimplicam-nos delas, em um certo sentido. Do lado da operacionalidade, estar em mais de um, na maioria

CAPÍTULO 2
A prática clínica forense à luz da Psicanálise

das vezes, é correlativo à distribuição de funções necessárias ao delito. Entre elas, tem-se: "passar pano" ou "olheiro", que é aquele que fica na espreita, mantendo um campo visual estendido, vigiando o local; "voz do assalto" é quem está armado e intimida a vítima; "piloto" quem dirige o carro ou a moto e/ou os encarregados de pegar de fato os objetos enquanto a vítima está rendida ou só avolumam o grupo para produzir efeitos atemorizantes. Vale dizer que essas funções são mutáveis, sujeitas à disposição daquele exato momento, de igual modo são as montagens dos grupos, voláteis, sem fixidez alguma.

Por outro lado, ao incluir-se como membro de um grupo com fins um tanto objetivos, o sujeito[48] – para si, desde uma concepção imaginária – dilui-se enquanto único, singular e subjetivo, tornando-se, assim, caudatário de um padrão de conduta. O desejo passa, então, a ser próprio da cultura, da qual ele se apropria e com que se satisfaz; e não diferente é o estabelecimento do regimento das regras e leis pertinentes a ela, às quais o adolescente se submete. A sujeição a uma ordem, exterior a ele mesmo é, em si mesma, indicativa de uma posição que o situa como castrado[49]. Por isso, esse é um dos argumentos que conduz à hipótese de que, mesmo filiado e agindo como infrator, esse adolescente não se enquadra como perverso[50], dentro dos tipos clínicos pertencentes ao campo psicanalítico.

O grupo, de certo modo, eclipsa cada um dos membros para que, simultaneamente, sobrevenha um movimento destituído de autoria, sem nome, mas apenas "eles"[51] aduzem ao ilícito que, talvez, fosse inconcebível se só. Como "eles" é extrínseco a si mesmos, o delito fica de certa forma autorizado, amortizando suas implicações[52]. Freud (1986j,

---
[48] Sujeito aqui entendido à maneira da proposição lacaniana de sujeito do desejo. Ver "Introdução".
[49] Castração como elemento balizador na constituição da estrutura psíquica.
[50] Perversão como uma possibilidade de estrutura psíquica, discutida na Parte I deste trabalho.
[51] É muito comum os jovens se distanciarem de seus atos, vetorizando para o grupo a responsabilidade: "fui porque 'eles' me chamaram", ou "não sei, não, 'eles' já tinham combinado tudo", ou a mais comum: "fui de embalo".
[52] Ver desenvolvimento a seguir sobre a impossibilidade da constituição de um Supereu coletivo, mas sempre individual.

181

p. 74) descreve as características grupais exatamente no sentido que aqui contornamos.

O grupo é impulsivo, volúvel e excitável. É guiado quase com exclusividade pelo inconsciente. Os impulsos a que obedece podem ser, segundo as circunstâncias, nobres ou cruéis, heróicos ou covardes; mas, em qualquer caso, são tão imperiosos que nunca se impõem ao pessoal, nem sequer ao interesse da autoconservação [...] o grupo é extraordinariamente influente e crédulo; é acrítico, o improvável não existe para ele.

Não obstante, ao retornar para o convívio familiar, caso o feito tenha sido "bem-sucedido", sem interceptação policial, os jovens não apresentam qualquer indício de que acabaram de cometer um delito. E, por outro lado, a escuta clínica com as famílias revela que os pais, ao serem noticiados do ato ilícito, são impetuosamente surpreendidos. Esse estado é resultante, entre outros, da ausência de sinais que indicassem, naquele momento, o desenvolvimento de condutas irregulares e/ou delituosas, ao menos aos ouvidos da família.

> Sinceramente, não percebi nada de diferente, de errado [...] ele estudava, ficava em casa, aí começou a aparecer uns amigos e chamavam ele. Nunca apareceu com nada em casa, com coisa estranha, com nada [...]. (Pais de C., 16 anos, reincidente, AI: porte de arma)

> Ninguém esperava isso dele, porque ele tinha opinião contra droga, contra isso e aquilo [...] aí não sei o que aconteceu, ele nunca tinha demonstrado nada disso para gente, acho que foi uma fraqueza, isso que acontece na idade deles. (Pais de R., 18 anos, reincidente, AI: roubo com sequestro)

CAPÍTULO 2
A prática clínica forense à luz da Psicanálise

A formação grupal não é uma questão alheia à Psicanálise. Não por acaso, Freud (1986j) indaga e investiga, desde a perspectiva de Le Bon[53], o estatuto de um grupo e suas capacidades potenciais do contágio sobre a vida anímica do indivíduo, mas, principalmente, sobre o atributo dessa mudança psíquica produzida a partir daí, quando escreve o texto *Psicología de las masas y análisis del yo*. Já nessa época a bibliografia sobre a Psicologia Social era extensa, mas ainda apresentava lacunas importantes, segundo seu parecer. No entanto, fez esse objeto de estudo convergir para os pontos fundamentais em uma articulação possível e de interesse para a Psicanálise, sem jamais tentar esgotá-lo.

Freud e a formação grupal

Antes de adentrar as questões que permeiam a necessidade humana de se aglutinar, há de se analisar historicamente a passagem do individual para o grupal. Assim Freud o fez quando indicou o caminho através do mito científico do pai da horda primordial[54].

Com a teoria psicanalítica já bastante sedimentada nessa época, Freud rompe com o dualismo indivíduo x social, e aí ele se distancia da teoria de Le Bon, e apresenta a tese que sustenta toda sua discussão acerca do tema: nada de novo se constitui do ponto de vista anímico quando o indivíduo se filia a um grupo e atua conforme seus paradigmas, aparente e supostamente diferentes de quando isolado. Isso que se apresenta de novo e produz estranhamento não é nada senão suas próprias moções

---

[53] *Psychologie des foules*, 1895.

[54] O pai da horda primordial, enquanto mito científico, foi considerado o criador do universo por ter garantido a composição do primeiro grupo a partir de seus filhos. O mito diz assim: temido e venerado ao mesmo tempo, pois gozava exclusivamente de todos os direitos, foi morto a partir da revolta da maioria. Contudo, nenhum deles herdou sua posição, e quem tentou foi igualmente abatido até surgir o consenso da irmandade totêmica que estava destinada a manter esse lugar vazio, sem ocupação, mas eram regidos por proibições. Contudo, a insatisfação generalizada fez movimentar a favor de uma nova ordem estrutural. Adveio, então, outra formação. O homem converteu-se em chefe de família e reverteu o privilégio do poder feminino, que havia se estabelecido no tempo da homogeneidade; resgata-se, então, a divindade materna. Contudo a formação familiar não se distinguia de seus primórdios. Havia muitos pais que, por conseguinte, estavam limitados pela presença do outro. No afã de se livrar dessa privação incômoda, inicia-se um processo de separação do grupo e de assumir o papel de pai. Esse mito é a própria metáfora da passagem do indivíduo da psicologia de grupo para sua individuação (Freud, 1986j).

pulsionais, agora despojadas do processo de repressão. Essa dinâmica favorece a precipitação de conteúdos antes reprimidos diante das funções da consciência moral. Assim escreve:

> As propriedades nas aparências novas que então se mostram são, justamente, as exteriorizações desse inconsciente que sem dúvida contém, como disposição (constitucional), toda a maldade da alma humana; nessas circunstâncias, a desaparição da consciência moral ou do sentimento de responsabilidade não oferece dificuldade alguma para nossa concepção. Faz já muito afirmamos que o núcleo da chamada consciência moral é a "angústia social". (1986j, p. 71)

Os fenômenos sociais resultantes da relação do indivíduo com o outro (pais, irmãos, mestre, médico, objeto de amor etc.) opõem-se, de certa maneira, a outro ato anímico denominado narcisismo[55], já tratado por ele. Desde aí, o estudo é direcionado para a compreensão do mecanismo estabelecido na satisfação das moções pulsionais, que, ao contrário, retraem o investimento libidinal com o outro. No entanto, Freud esclarece que mesmo a Psicanálise centrada na investigação dos processos individuais, e estes também resultantes das relações estabelecidas com o outro, não se pode imputar seu desprezo diante das questões sociais. Com isso, Freud relativiza e questiona o domínio daquilo estabelecido como Psicologia individual e Psicologia do social ou de massas. Seus argumentos baseiam-se em uma lógica irrefutável: a relação do indivíduo, seja com o outro ou com outros, um grupo, por exemplo, não produz alterações em seus processos anímicos a ponto de acender uma nova pulsão, social, até então supostamente inativa. Isso posto, a incursão psicanalítica sobre a psicologia social é conduzida a partir de duas hipóteses: que a pulsão social não seja constitutiva e irredutível, e que a família seja o esteio para seu desenvolvimento (*Ibid.*).

---

[55] Tema anteriormente discutido por Freud (1986f), cujas últimas questões expostas se encontram examinadas segundo Strachey (*apud* Freud, 1986f).

CAPÍTULO 2
A prática clínica forense à luz da Psicanálise

Para a compreensão dos laços que envolvem a estrutura do agrupamento de pessoas, Freud destaca as ligações libidinais como elementos fundamentais que sustentam a coesão e inibem o desenvolvimento das moções narcísicas. Em uma relação dual, os conflitos que se apresentam são derivados do "sentimento de ambivalência" (Ibid., p. 96), resultante da preservação do estado narcísico e do confronto com as diferenças. No entanto, essa dinâmica na formação grupal é escamoteada pela substituição de outro tipo de ligação libidinal ou afetiva[56], as chamadas identificações. Estabelece, então, três tipos de identificação, não sendo eles excludentes entre si, e que podem coexistir (Ibid.).

Nesse ponto, aproximamo-nos de um tipo possível de "escolha" dos jovens, mas não por isso indeterminada, conforme Freud acaba de firmar, à inserção ou filiação a grupos de infratores para prática de delitos. Partamos do seguinte mote, tantas vezes recobrados em suas falas: "Senhora, me envolvi na vida do crime por que [...]".

Se nos entremeios da teoria psicanalítica deparamos com as escolhas[57] que cada sujeito faz — aqui tomadas no sentido de ato, incluindo aí seu estatuto subjetivo — e que, de fato, desvelam a emergência de um novo sujeito a partir dele, buscaremos agora analisar sobre quais variantes esse "ser do mundo do crime" responde. Iniciaremos pela identificação.

Identificação

De fato, através da Psicanálise averiguamos que existem todavia outros mecanismos de ligação afetiva: as chamadas identificações; são processos insuficientemente conhecidos, difíceis de

---

[56] Aqui Freud faz equivalência entre esses dois termos: Libido é uma expressão tomada da doutrina da afetividade.

[57] Em um amplo sentido, no contexto do freudismo, poderíamos citar as escolhas objetais, narcísicas ou anaclíticas e da neurose. Se especificarmos para a questão da delinquência, haverá acepções das mais diversas. A partir de Winnicott, Freud e de vários conceitos lacanianos, poder-se-ia apreender esse fenômeno como conexo a cada uma delas. Isso será tema de debate adiante.

expor, cuja indagação nos desviará um certo tempo do tema da psicologia grupal. (Freud, 1986j, p. 98)

Uma definição introdutória, ainda que simples, mas básica e fundamental do conceito de identificação dá conta de seu atrelamento com a condição afetiva: "a Psicanálise conhece a identificação como a mais precoce exteriorização de uma ligação afetiva com outra pessoa" (Freud, 1986j, p. 99). Freud explica que ela é parte integrante da constituição subjetiva do indivíduo. Localiza sua manifestação na pré-história do complexo de Édipo: o menino, em uma atitude masculina, toma o pai como ideal (modelo) quando atribui determinada importância a ele. Não obstante, também manifesta uma ligação de objeto com a mãe do tipo anaclítico e sexual. São dois tipos diversos de investimento que coexistem, não sem se tornarem ambivalentes. Essa dinâmica conflui para a estruturação edípica. Ao perceber que o pai se posiciona como um anteparo em seu investimento com relação à mãe, a qualidade da sua ligação transforma-se de ideal para hostil. Trata-se do mesmo mecanismo utilizado na primeira fase do desenvolvimento libidinal-oral, quando o objeto apreciado passa a ser odiado, sendo o seu devoramento a saída encontrada para esse conflito.

Freud ainda esforça-se para marcar a diferença entre a identificação e a eleição de objeto, quando traça uma analogia com o ser e ter[58]. Trata-se de duas funções distintas: a vinculação manifesta-se sobre o sujeito ou sobre o objeto do Eu, correspondendo respectivamente ao ser e ter. A identificação, remarca Freud, visa a configurar o Eu a partir do outro, tomado como modelo. Esse é o primeiro tipo de identificação por ele estabelecido: identificação edípica (*Ibid.*).

Ao avançar o estudo sobre o processo de identificação, Freud percebe sua complexidade e seu nexo com o sintoma. Baseado no sintoma histórico, trata da identificação como sobrevinda de duas qualidades atribuídas e distintas do objeto eleito: amor e hostilidade. Trata-se de

---

[58] Questão retomada por Lacan.

CAPÍTULO 2
A prática clínica forense à luz da Psicanálise

"copiar e tomar emprestado" (*Ibid.*, p. 101) um traço desse objeto, por isso essa identificação é, também, parcial. Paralelamente, Freud insiste na ideia de que a identificação é primeva, ou seja, é o vínculo afetivo originário da constituição do sujeito. Porquanto, nesse caso, o mecanismo da identificação é sempre considerado um retrocesso, uma *regressão*. Esta, então, se configura como outro tipo de identificação: histérica ou regressiva.

O terceiro tipo, que é o que nos interessa sobremaneira, diz respeito à identificação que permite a construção do laço social. Ela prescinde de uma ligação libidinal com aquele(s) com quem fará ligação, no entanto, nasce a partir da existência de traços comuns. Esse tipo de identificação parcial, segundo Freud, é a que emerge das qualidades afetivas comuns entre pessoas, e que se situa na raiz da formação de um grupo, por exemplo (*Ibid.*).

Para tratar dos mecanismos presentes no processo de identificação, Freud resgata, através das patologias, homossexualidade e melancolia, o desenvolvimento libidinal. Essa retomada visa a articular as relações do objeto e do Eu. Para isso, faz-se necessário remarcar o processo de fratura do Eu, que implica a constituição do ideal do Eu. Suas funções incluem submeter o Eu a um crivo crítico, baseado substancialmente na moralidade: a consciência moral, a censura onírica, a auto-observação e influência sobre a repressão. Essa cisão do Eu remete à noção do princípio da introjeção do objeto. Difundido em outros textos, a frase "a sombra do objeto caiu sobre o Eu" (*Ibid.*, p. 103) explica essa questão. Nesses dois tipos clínicos mencionados, há de antemão a perda de um objeto. A fim de defender-se dessa perda, o psiquismo introjeta o objeto, seja visando a substituí-lo (homossexualidade), seja para atacá-lo (melancolia). Nesse último caso, a fenomenologia indica crises de autorreprovação e autodepreciação que, na verdade, seriam dirigidas ao objeto perdido. No entanto, com a noção construída de cisão do Eu, Freud resolve a questão do conflito intraegoico. A existência de duas forças antagônicas geradas no interior do Eu, pertencentes a Ele e uma parte dele – Ideal do Eu –, explica o conflito. Essa instância, herdeira do narcisismo originário, constituiu-se pela necessidade psíquica do Eu em buscar outro meio de satisfação, quando não encontrada em si mesmo. Em análises anteriores, ao dissecar essa instância, Freud concluiu que ela nasce via transmissão da autoridade parental.

Freud, ainda nesse mesmo texto, reconhece a fragilidade da construção teórica e conceitual de identificação para sedimentar o estudo sobre a formação de um grupo. Suas indicações sobre ele se limitam a incluir alguns mecanismos presentes, como a imitação, para compreender o caminho da identificação à empatia. No entanto, mais adiante, formula um gráfico onde apresenta o caminho lógico da introjeção do objeto comum a todos os membros de um grupo e sua relação com o Ideal do Eu. A atração dos indivíduos entre si para a formação de um grupo passa, então, pela apropriação desse objeto idealizado, que substitui o Ideal do Eu e, em consequência, promove a identificação.

O que ele denominou de objeto pode ser interpretado aqui de duas formas: abstrata e concreta. Na primeira, atribui-se à ideia do ato, imediatamente incorporada pelo adolescente, substituindo-a pelo Ideal do Eu. A motivação da ação ancora-se na possibilidade de *ser* um infrator, quando participa do ato. Por outro lado, de modo mais concreto, o objeto aludido por Freud pode se justapor ao objeto do roubo, ou aos ganhos materiais a partir dele. Aqui o *ter* adquire a dimensão da função primordial. Esses dois modos de estabelecimento da relação de objeto com o Eu acabam por permitir a identificação para a formação desse grupo, com objetivo comum[59].

Cabe remarcar que Freud, ao tratar da formação de um grupo, o faz advertindo sempre sobre sua especificidade: um grupo constituído de um líder.

Por outro lado, há de se remarcar que a formação do grupo a qual objetivamos abordar – enquanto característica comum no meio infracional – é aquela cuja duração é efêmera, volátil, que persiste única e

---

[59] Essa ideia se justapõe na exata medida à primeira vertente por onde procuramos contornar a questão do *ser* infrator, seus desdobramentos e implicações, mais especificamente tratada sobre as bases da concepção do ideal fálico, no reconhecimento simbólico, necessário para o laço social.

CAPÍTULO 2
A prática clínica forense à luz da Psicanálise

exclusivamente durante e para a prática do delito. Encontramos também em Freud uma análise acerca dessa particularidade que converge, na justa medida, com a dinâmica apresentada pelos grupos aqui tratados.

Nos estudos psicológicos traçados acerca das formações grupais, afirma Freud, a abordagem sobre os grupos irregulares e descontínuos é de maior interesse por suas questões idiossincráticas. Parte-se do pressuposto de que os indivíduos, de modo geral, sempre estão vinculados a vários grupos, com os quais mantêm relações identificatórias. As formações efêmeras, a partir daí, são contrastantes e demandam maior apuração. O que há de particular é justamente o mecanismo de que se valem os indivíduos ao se integrarem a esse tipo de agrupamento: a sobreposição do Ideal do grupo sobre o Ideal do Eu, ainda que transitória. A renúncia do Eu pelo Ideal do Eu propicia a identificação àquele que, ao contrário, mantém e conserva seus traços narcísicos, comumente eleito como líder do grupo. Nesse caso, a distância da separação entre as duas instâncias é menor ou quase nula, o que, por outro lado, facilita a promoção do fenômeno (atribuir ao outro) que ele encarna vertendo-se em hiperpoder. A identificação é o conceito entendido por Freud que explica o mecanismo do qual se valem os outros membros – aqueles que mantêm maior separação entre o Eu e o Ideal do Grupo – para sua filiação e, por conseguinte, para o estabelecimento de ações conjuntas (*Ibid.*).

Portanto, esse tipo de identificação de massa, ao qual Freud se refere, converge com a formação de grupo, ainda que efêmera, para prática de delito. Esse grupo, geralmente de dois ou três, configura-se ou se forma momentos antes da atuação ilícita e se desfaz logo após o término da ação. Se há a eleição de um líder, no sentido organizacional do grupo, é mais para garantir sua operacionalidade, mas também é um tanto inconsistente. É delegado certo poder, geralmente, àquele que idealizou o feito e, por conseguinte, aliciou ou seduziu os comparsas. Esse sujeito comanda a aliança e determina as funções de cada um.

A estrutura libidinosa de um grupo, então, segundo Freud, remete basicamente à divisão entre o Eu e o Ideal do Eu, e às duas possibilidades de ligações aí produzidas: a identificação e substituição do Ideal do Eu pelo objeto[60]. Esse objeto nada mais é que o próprio Eu desenvolvido a partir do Ideal do Eu, estabelecendo, assim, uma outra qualidade de vínculo entre eles e também com o objeto exterior. Cabe reforçar que essa divisão entre as instâncias é instável e tem curta duração. Por outro lado, a separação é parte da dinâmica constituída no psiquismo, sendo que suas funções já haviam sido descritas. O Ideal do Eu é responsável pela interdição e inibição do princípio pelo qual o Eu é regido: subversão e transgressão. Por isso, o desenvolvimento da sensação de prazer ocorre quando essas instâncias se convergem. Por outro lado, a culpa é resultado da tensão entre o Eu e o Ideal do Eu.

Alguns exemplos do enlace grupal para a prática ilícita:

> [...] os moleques falavam para ir roubar [...] "Vamos pegar aquela 'fita'[61] na perfumaria". Eu fui para casa. Meu pai estava instalando um videogame. Tomei um banho, fui e deu errado. Pensei que não ia preso, porque já tinha ido de novo, sei lá [...] pensei que eles não fossem me pegar [...] não pensei em nada. Pegamos os perfumes, os xampus, as mercadorias e ia vender [...] descemos a rua, os caras vieram atrás de nós, o outro jogou a arma e falou "Atira!, eu atirei e cada um foi para um lado". (E., 17 anos, 2ª internação, AI: latrocínio)

> Foi descuido [...] é que não tomei cuidado e se envolvi. As amizades me levou a cometer atos. Ninguém leva ninguém, mas influencia. Má companhia leva a fazer coisa errada. Nós se conhecemos, daí fizemos coisas erradas. (C., 16 anos, reincidente, AI: porte de arma)

---

[60] Esse tema foi examinado por Freud, no texto *Introdução ao Narcisismo* (1914), em que articulou a questão da separação entre Eu e Ideal do Eu e as formas patológicas.
[61] "Fita" na linguagem dos internos significa delito, ato infracional.

CAPÍTULO 2
A prática clínica forense à luz da Psicanálise

Em uma perspectiva articulada com a formação grupal, situa-se a influenciabilidade ou sugestionabilidade, que traduz a injunção, a partir dos discursos dos jovens, para a prática de delitos. As famosas "más companhias", que nunca têm nomes próprios, recebem o estatuto de bodes expiatórios aos quais se imputa a causação-mor do ato. Consideremos, então, essa vertente.

Sugestionabilidade: as más companhias e a "cabeça-fraca"

> Foi má influência que eu comecei andar, que começou a me arrastar para a vida do crime, fui de embalo e comecei a me envolver [...] não precisava disso não. (E., 17 anos, 2ª internação, AI: latrocínio)

O bordão tão comumente evocado como argumento discursivo pelos adolescentes quando questionados sobre suas implicações no ato infracional, "fui pela cabeça dos outros", remete justamente, entre outras vertentes, à tentativa de remissão ou ao deslocamento de sua responsabilidade individual e pessoal quando da prática de um ato, seja ele qual for, quando executado em grupo. Do mesmo modo se justapõe outro enunciado que, de tanto ser evocado, se tornou estereotipado: "tive cabeça fraca". Assim ilustramos:

> [...] cabeça fraca é não ter mente direita para pensar. A decisão que tomei na hora que eu fui fazer esse ato. Queria comprar umas coisas para mim, aí me chamaram e decidi fazer esses atos. (C., 16 anos, 2ª internação, AI: porte de arma)

> Convivia na comunidade, e no bairro que eu moro tem dessas coisas. A gente ouve as conversas, aconteceu isso, a rota fechou a quermesse. Histórias que o povo conta: que eu já fiz e me dei bem, que é "mamão", que é fácil, que não pega nada, e não é

nada disso não! E lá vai eu, jurava que ia conseguir o que queria [...] tive cabeça fraca. (C., 17 anos, primário, AI: roubo)

Foi fraqueza, não fui resistente a dizer "não"! Fui pelas amizades. (F., 18 anos, 2ª internação, AI: tráfico)

[...] andava com más companhias. Querendo ou não, quando não tem o que fazer, recebe más influências. Quando trabalhei tive boas oportunidades e companhias. (N., 19 anos, 2ª internação, AI: porte de arma)

[...] foi descuido [...] é que não tomei cuidado e se envolvi; as amizades me levou a cometer atos. Ninguém leva ninguém, mas influencia. Má companhia leva a fazer coisa errada. (C., 16 anos, 2ª internação, AI: roubo)

[...] acho que foram as amizades. Ah, senhora, eu sempre quis ter o que a minha mãe não podia me dar. Eu achei que andando com eles ia poder ter o que minha mãe não podia me dar. (F., 17 anos, reincidente, AI: tráfico)

Esse fenômeno da influenciação também é examinado por Freud, que não se furta dessa discussão e se aprofunda nela a partir dos estudos da Psicologia Social.

"Assim recebemos a impressão de um estado em que a moção afetiva do indivíduo e seu ato intelectual pessoal são demasiados débeis para fazer-se valer por si só, vendo-se obrigados a aguardar sua potenciação pela repetição uniforme da parte de outros". (Freud, 1986j, p. 111)

CAPÍTULO 2
A prática clínica forense à luz da Psicanálise

Parte do fato que o fenômeno em si – a influência do grupo – promove alteração da atividade anímica do indivíduo (aumento da afetividade e declínio do rendimento intelectual) é observável. Por isso, e pesando toda a bibliografia existente acerca dessa tese, desenvolve suas premissas.

Primeiramente, resgata o uso do termo desde uma perspectiva histórica: os textos de Sociologia e Psicologia Social explicam o fenômeno utilizando-se da palavra *sugestão*, como se ela esgotasse e explicasse em sua plenitude o sentido proposto. Assim, de modo irônico, Freud critica o uso abusivo e a falta de especificidade que esse termo carrega consigo. Remarca, ainda que, com o passar do tempo, tenha-se substituído o termo por *imitação* ou *contágio*, não é por isso uma solução encontrada. Faz notar que *imitação*, na verdade, é uma consequência da *sugestão*, conforme também outros autores da época advertem.

Encarada à primeira vista como um fenômeno enigmático, a sugestão, segundo Freud, não poderia carecer de uma elucidação particularizada. É por meio da articulação com o conceito de libido[62] que explica a dinâmica envolvida nesse fenômeno. Parte do pressuposto que os vínculos constituídos no grupo são, em seu âmago, nutridos por laços sentimentais. O amor em seu sentido mais ampliado é a peça operante do núcleo desses liames. Por isso, a sugestionabilidade, para Freud, corresponde, no campo psicanalítico, àquilo que faz coesão entre os membros de um grupo: o amor. E, mais ainda, esse tipo de laço opera como atenuante e enfraquecedor da necessidade de manter-se intacto e preservado como indivíduo perante o grupo. Assim sendo, a sugestionabilidade deixa de ser um fenômeno no qual o sujeito é interpelado, mas o é como resultado de sua anuência e seu assentimento. Novamente, a Psicanálise reafirma uma de suas premissas fundamentais que recai sobre a *responsabilidade* do sujeito diante das questões que o trespassam.

Rassial (1997), no trato específico com a questão, que ele designa como "adolescência do psicopata" e essa dita inconsequência, no

---

[62] "Libido é uma expressão tomada da doutrina da afetividade" (Freud, 1986j, p. 86). Aqui definida como energia de magnitude quantitativa, não mensurável, ligada às pulsões relativas a tudo o que está relacionado ao amor.

193

sentido de desimplicação, franqueada pela formação grupal que acabamos de mencionar, articula com o estar fora, com o lugar de estrangeiro, do excluído social. Do ponto de vista metapsicológico, a questão seria da ordem do desdobramento do encontro com o Outro simbólico. O jovem responde de modo a atribuir ao grupo o lugar de Eu ideal, da maneira como se figura a onipotência infantil, quando concebe um outro Ideal do Eu, desentranhado do Eu ideal da infância. Assim, a junção do grupo para delinquir, mesmo que assentados por um ideal, diferente do "bando nacionalista", acaba por "tornar-se o instrumento do pior" (Rassial, 1997, p. 59). Aqui o autor sobrepõe à ideia da segregação social a da identificação, situando esta última no nível e tempo da expulsão e da introjeção.

Nesse mesmo sentido, pode-se evocar o primeiro movimento de alienação produzido na causação do sujeito como correlato metafórico dessa acepção. Se o Outro propõe ao ser vivente um significante S_1 que, ao mesmo tempo, o produz e o identifica, quando permanece fixado por ele, o ser se desvanece, se reduz (fenômeno que Lacan denominou de *fading*), constituindo a identificação fundamental do sujeito, em que é tomado como S_1. Em um segundo momento, ainda no movimento de alienação, há um chamado pelo sentido. S_1 convoca S_2, produzindo uma representação, e que por efeito retroativo o faz significar (Basz, 1994).

Assim é possível fazer um entrecruzamento entre a formação grupal com a identificação, em seu sentido de alienação do ser.

Essas formulações metapsicológicas nos servem como referência metafórica para aquilo que introduzimos como ideia da alienação desses jovens a si mesmos para além da estrutura constitutiva. O *ser do mundo do crime* parece ser uma tentativa de recobrimento às suas existências, em que esse significante, supostamente, os representaria em suas totalidades, reduzindo-os drasticamente. Os jovens, por um tempo, enquanto filiados à cultura infracional só querem saber e só querem ser *do mundo do crime*[63]. Por isso, rompem com tudo que os engajava à norma social,

---

[63] Podemos citar a evasão escolar, conforme nossos dados indicam, como a primeira ruptura correspondente. O *modus vivendi* inclui: uso de droga, estado de anomia, ociosidade, ou qualquer desenlace com o contrato social normativo.

CAPÍTULO 2
A prática clínica forense à luz da Psicanálise

e adotam costumes que lhes são adversos. A tentativa de tomada dessa expressão como significante absoluto advém, segundo nosso entendimento, das fraturas dos modos de subjetivação já descritos, que implica uma determinada alienação de si mesmos. Por isso, o *ser do mundo do crime*, pode-se dizer, é uma máscara de suas rarefeitas identidades.

As drogas: objetos de inclusão à cultura infracional

Em continuidade à análise do processo de engajamento à cultura infracional, podemos inscrever o uso de substâncias tóxicas ilícitas como o ícone desse *pacote* que compõe os elementos que dela são parte.

Se infletirmos nossos dados estatísticos em três variantes articuláveis, o uso de drogas situa-se com significativa propriedade nos costumes dos jovens infratores. Metade deles fazia uso de droga no período em que infracionaram, mas a quase totalidade nunca sofreu de crise de abstinência[64]. Esses dados por si só tornam-se um indicativo importante, no que diz respeito ao tratamento dispensado[65]. E, em outra medida, traduzem de certa forma o sentido operacional que as drogas conservam na vida dos jovens.

A escuta clínica já denunciava que a droga aqui é deslocada de sua significação habitual como objeto que produz alienação para um lugar-comum, partilhado por todos, descaracterizado, assim, de seus atributos tradicionais, largamente difundidos. Trata-se, portanto, da busca por um objeto instituído, menos por seu sentido e função próprios, e mais por sua significação social.

O uso de drogas, pode-se dizê-lo, é correspondente ao *brilho* anteriormente mencionado dos objetos que os tornam idealizados, fazendo-os crer que o Outro testemunhe sua suposta adição ou condição de usuário somente. A substância ilícita é peça do jogo do *ser do mundo do crime*.

Invariavelmente, quando os jovens são questionados sobre o uso das drogas, formulam a frase: "Senhora, não sou viciado não!".

---

[64] Sabemos que uma pequena parcela dos jovens realmente parece padecer do quadro de adição.
[65] Voltaremos a esse ponto adiante.

Por seu turno, o recenseamento estatístico desvelou que o enlace entre a droga e a infração propriamente dita é ínfimo. Os jovens não se drogam para praticar o ilícito, mas, por vezes, imaginam-se infracionando para poder comprá-la. Pois bem, é uma questão de lógica. Se a maioria importante desses jovens não é realmente adicta, por que transgride visando à sua aquisição? Podemos atribuir aí um outro sentido, mais além da arquitetura imaginária por eles construída.

Infracionar faz parte da circunscrição da cultura infracional, igualmente o é o uso de drogas. Com vistas a edificar e sustentar a posição de infrator, a droga é incluída como objeto indispensável, e que acaba por ter um efeito legitimável, em certa medida, ao delito. Está aí a montagem de um curto-circuito imaginário no que diz respeito às drogas.

> É aquele negócio, senhora, quando comecei a querer se envolver [no mundo do crime], colava nos caras que usavam e faziam coisas piores [...] mas não era e não sou viciado. (C., 18 anos, 2ª internação, AI: roubo)

> Usava maconha desde os 15 anos e fui experimentar cocaína com 16, 17 anos. Você vê os outros usando, vai usando também [...] é cabeça fraca, ir pela cabeça dos outros [...] eu era um adolescente tonto que ia pela cabeça dos outros. (R., 18 anos, primário, AI: tráfico)

> Eu andava com pessoas que eram envolvidas [no crime], porque eu usava droga. Quem usa droga, anda com gente errada. Eu gostava de roubar sozinho, se eu for pego, não arrasto ninguém comigo [...] se você tá ali (no roubo) tira uma parte do dinheiro para comprar droga, e também eu saía e ia dar um "rolê" e gastava [...] queria dinheiro, queria comprar coisas para mim. (R., 17 anos, 2ª internação, AI: porte de arma)

CAPÍTULO 2
A prática clínica forense à luz da Psicanálise

> A maioria das pessoas usava, então eu também usava. Minha mãe falava e eu não ligava para nada. Entrava por um ouvido e saía por outro e já era [...] não, vai ser assim e assim do meu jeito, de roubar, usar droga. (E., 18 anos, 2ª internação, AI: roubo)

POSIÇÃO DE RISCO X O IMAGINÁRIO DA IMPUNIDADE: A FUNDAÇÃO NÃO É O LIMITE

> O crime dá isso [...] as pessoas fazem pela emoção, vida louca, tô aí para o que der e vier. Na vida, na rua, a gente esquece de cada paulada, de cada agressão que sofremos na Febem. Não sabia resolver uma situação, sem provocar uma guerra. (T., 18 anos, reincidente, AI: homicídio)

Não raro, o exercício clínico com uma parcela dos jovens, a partir de suas narrativas, permite estabelecer um nexo que situa suas posições com relação a um estado de posição de risco. As várias evidências discursivas e o alto índice de reincidência concorrem para essa interpretação, ao lado da escuta e da estatística, respectivamente.

Essa posição inclui a adoção de um estado daquilo que a sociologia descreveu como anomia[66] – que supomos transitório – e que diz respeito a uma saída mórbida que implica um rompimento quase por completo com qualquer engajamento social compromissado, que demande exigências, que estabeleça limites organizacionais e que tenha em suas bases normas reguladoras. A lei agora é "tô aí para o que der e vier", como atestou o jovem de nossa epígrafe.

---

[66] Anomina é um conceito sociológico que traduz um estado em que os integrantes de uma sociedade deixam de se pautar pelas normas sociais. As punições não inibem as infrações. E as leis, simplesmente, deixam de ter um caráter normativo, facilitando a quebra do contrato social (HOUAISS, 2001). É importante sublinhar que não empregamos esse conceito aos jovens, mas à posição que eles adotam.

197

Tomadas de risco, por vezes, não se situam aí como principal objetivo, mas obviamente aí se incluem. Trata-se menos de um enlace ideológico insurgente e mais de uma indisposição em aderir ao contrato social, quando este estado de anomia surge como um resto, uma alternativa que sobra. O recorte a seguir do discurso de um jovem nos serve como um possível esclarecimento dessa ideia:

> [...] naquela época estava tão cego, tão envolvido que não vi outra solução. Tinha pensamento de ilusão, pelo simples fato de curtir a vida, curtir com amigo, mulheres, sem querer dar satisfação a ninguém, quando vi tava tendo uma vida independente, não prestava satisfação para ninguém, mas precisava dos outros, da família, que cada vez mais me afastava deles, minha vida foi ficando diferente. Já escapei da morte [...] sempre tive ciência que essa vida não me levava a nada. (T., 18 anos, reincidente, AI: homicídio)

> [...] antes não tava nem aí. Tava jogado no mundo, mas não dava valor para minha família [...] só drogas e amigos. Gostava daquilo ali, roubar, usar maconha, achava bom, tava tudo bom para mim, gastava dinheiro, saía ia para salão, não ficava em casa, só ia para comer e beber. Naquela vida que eu tava, tava sendo feliz naquilo ali. (A., 18 anos, reincidente, AI: latrocínio)

As relações com a operação adolescer

Fazemos aqui uma correspondência com as ideias de Rassial (1997, p. 38), em sua abordagem sobre "casos-limite", com esse "estado-limite" que agora descrevemos, que supomos inscrito na operação adolescente e, por isso, talvez, transitório e não estrutural.

É possível situar essa posição de "estado-limite" em três níveis: ético, prático e clínico. O autor parte do pressuposto de que o sujeito, em sua condição subjetiva – mais precisamente nas diferenciações estruturais que se desdobram infinitamente por todas as vertentes de sua relação consigo e com o mundo, com o pequeno ou com o grande Outro, com seus pensamentos e investimentos, com a família e o social, com seu discurso e o ato, com o passado, o presente e o futuro, e assim por adiante –, está em "pane" (*Idem*), em uma alusão direta ao termo da língua inglesa *breakdown*. Do ponto de vista prático, isso aparece como uma paralisia em um "lugar" errado, que o fixa em uma determinada morbidez. O exercício clínico psicanalítico revela-se impossível, porquanto permeado por essa mesma retenção, que impede um movimento associativo. E, desde a perspectiva ética, a pane situa-se na consciência, em que os valores se tornam destituídos de juízos, confluindo para uma sobreposição confusional de antinomias – bom/mau, prazer/desprazer, certo/errado e todos os correlativos (*Ibid.*).

Diferentemente do perverso, que mantém uma dupla disposição da lei, a sua e a comum, o sujeito nesse estado-limite se confronta com a lei do interdito, que mantém a promessa do gozo e a realização do desejo. Aqui jaz, na verdade, um conflito supereuoico. Trata-se de um processo dilatório sobre a validação da operação infantil de inscrição ou forclusão do Nome-do-Pai (*Ibid.*).

O processo adolescer implica realizar três operações fundadoras assentadas sobre a referência infantil, cuja marca, ainda que latente, pulsa. De modo sucinto temos, em primeiro lugar, que o sujeito deve se apropriar dos objetos parciais, voz e olhar materno (função) que substituíam o falo na infância e lhe asseguravam sua existência, para aderir a uma relação genitalizada ao outro do Outro sexo. Em segundo plano, a apropriação também modificada do sintoma, relativo aos desejos dos pais (função), para sintoma sexual, que se manifesta por diversas vias – no corpo, na linguagem, no comportamento etc. E a última diz respeito à asseveração da eficácia do Nome-do-Pai[67] (*Ibid.*).

O fracasso parcial da operação Nome-do-Pai pode ser expandido em três tipos distintos. O primeiro refere-se à primeira inscrição que mantém o Outro materno, arcaico e monstruoso, em reserva. São

---

[67] É o suporte da função simbólica que identifica a lei e a castração.

sujeitos que passaram pela infância, mas, por não terem cedido à posição depressiva[68], mantêm o Nome-do-Pai como redutor parcial e como sustentáculo do Outro. Assim, como seu correspondente clínico, assinala-se o autismo secundário. O segundo, e esse nos interessa, está circunscrito à constelação edipiana no sentido de que ela implica escolhas – entre neurose e perversão, por exemplo. Aqui há um revés a um momento "fóbico-perverso", em que o objeto conserva uma parte eclipsada e, por isso, angustiante, que não o paralisa (como na fobia), mas promove uma injunção compulsiva à sua destruição. O outro é também parte desse objeto. O terceiro situa-se na impossibilidade de inventar novos "Nomes-do-Pai", que impedem o sujeito de existir fora da cena familiar. Esses fracassos estão diretamente relacionados ao declínio dos Nomes-do-Pai (Rassial, 1999).

A operação adolescente destina-se a inscrever ou forcluir o Nome-do-Pai além da metáfora paterna ou, em outros termos, incluir ou excluí-lo da subjetividade. Trata-se de sustentá-lo além da ancoragem familiar imaginária, reinventando outros Nomes-do-Pai que substituam o discurso do pai ou da mãe pelo discurso do mestre que permite a fundação do laço social. Em uma segunda operação, situa-se a validação da primeira, que pode se constituir em uma única oportunidade ou, do modo mais arrastado, quando o jovem adolescente se torna vulnerável a inscrever-se em experiências arriscadas, bordeando as possíveis estruturas clínicas (Ibid.).

Como já dito, o prolongamento desse processo parece subjazer o "estado-limite" que descrevemos. Na adolescência, a metáfora paterna (representação do Pai Simbólico) é destituída de valor, posto que a promessa edípica é desmascarada concomitantemente à constatação que o gozo sexual também é parcial – não há UM –, declinando o Outro de suas atribuições outrora estabelecidas. Essa depreciação dos pais dispõe o jovem a uma situação de perigo, a não ser que ele os substitua, na mes-

---

[68] Conceito kleiniano: a posição depressiva institui-se por volta do quarto mês de idade, quando a criança apreende a mãe como objeto pulsional e o introjeta.

CAPÍTULO 2
A prática clínica forense à luz da Psicanálise

ma lógica, por uma organização (qualquer uma que se aproprie de um discurso totalitário) que faça suas suplências (*Ibid.*).

Entre as exigências supereuoicas e do Isso[69], o adolescente exonera-se da formação de compromisso, como forma de recusa ao sintoma. Daí algumas consequências que oscilam entre a submissão masoquista às regras morais e os atos sádicos, entre a depressão e a mania, ou a tomada de riscos que podem levá-lo ao pior (*Ibid.*).

A partir de outras vinhetas um tanto instigantes e que impressionam por uma alienação quase radical ao contrato dos laços sociais normativos que os impele para uma visada de riscos – em que a Fundação passa a ser o limite que barra, que paralisa o ato – é também alimentada por um imaginário coletivo, do qual se apropriam, revestido pela noção da impunidade ao menor.

> [...] sempre tive ciência que essa vida não levava a nada; que eu vinha preso e superava; que era pouco isso para mim. Era feliz, alegre em alguns momentos, quando não me preocupava com dinheiro, quando curtia com amigo, com namorada. Você pode ficar três anos na Febem e tudo bem [...] tava apegado àquela vida. (T., 18 anos, reincidente, AI: homicídio)

> Não tava nem aí para nada. Só queria dinheiro fácil, roubava para não trabalhar mesmo. Achava que, pela lei do menor, não dava nada pra mim. Achava divertido andar com arma na cintura [...] não tinha aquele pensamento de sair da vida do crime. Não tinha medo de nada, achava que era da hora [...] Desde que fiz 18 anos, eu comecei a colocar na minha cabeça que a vida que eu tava levando não influenciava em nada, não chegava em lugar nenhum, aí comecei a parar e pensar o que eu quero da minha vida. (D., 19 anos, 2ª internação, AI: roubo)

---

[69] "Isso" é o termo freudiano traduzido do alemão para o inglês como *Id*.

Naquela época não queria saber de nada – não tava nem aí, era adolescente [...] porque agora sou de maior, não é mais três aninhos que fica na Febem. O que desse na cabeça eu fazia [...] era do tipo teimoso, o que dá na minha cabeça eu faço, não quero nem saber das consequências [...] achava que não ia dar nada [...] recuperado eu estou desde quando eu fiquei "de maior" [...] "de maior" você responde pelos seus atos, "de menor" não!. (R., 18 anos, primário, AI: tráfico)

Antes eu era "de menor", não pensava em nada, só queria andar bonitão, comprar roupa de marca [...] que aí é o seguinte, a gente sabe que só vai ficar três anos na cadeia, só que quando a gente fica maior, começa a pensar no sofrimento da família [...] a gente é cabeça dura, não pensa em nada, só em nós mesmos e acaba fazendo coisa errada. Não pensa nas consequências; era "de menor", "de maior" eu sei que vai ficar muito tempo preso. (W., 19 anos, 2ª internação, AI: tráfico)

"Não tava ligando para nada. Não vou falar que é por causa dos outros, mas também conheci a droga. Roubava para ter umas coisas de marca, então eu fazia também [...] agora sou "de maior"' e não quero perder o resto da minha vida na cadeia, e isso é o que penso mais. Apoio da família eu sempre tive [...]. (E., 18 anos, 2ª internação, AI: roubo)

A primeira vez [que roubou] gostei. Se um dia for pego – "sem massagem", qualquer pezinho você é cobrado – nunca tinha puxado Febem, pensei: vou ficar, agora minha mãe não vai me buscar lá. (R., 17 anos, 2ª internação, AI: porte de arma)

[...] não queria ouvir as pessoas. Achava que era menor e que não dava nada. Me espelhava no pessoal envolvido [na vida do crime]. (A., 19 anos, reincidente, AI: roubo)

CAPÍTULO 2
A prática clínica forense à luz da Psicanálise

Essas ilustrações dão apoio à ideia, equivocada, de que para "os menores" a punição é branda, porque podem no máximo ficar na "cadeia de chocolate" por três anos, como dizem, ou inexiste. Mas é fato que circula no imaginário social dos jovens, e mesmo no de outras camadas populares, a noção de que o "menor de idade" não é punido. Essa acepção encontra suas raízes na cultura, que mantém o retribucionismo como garantidor da correção, entre outras. E, do lado dos jovens, o caráter aflitivo da sanção das medidas socioeducativas não encontra ressonância. Não vamos nos ater à essa questão polêmica, já que ela não deve ser tratada em uma unidade dimensional, pelo sim ou pelo não à redução. Nos cabe aqui analisar os efeitos e as implicações dessa ideia construída no âmbito imaginário, nos jovens adolescentes já incluídos no circuito jurídico.

A indissociabilidade subjetiva entre lei e culpa

> A lei, dependendo da ocasião, ela te dá oportunidade e dá até a chance de mudar. O crime [por sua vez] se pisar errado, tá com o pé na cova. (W, 1ª internação, 17 anos, AI: roubo)

Diante das posições que os jovens assumem, podemos vislumbrar que algo se situe em torno da lei, seja na via de um certo desafio implicado a partir de uma versão lúdica, mas perigosa, seja na via da confrontação descomprometida, que produz efeitos de riscos. Há, entre ambas, uma aposição. É preciso marcar aqui um diferencial com a clínica da perversão, no que se refere à posição diante da lei.

Conforme já discutido, o perverso mantém para si uma lei que lhe é própria, denegando a lei do Outro. Nos casos a que nos referimos, entendemos que a questão conexa com a lei está menos do lado do desafio, e mais no sentido de um descompromisso, de um "pouco importa". Esse alheamento, na verdade, volta-se mais contra eles, os jovens, uma vez que os remete ao risco, não por vocação, mas por consequência. Essa posição *blasé*, esse "dar de ombros" à lei, inclui uma autoridade reconhecida, mas desacreditada, ou não punitiva. Seja ela representada pelo Estatuto propriamente dito, seja pela força repressiva da polícia, seja pelo juiz ou até pela Fundação e tudo aquilo que a cerca do ponto de vista de suas involuções e seus equívocos.

Se atentarmos para outros índices alarmantes de fenômenos sociais que também incluem riscos reais de vida como overdoses, soropositividade por HIV, suicídios, exploração sexual e assim por diante, um binômio tão arraigado e de fácil digestão como delinquência e pobreza, perde seu estatuto totalitário enquanto fundamento automaticamente dedutivo. Delinquir também encontra respaldo nos discursos da impunidade, "que fazem curva à castração" (Rassial, 1999, p. 254), implicando uma possibilidade dos jovens se situarem fora da lei, ao renegar o princípio fundador do ser, sem que aí a culpa sobrevenha. Nossa cultura, a do jeitinho, dos desmandos dos colarinhos brancos, sem as respectivas responsabilizações, da desigualdade social, das inúmeras injustiças legalizadas, e de modo mais próximo às realidades deles, a incompetência do Estado em administrar a instituição responsável pela ressocialização, cuja gerência é, por vezes, absolutamente arbitrária e violenta em suas ações[70], legitima também, de alguma forma, essa posição transgressora (Conte, 1999).

Daí é possível interrogar, em termos de atualidade, referida à nossa cultura, qual seria a báscula da castração. A intransigência, a insuportabilidade diante da ausência dos *brilhos* objetos pode levar os jovens a um gozo que os acerca de um limite perigoso. Tudo isso para lançá-los a uma inscrição fálica, como já apontamos, a partir de um olhar quase cego de sentido de simbolização do Outro (aqui nos referimos às funções parentais). Trata-se menos de uma posição contestadora, de um apelo por uma intervenção, e mais do encontro com o vazio, ou, melhor dizendo, com uma incerteza do olhar do Outro para a construção de sua própria imagem. Os pais desses adolescentes, em nosso entendimento, não se situam como referência, a ponto de não os interpelarem em suas

---

[70] Uma de nossas funções no Judiciário é inspecionar as unidades de internação. Os relatórios denunciam graves questões e estão acostados aos processos verificatórios das unidades.

subjetividades, e, por isso, as saídas para a pergunta "o que o Outro quer de mim?" podem tornar-se erráticas.

A posição descompromissada, que não atende aos imperativos limitadores dos ditames sociais, que não cede à repressão social[71] e tampouco ao apelo do outro, que não cessa de prosseguir, impele a uma questão um tanto problemática. Se partirmos da premissa de que há aí um reconhecimento da lei, a culpa por si só não bastaria para garantir um retrocesso, uma inflexão? Sabemos de antemão que, para aqueles que são multirreincidentes (mais de 80% de nossa tabela), a resposta é negativa.

Assim temos, com base nos recortes dos enunciados das falas dos jovens, no que é produzido sobre as questões das reincidências e dos efeitos que as transgressões produzem, um apoio que remete à ordem da (des)culpa, que não limita, não impede e tampouco paralisa.

Sobre as reincidências e a experiência anterior de privação de liberdade:

> a primeira internação serviu assim, não é dessa forma que aprendi lá [...] serviu para coisas ruins: não vou querer praticar isso aí [pegar o outro]. Sei lá [...] eu tava sem dinheiro e resolvi ir [roubar]. Pensava que não ia ser preso, que só íamos pegar o carro e ir embora, mano! (R., 19 anos, 2ª internação, AI: latrocínio)

> No momento em que eu era pego e saía da delegacia, eu não roubava porque a polícia "'tava na nossa bota", mas aí depois de uns dias começava tudo de novo, a roubar, e outras coisas. (A., 18 anos, reincidente, AI: latrocínio)

> [...] eu queria continuar naquela vida, continuar roubando e ganhando dinheiro fácil. Não tinha o pensamento de mudar [...]

---

[71] Aqui nos referimos à policial, jurídica ou a outras representantes da ordem.

Não vou ser preso não! Se a polícia chegar, eu vou trocar [tiros] com eles [...] (J., 17 anos, reincidente, AI: roubo)

[...] muita regra me sufoca [estava cumprindo semiliberdade e fugiu]. 'Tava trabalhando, mas não estava sendo valorizado. [...] fui para a favela e fiquei com meu amigo que já tinha feito roubo. Aí não achei nada melhor para fazer, fui roubar de novo. (W., 17 anos, reincidente, AI: roubo)

[...] depois que eu saí [desinternado], deixei me levar muito, hoje em dia penso totalmente diferente. (W., 19 anos, 2ª internação, AI: tráfico)

[Após ter-lhe sido determinado o cumprimento de LA] [...] no começo dá até um susto, mas depois desandei. Continuava com as mesmas pessoas, usava droga, eu me iludia com as coisas, eu tinha muita vontade de comprar uma moto. (R., 17 anos, reincidente, AI: porte de arma)

Não ligava para esse negócio das leis. Vi muita gente roubando e tendo de tudo, foi por aí que me espelhei também. (R., 18 anos, 2ª internação, AI: tráfico)

A lei para a Psicanálise é o sustentáculo da subjetividade humana e, paralelamente a esse princípio, outra categoria aí se enlaça: a culpa. "O sujeito é capturado pela lei sob as redes da culpabilidade" (Ambertín, 2006, p. 37). Não é possível pensar o sujeito fora do âmago da culpa, tampouco a constituição subjetiva sem ter a lei como referência. Tal como afirmou Lacan, "[...] com a Lei e o Crime começava o homem" (2003b, p. 132), em uma alusão direta aos crimes capitais a que Freud recorreu, do incesto e do parricídio, por meio dos mitos do Édipo e do pai da horda primitiva[72] respectivamente, e reordenou a estrutura subjetiva do homem. A lógica do proibido é regida pela lei, que, por sua vez, permite as formações societárias e os laços sociais, não sem deixar como resto a dúvida e tentação. A culpa ou o gozo, em uma acepção sinistra, sobrevém justamente da tentação à transposição da lei, que marca a humanidade, e a qual Freud chamou de "culpa inconsciente". E a dúvida, que é de ordem simbólica, paga-se com respeito à lei, que não esgota seu infinito movimento de manter uma determinada provocação de transigência rumo à ultrapassagem do interdito (Ambertín, 2006).

A culpa inconsciente *é uma falta ignorada pelo sujeito* que o impele a enfrentá-la, já que seus desdobramentos o desestabilizam, seja por vergonha, autocensura, atos impulsivos incompreendidos, crimes imotivados, paralisações etc. Daí que a demanda pode surgir em um movimento de tentativa de significar essa falta e se responsabilizar por ela, como assentimento subjetivo. Por isso, responsabilidade e culpa, para a Psicanálise, agregam-se e articulam-se (*Ibid.*).

Aqui, desde a culpa e a lei, há um enlace entre os discursos psicanalítico e jurídico, ainda que suas bases teóricas estejam fundamentadas sobre outras bases. Mas é possível encontrar um caminho de confluência, que muitos autores já desbravaram[73]. "Referência absoluta" é o que Legendre (1999) intitulou como o lugar possível de intersecção entre os dois campos, Direito e Psicanálise. A normatividade posta em sistemas de leis permite ao Direito se constituir como discurso garantidor e legítimo que a sociedade reproduz (teatralmente). A estrutura edípica, por sua vez, também se inscreve nessa "Referência absoluta". Os pais, suas funções, mantêm duplamente, do ponto de vista subjetivo e jurídico, a função de permitir a entrada do sujeito na linguagem, seja por meio do

---

[72] Definição em rodapé anterior.
[73] Pierre Legendre foi um interlocutor de Jacques Lacan no campo do Direito e por isso seu interesse contumaz pela Psicanálise. É considerado referência atual por suas contribuições sobre a intersecção do duplo discurso, Psicanálise e Direito. É psicanalista e professor de Ciências Econômicas, Ciências Sociais e Ciências Jurídicas da Universidade Paris-Sorbonne (França). Diretor do Laboratório Europeu para o Estudo de Filiação (LEGENDRE, 1999).

interdito ("não loucura", p. 22), seja como pertencente a determinada genealogia, respectivamente.

O Direito Penal também é tributário da interdição sexual (em um sentido freudiano) e está previsto no ordenamento jurídico brasileiro (Código Civil, art. 1.521, I ao V). A lei jurídica mantém igualmente sua função na proibição do desejo, tal como postula a teoria psicanalítica a partir da leitura freudiana sobre a formação social, em que extrai dos mitos do pai, da horda, do Édipo e de Totem e Tabu um paradigma metafórico (Rosa, 2006b).

É aqui que a Psicanálise pode contribuir com a antijuricidade quando institui a causalidade psíquica e demonstra que a lei não basta para situar o sujeito na ordem normativa, senão que ele aí está implicado irredutivelmente, e a tentação à transgressão encontra infinitas acepções, naquilo que o precipita em cada um de seus atos (Ambertín, 2006).

A agressão e a enigmática culpa em Freud

Freud (1986g), em um de seus textos de referência sobre a cultura, *O mal-estar na cultura*, já advertia que a primeira intenção da cultura é regular os vínculos sociais que forçam o humano a limitar suas possibilidades de satisfação pulsional em favorecimento da vida comunitária. Por outro lado, a agressividade é constitucional do sujeito humano – "[...] o ser humano não é ser manso, amável [...] é lícito atribuir a sua carga pulsional uma boa cota de agressividade" (p. 108) –, e a cultura, seu anteparo. Freud assim dissocia a agressão da condição social: "[...] a inclinação agressiva é uma disposição pulsional autônoma, originária, do ser humano [...] a cultura encontra nela seu obstáculo mais poderoso" (*Ibid.*, p. 117).

Em termos de dualismo pulsional, de vida e morte, a cultura está a serviço de Eros e a agressão é um representante da pulsão de morte que, por outro lado, é indissociável da pulsão de vida. E a despeito dos inúmeros esforços que a civilização produz para mitigar os efeitos

CAPÍTULO 2
A prática clínica forense à luz da Psicanálise

das pulsões agressivas, a lei pretensamente aí imposta não garante suas prevenções (*Ibid.*).

Freud interroga-se sobre os meios de que a cultura dispõe na tentativa de erradicar ou afugentar a agressividade humana. Os métodos, afirma ele, já são disseminados, exceto o mais relevante, o que se encontra na evolução do indivíduo. A partir da metapsicologia, é possível descrever os mecanismos da agressividade (*Ibid.*).

A agressão é introjetada e reenviada ao próprio Eu, seu ponto de partida. O Supereu enquanto consciência moral, como parte do Eu, absorve a agressão e investe contra o próprio Eu, na mesma proporção que o Eu a tinha exteriorizado contra o outro. A culpa é resultante da tensão entre o Supereu e o Eu, em que o primeiro faz exigências severas às quais o segundo permanece submetido. Pode-se dizer que o Supereu carrega consigo a interdição de ordem cultural que desabilita as moções agressivas do Eu, impingindo-lhe o castigo; o desenvolvimento da culpa daí se desdobra (*Ibid.*).

Freud (1986g) procura examinar a gênese da culpa em uma dupla dimensão sobreposta. A culpa circunscreve-se a partir de duas origens: a renúncia da satisfação pulsional como resposta diante da angústia pela agressão da autoridade externa – que carrega a fonte da angústia diante da perda de amor –, e, em seguida, a renúncia pulsional perante a autoridade interna, o Supereu. Essa instância se verte em autoridade, pois tem acesso às moções pulsionais proibidas, o que implica o sentido da punição, que o amor desbancaria, protegendo-se da agressão (a renúncia pulsional visa justamente a não perder o amor da autoridade externa [pais]). Por isso, a segunda autoridade advém da primeira, é sua continuação, tornando conexas a renúncia pulsional e a consciência moral. A implantação do Supereu não mitiga a culpa, por isso, do ponto de vista econômico, há um contínuo esforço ante suas exigências, que conduzem a operações psíquicas. E, por mais que a renúncia pulsional se mantenha com o propósito de reverter a angústia diante da perda de amor, seu intento já não tem eficácia, há aí a tensão da consciência de culpa.

A consciência moral, que na verdade é a transformação da angústia, causa a renúncia pulsional, mas doravante essa relação se inverte. Ela é a consequência da renúncia. A cada abnegação das moções pulsionais, a consciência moral torna-se mais rígida e severa. Na verdade, ela daí ressurge, constituindo um circuito fechado e cíclico, exigindo cada vez mais renúncias. A consciência moral tem sua origem em um sufocamento de impulsos agressivos, e depois ela mesma se reforça por novas resignações dessa natureza.

Faz-se importante sublinhar que Freud não atribui de modo absoluto a formação do Supereu à educação, sendo estas questões relativamente independentes. Assim ele afirma: "[...] a experiência ensina que a severidade do Supereu, desenvolvido pela criança, de modo algum espelha a severidade do tratamento que recebeu." (Ibid., p. 126, tradução minha). Há uma observação, em nota de rodapé, que aqui nos é de grande valia, em que enlaça a formação do Supereu e a educação. A partir de Franz Alexander, em sua contribuição sobre a juventude de Aichhorn[74], compartilhada por Freud, estabelecem-se dois tipos patógenos de educação: o pai extremamente condescendente, que contribui para a constituição de um Supereu hipersevero, posto que o modo enfraquecido com que as frustrações da criança são manejadas não permite o escoamento de sua agressividade, e isso produz um efeito rebote, voltando-se contra si mesmo. E, na criança educada sem amor, sem amparo, não se constitui a tensão entre o Eu e o Supereu, e a agressividade pode ser atuada (Ibid.). Em outro de seus textos, Freud (1986c), na 31ª Conferência, afirma que o Supereu infantil não se erige a partir do modelo de seus pais, mas sobre o Supereu deles. Há aqui outra articulação do Supereu com a identificação[75] (Ambertín, 2003).

---

[74] Ver "Psicanálise e criminologia – em Freud".
[75] A conexão entre Supereu e identificação é um tanto complexa, se situada entre as premissas freudianas. A pulsão em comprometimento com o Édipo são presentes na formação do Supereu. Para além de uma função que se situa entre o interior e exterior, ele mesmo é dotado de uma interioridade/exterioridade, porque atravessa a subjetividade como um "íntimo estrangeiro" (Ambertín, 2003, p. 207).

CAPÍTULO 2
A prática clínica forense à luz da Psicanálise

A consciência moral severa, portanto, depende de duas questões incisivas: a interdição pulsional, que desencadeia a agressividade, e a experiência de amor, que faz com que a agressividade volte contra si, e é transferida ao Supereu (*Ibid.*).

Em suma, Freud esboça algumas conceituações no final desse artigo em que situa a culpa como seu principal eixo, não sem se desculpar pelas digressões e inflexões efetuadas. Assim, estabelece que a função da consciência moral é manter vigilância sobre as ações euoicas (egoicas), exercendo a censura. O sentimento de culpa deriva-se da angústia e adiante se verte em angústia diante do Supereu. É a percepção de vigia do Eu diante da severidade do Supereu e da tensão, coexistentes entre as necessidades euoicas e do Supereu. A culpa é anterior ao Supereu que se manifesta pela angústia frente à autoridade externa, produtora de tensão com o Eu, suas necessidades. A necessidade de manter e não perder o amor do outro e ainda a busca pela satisfação pulsional (que se inibe) produzem uma inclinação à agressão. O arrependimento é uma acepção generalista que situa o sentimento de culpa em uma determinada reação do Eu, que pode incluir uma necessidade de castigo (*Ibid.*).

O sentimento de culpa consciente por arrependimento é consequência direta de uma ação transgressora, sinalizada pela consciência moral. Não se pode falar aqui em determinada posição subjetiva, posto que sua contingência franqueia determinada responsabilidade e não implica que o perdão, após a confissão, adquira um estatuto retificatório (Ambertín, 2003).

A questão da culpa mantém-se ainda obtusa e insondável, dada suas possíveis variações, catalogadas por Ambertín (2003) em uma versão atravessada pelo parricídio. *Culpa muda* (necessidade de castigo), *culpa inconsciente* e *sentimento consciente de culpa*. A primeira, resumidamente, refere-se ao mutismo de sua gênese na ambiguidade do pai primevo: odiado, temido e assassinado. Mesmo depois de morto, há um resto que se mantém na forma de uma possível vingança. A *culpa de sangue* (necessidade de castigo) desvela o pior pai. E a *culpa inconsciente* é a culpa que estabelece o laço entre os irmãos, um pacto. E sobre a última,

211

complementando a ideia já exposta, Freud adverte que ela não deve ser o guia da clínica, porque mantém intactos os pecados capitais, incesto e parricídio, e é libertadora da responsabilidade (*Ibid.*).

Abrimos aqui um parêntese a uma passagem da teoria à prática. A partir dessa análise, situa-se algo que se faz importante destacar. A confissão pura e simples de uma infração possui um alto valor no domínio jurídico, tanto que, não raro, os casos em que o autor do delito não se reconhece na cena da infração, mesmo após ter sido já julgado implicado, é encaminhado à Psicologia, porque se supõe a existência de questões psicológicas a serem investigadas. Desde Freud, é possível compreender que isso não basta, do ponto de vista subjetivo, para a devida implicação do sujeito ao ato praticado. A clínica da culpa, e aí o enlace utilitário para o Judiciário, responde a um movimento em direção à "'culpabilização-desculpabilização' na rota do sintoma e do fantasma" (*Ibid.*, p. 155). Explica-se: faz-se necessário uma operação subjetiva de desconstrução e construção do fantasma para que o núcleo da culpa advenha entre pulsão e desejo. O gozo que remete o sujeito a um mais além do princípio do prazer só é possível de ser interrompido, quando a responsabilidade lhe "caia sobre a cabeça".

Essa questão é também crucial para o entendimento das inúmeras reincidências e para os últimos recortes dos enunciados dos jovens que mencionamos. Com efeito, em que pesem as confissões dos atos cometidos, não se vislumbra algum movimento de tentativa de recuperação de outra posição, que não essa apontada, salvo a maioridade penal que parece ser um dispositivo imaginário que sustenta uma possível inflexão, mas não temos notícia se ela realmente o é[76].

Por outro lado, não raro encontramos nas teses metapsicológicas sobre os crimes, delitos e afins a implicação direta da instância supereuoica, em sua inoperância, o laxismo necessário para a prática do ato. Até onde essa concepção pode ser levada a cabo?

---

[76] Falta-nos fazer um acompanhamento longitudinal dos casos dos jovens que delinquem na adolescência e de seus desdobramentos após a maioridade.

CAPÍTULO 2
A prática clínica forense à luz da Psicanálise

O Supereu[77]: *entre a herança do Isso e do Édipo ao gozo*
Não há uma teoria conclusa do conceito de Supereu nos escritos freudianos. Entre seus descaminhos, algumas versões se fundam sempre a partir de um atravessamento ao pai. A ligação com o pai ameaçador e diabólico[78], que impele a partir do cerne pulsional, "que se faz ouvir gozando" (*Ibid.*, p. 108), é o que constitui o Supereu como herdeiro do Isso. Nessa vertente, ele é tirânico, dominador e opositor ao Eu. Tampouco o Supereu é contaminado pelas questões da realidade, mas está em total conexão com as pulsões, nos interstícios entre a representação-palavra e seu resto que se ouve (o fonema desarticulado), e sobre o qual ele se alimenta. "Enigmática origem a da instância, sua fonte está no Isso e se assenta no auditivo [...] fonte no Isso (cuja gênese está na linguagem), montagem própria da pulsão" (*Ibid.*, p. 110). Mas o Supereu é também herdeiro do Édipo, do pai que legisla. A lei instaurada pelo Édipo determina limites, mas também impele à busca pelo objeto que, em outro momento, suportava o desamparo e torna seu desaparecimento algo intolerável quando se introduz a falta. O Eu, a partir do Édipo, mantém-se duplamente com relação ao mundo externo e ao Isso, tendo o Supereu como "advogado" do Isso. Como tal, é uma instância que censura e proíbe. O que representava a autoridade externa, os pais, a criança, agora se submete ao imperativo do seu Supereu. Se o Édipo permite a articulação entre desejo e lei, o Supereu tem sua origem no resto que daí se desenlaça. Essa é uma das versões freudianas "atrás das paradoxais vozes do Supereu" (Ambertín, 2003, p. 207).

---

[77] Marta Gerez-Ambertín, psicanalista argentina, contribuiu sobremaneira com a edição de dois trabalhos inteiramente dedicados à instância do Supereu: *As vozes do Supereu* (2003) e *Imperativos do Supereu*: testemunhos clínicos (2006). No primeiro, partiu de Freud em uma varredura um tanto rigorosa que, para além de discorrer sobre a construção do conceito, capturou os obstáculos e inflexões presentes, e ainda brindou os leitores com um mapeamento dos textos implicados ao tema. Em seguida, faz um correlato em termos metodológicos com os textos de Lacan, não menos intenso e preciso, em que enumerou 161 premissas sobre o Supereu. E para além de um rastreamento conceitual, a clínica foi o grande eixo condutor.

[78] Trata-se de uma referência à ambiguidade do pai edípico: "guardião e cúmplice do gozo" (Ambertín, 2003, p. 220).

Curiosamente, Lacan introduz-se na teoria freudiana através do conceito de Supereu, pelos crimes imotivados, a partir da *paranoia de autopunição* que o caso Aimée[79] desvelou. Tratado primeiramente como "mecanismo autopunitivo", o Supereu constrói-se em sua vertente imaginária na direção de uma instância que mantém um estatuto ameaçador e aniquilador desde as bordas do espelho (*Ibid.*). O registro simbólico passa a ganhar relevo na teorização lacaniana, sem renúncia do imaginário, e até 1958 o Supereu é ordenado dentro dos princípios da lei da linguagem. Nesse passo, as ligações entre Supereu, significante e linguagem tornam-se indivisíveis. Para além de Freud e a partir do estabelecimento do real enquanto terceiro registro, o Supereu adquire o estatuto enquanto uma das formas do objeto *a*, mais precisamente como objeto *voz*, que se soma a outra formulação em um correlato da castração que conduz ao gozo (*Ibid.*).

"Freud e Lacan formulam o Supereu como resíduo aniquilador do desdobramento do sujeito contra si mesmo" (*Ibid.*, p. 225). As exigências da consciência moral, comandada por seus imperativos, não são recobertas pelo sujeito, e o que resta pulsa em um movimento opressivo que demanda mais e mais. A consciência moral não equivale ao Supereu, isso em Freud e posteriormente endossado por Lacan. Em Freud, ela tem poder de censura na lógica do inconsciente. Para Lacan, o Supereu, sob o prisma da ética da Psicanálise que não se enfileira à Filosofia e do Direito, serve como sustentáculo à consciência moral. O Supereu lacaniano situa-se prioritariamente enquanto correlato da castração, coordenado ao gozo e não ao desejo, reivindicando incessantemente à não castração: "força demoníaca que empurra a dizer algo [...] É a própria presença do objeto *a* na frase que impele" (Lacan *apud* Ambertín, 2003, p. 224).

Lacan descarta qualquer possibilidade de atribuir ao Supereu uma dimensão grupal ou de massa[80]: "O Supereu, diremos, deve ser tomado como uma manifestação individual [...]" (2003b, p. 137).

---

[79] Ver "Psicanálise e criminologia – em Lacan".

[80] Aqui se articula ao ponto da Formação Grupal, sobre a qual já discorremos.

CAPÍTULO 2
A prática clínica forense à luz da Psicanálise

Isso posto, e para além da obscura frase de Lacan, "[...] o único que não tratei foi do Supereu" (Lacan *apud* Ambertín, 2003, p. 218), o estabelecimento conceitual de Supereu que dista de sua apreensão em uma dimensão de censura crítica, de autoridade interditora, mas que impele ao imperativo do gozo, parece trazer luz aos enigmas que as falas de nossos jovens incitam. Os atos nos quais não cessam de se inscrever, em que os faltosos parecem carregar consigo um ínfimo nível de angústia e os situam em determinada posição de risco, parecem encontrar nessa acepção de Supereu outra possível e complementar vertente de interpretação, situada ao lado do gozo. Como diz Lacan: "Nada força ninguém a gozar, senão o superego. O superego é o imperativo do gozo: Goza!" (Lacan, 1985, p. 11).

A DESPROPORCIONALIDADE ENTRE OS SEXOS: UMA POSSÍVEL CONTRIBUIÇÃO

Há um fato de caráter universal que se mantém radicado nas fronteiras discursivas, naturalizando aí uma questão que merece ser debatida para além das respostas chauvinistas que atribuem aos gêneros humanos qualidades distintas, a saber: a disparidade relevante entre os sexos na adesão às práticas ilícitas. Esse fenômeno não é restrito aos maiores de idade que sobrelotam as prisões nacionais e também as da maioria de outras nações. A população a qual atendemos não difere dessa marca mundial. Trata-se de uma média estatística que resulta em 96 homens para quatro mulheres em cem. A conspicuidade da prevalência significativa do sexo masculino intervém e difunde-se no imaginário social que, via de regra, quando trata o tema no coletivo, é referido ao masculino. Será isso uma referência cediça ao falocentrismo, próprio das sociedades patriarcais?

A Psicanálise oferece uma teoria sobre os sexos, não infiltrada pela biologia, mas de posições assumidas, sejam elas masculina ou feminina, que nos pode ser útil no tracejo de algumas primeiras linhas como uma possível via interpretativa dessa questão.

Uma análise biologizante não parece recobrir a questão da prevalência masculina, seja pela via sociocultural ou outra que se queira. Caso assim o fosse, invalidaria de chofre as ideias mais difundidas a respeito da causação da delinquência ou da criminalidade: a segregação social, a repressão, a desassistência, a miséria, a pobreza, a injustiça social, e assim infinitamente. Os jovens e adultos que cometem o ilícito são filhos, irmãos, primos, vizinhos, sobrinhos, netos, e assim sucessivamente, de inúmeras jovens, mulheres ou senhoras, que desafortunadamente dividem a mesma condição e situação. Mas qual foi o caminho outro encontrado por elas que as apartam do vínculo com a criminalidade?

Com efeito, a Psicanálise não reconhece a igualdade ou a equivalência entre os sexos, tampouco a possibilidade de existir aí uma relação, termo esse que deve ser tomado a partir de um abstracionismo radical, que fez célebre e enfático o impactante aforismo lacaniano: "não há relação sexual" (Lacan, 1985, p. 49), em referência à impossibilidade ante o todo, a unificação, a completude entre os sexos, da qual o desejo é tributário.

Freud apresenta, ao longo de sua obra, dois modos de teorizar a relação entre os sexos, não sem produzir certa descontinuidade. A bissexualidade como algo da constitucionalidade faz referência à libido e à escolha de objeto, que se enlaça ao dualismo pulsional, ativo e passivo. E a tese universal do falo, que é conexa ao castrado-não castrado (Dunker, 2001).

Em Lacan, a sexualidade estabelece-se a partir da linguagem, cuja anatomia terá de render-se. A palavra que sanciona, que faz atribuição ao pedaço de carne, divide o ser em um dos dois possíveis lados (não complementáveis) da espécie, masculino ou feminino. Por isso, a palavra castra a partir da ablação que causa uma fenda irredutível, e ao mesmo tempo, introduz o Outro da linguagem. Mas é por meio do declínio do Outro primordial (mãe) enquanto fálico que é possível uma identificação normativa para ambos os sexos, na referência ao pai, que tem o órgão, no caso dos meninos, e o deslocamento da demanda da mãe para o pai, no caso das meninas. A função da falta é aí introduzida

CAPÍTULO 2
A prática clínica forense à luz da Psicanálise

e desvirtua a criança para a renúncia do autoerotismo, cindindo o gozo narcísico em um movimento de empuxo ao campo do Outro, do Outro sexo, quando se constitui o falo como significante da falta. Ante à assimetria dos sexos, à incompletude, o Outro passa a ser o falo, enquanto $-\varphi$, valor de gozo que o sujeito não pode satisfazer em si. O ato sexual não deixa de ser um encontro de dois seres com relação à falta, mas que operam de modos distintos (Braunstein, 1990).

Do lado da posição masculina, a direção em relação às mulheres se apresenta como demanda, como satisfação de seu desejo. Para isso, ela tem de estar na posição de objeto que recubra seu fantasma, como fálico e como objeto do gozo. Do lado da mulher, para fazer frente a essa demanda, só lhe resta se oferecer como objeto de desejo, encarnando aquilo que falta ao homem, tendo de ser pelo que não se tem, encarnada na função de mascarada. Seu desejo passa a ser fazer-se desejar pelo homem.

A mulher, com base na castração, encontra sua problemática no nível do *ser*, e não do *ter*, como para o homem (Prates, 2001).

A desproporção entre os sexos indica, de um lado, a impossibilidade de encontro com o Outro, e, de outro, que a mulher é não toda, que exige ser contada *uma a uma*. As fórmulas da sexuação respondem, desde a premissa fálica, aos modos de inscrição de gozo: fálico[81] e gozo do Outro[82] (Dunker, 2001). As fórmulas de sexuação referem-se ao modo como o ser falante se posiciona com relação à função fálica, que é determinada sobre as bases da castração. A partir dessa operação psíquica, o sujeito acomoda-se a um modo de subjetivação à sua falta a ser, constituída pela castração. Assim delimita-se a constituição do objeto como suplente ao gozo que falta, que ocupa o lugar em falta da imagem idealizada do

---

[81] Gozo fálico é um conceito desenvolvido no Seminário XX – Mais, ainda – de 1972-1973, que designa o limite, a finitude, por onde se recobre o espaço aberto próprio da impossibilidade do gozo absoluto, da ausência de significante da relação sexual; por isso, é aquele que substitui, que vem no lugar (Kaufmann, 1996 – verbete "gozo").

[82] "Gozo do Outro sexo, do sexo que é Outro em relação ao Falo, é dizer, do feminino [...] que não era perdido pela castração senão que emergia mais além dela, efeito da passagem pela linguagem, mas fora do inefável e inexplicável, que é o gozo feminino" (Braunstein, 1990).

sujeito. O gozo masculino é referido ao gozo fálico, e o feminino é em parte gozo fálico e em parte o gozo enigmático, o gozo do ser ou gozo do Outro[83] (Braunstein, 1990).

A posição masculina

> [...] o homem não é mais que um significante, porque, onde ele entra em jogo como significante, ele só entra *quod castrationem*, quer dizer, enquanto tendo relação com o gozo fálico. (Lacan, 1985, p. 49-50)

Os homens, na acepção psicanalítica, são determinados pela função fálica. A castração é o limite sobre o qual os homens estão assujeitados à própria ordem simbólica. Estão limitados ao primeiro significante S_1 (indicador da falta), que permite que a falta seja nomeada por meio do chamamento dos outros significantes da cadeia, abreviados pela notação S_2. O desejo do homem não infringe os limites do pai (absoluto, da horda primitiva). Por isso, o prazer do homem está limitado ao que permite o significante em si mesmo, o que se denomina gozo fálico ou gozo simbólico. O pensamento é carregado de gozo, "o pensamento é gozo" (Lacan, 1985, p. 96), confirmando aí uma concepção freudiana que expressa a dúvida que corrói os obsessivos, a chamada "masturbação mental". Por vezes, Lacan denomina o gozo fálico como "prazer de órgão ou gozo do órgão" (*Ibid.*, p. 15), porque ele abarca somente o órgão designado pelo significante. Com isso, as fantasias do masculino estão circunscritas ao aspecto do real, ratificadas pela ordem simbólica, enquanto objeto *a*. O prazer do homem é radicalmente determinado pelo significante. A relação entre o homem e o objeto está, assim, muito aproximada, mas com um espaço necessário sem o qual se constitui a psicose. O objeto situa-se na lateralidade de outra pessoa, por isso ele jamais poderá ser

---

[83] Segundo Braunstein (1990), Lacan usou indiscriminadamente os dois termos para cunhar o gozo feminino. O autor sugere que a referência ao gozo feminino se estabeleça como gozo do Outro (sexo), já que todos os gozos são gozos do Outro (fálico, do ser, feminino).

apreendido em sua totalidade, daí "não há relação sexual" (Braunstein, 1990; Fink, 1998).

A posição feminina

O que quer uma mulher? Freud adianta que só há libido masculina [...] um campo [...] se acha assim ignorado [...] é de todos os seres que assumem o estatuto da mulher [...] a mulher não é toda, há sempre alguma coisa nela que escapa do discurso. (Lacan, 1985, p. 108-46)

A mulher, na acepção psicanalítica, não está totalmente referida à ordem simbólica. A função fálica, embora presente, não recobre totalmente sua posição à ordem simbólica. Para Lacan, a mulher é não toda referida ao gozo fálico, o que tem por consequência que o falo não todo diz acerca do gozo. Para além de um gozo fálico (*en corps, encore*[84]), está o gozo inefável, enigmático, alheio à função fálica, como algo corporal. O gozo que não pode ser dito, mas escrito (por isso as fórmulas da sexuação), é o gozo do Outro, corporal também, mas que escapa ao saber, cujas imprecisões levaram Freud a concluir que jamais desvendou o *dark continent*, ou a definir o campo da mulher (Braunstein, 1990).

É preciso discriminar o Outro no Gozo do Outro, posto que sejam três as possibilidades de situá-lo: como Outro radical de impossível simbolização (psicose); do grande Outro, como Outro da linguagem da lei (fálico); Outro sexo (sempre feminino). O primeiro e o terceiro inscrevem-se na intersecção do real e do imaginário sem a mediação do simbólico, como JA (*joissance de l'Autre*) (*Ibid.*).

Trata-se de um gozo inapreensível e de impossível universalização, cuja solução aparece na tese lacaniana de que A mulher não existe, que as mulheres devem ser contadas *uma a uma*. O gozo feminino não

---
[84] *Encore* é o título original do Seminário XX, traduzido por "Mais, ainda", cuja palavra em francês é homofônica a *en corps*.

é complementar ao gozo masculino, mas se apresenta como algo a mais, suplementário, não localizável, e ilimitado (*Ibid.*).

O Falo não tem paridade, se o tivesse, o significante de A mulher lhe seria complementar. O enigma da feminilidade é atravessado pelo corte, pela castração, que não é todo – ela não tropeça no apêndice; posição em que o órgão sexual se situa na imagem corporal –, e que remete ao significante que falta no Outro. A posição feminina é fadada a permanecer na busca infinita pelo significante, que não está nem além, nem aquém da palavra, que a situa mais além do imperialismo fálico e das significações.

> [...] segredos desses místicos e dessas místicas que não, não são loucos/as, e dessas sutilezas da alma feminina que desorganizam no dizer dos enamorados as arrogâncias falóforas. Trata-se de um mais além cujo lema é *"encore"* e que é o direito desse revés que é a loucura ou o revés desse direito a loucura em que todos os direitos são quebrantados. (Braunstein, 1990, p. 122)

Considerações

Pois bem, as posições masculina e feminina recobrem de certa forma a questão da prevalência do homem nas ações transgressoras? Sim, e de modo articulado à nossa proposta de inscrição fálica a partir do ter para ser. Se o gozo masculino remete à ocupação do pai da horda, que limita, mas ao mesmo tempo mantém acesa sua chama no inconsciente, situando-o diante de duas fórmulas, castrado e outra instância (*Instanz*) que recusa a castração (Fink, 1998), a transgressão pode encontrar, nesse paradoxo, uma de suas essências. Aquele que se situa no gozo fálico está propenso a buscar sua satisfação no gosto pela competência, regido pela tendência à unidade, em que o objeto *a* é a ficção convincente que o lança em direção à sua apreensão. A posição masculina é toda referida ao falo, e isso passa a ser determinante: não há outro destino a ser traçado.

CAPÍTULO 2
A prática clínica forense à luz da Psicanálise

É indispensável dizer que essa posição não impulsiona ao delito e à infração todos os seres que nela encontram seu modo de gozo. Na verdade, essa tendência irredutível que o gozo fálico impõe complementa-se a tantas outras vertentes, como algumas aqui já exploradas. Se anteriormente afirmávamos que a noção *mais-de-gozar* respondia pela posição do infrator, no sentido da necessidade radical pela busca do objeto, que se traduz pela coisificação do ser, que busca sua completude, não no sentido, mas no objeto, pressuposto do discurso capitalista, agora a sobrepomos à posição masculina, articulando duas posições aqui dispostas enquanto complementárias.

De modo sintético, introduzimos o infrator em um campo em que ele se apresenta a partir do desvelamento de sua posição subjetiva. Primeiramente situamos a cultura infracional como ideal a ser atingido, enquanto inscrição na lógica do reconhecimento simbólico, a partir de uma posição fálica garantida pela insígnia do "ser do mundo do crime". Na lateralidade desse cenário, articula-se aquilo que nomeamos de fraturas, constituídas nos processos de subjetivação, cujas consequências o remete a outro lugar, para além dos ideais familiares imaginários, como forma de responder aos vácuos aí constituídos. Essas faltas *a mais* produzem certo modo de alienação a si mesmos que impede o resgate genealógico como forma de recontar e reinventar sua própria história, operação fundamental na adolescência. A formação grupal para a prática de delito responde menos pela questão de uma agremiação estruturante, carregada de ideologia ou fundada por uma organização fixa, e mais pela inconsistência e errância como modos de se posicionar nos laços sociais. A operacionalidade grupal para a prática de delitos sobrepõe-se a uma necessidade de desidentificação pessoal, que traz consigo uma desimplicação mortífera na medida em que se apresenta como uma tentativa de desaparecimento do próprio sujeito. As drogas são parte do "pacote" da cultura infracional, e por isso estão deslocadas de sua significação habitual, de um objeto que produz alienação, para um lugar-comum, partilhado por todos, descaracterizado, assim, de seus atributos tradicionais, largamente difundidos. Trata-se, portanto, da busca por um

221

objeto instituído, menos por seu sentido e função própria e mais por sua significação social.

Inscrever-se na cultura infracional também pode incluir o estado de risco, que diz respeito a uma saída mórbida que implica um rompimento quase por completo com qualquer engajamento social compromissado que demande exigências, que estabeleça limites organizacionais e que tenha em sua base normas reguladoras. Tomadas de risco de vida são coextensivas a essa posição.

Assim, o infrator desocupa um lugar místico, em torno do qual se agregam elementos petrificados pelo imaginário social, atávicos por excelência, que impingem certa iniquidade sob forma de uma perversão ardilosa. A questão do infrator é atravessada por estados de risco e por posições assumidas que não sugerem alguma fixidez. Ao contrário, "ser do mundo do crime", conforme já dito, é a insígnia que recobre, com uma máscara, suas rarefeitas identidades.

CAPÍTULO 3

CONSIDERAÇÕES FINAIS: POSSÍVEL SAÍDA ATRAVÉS DA PSICANÁLISE

Os atos criminais revelam esse vínculo do sujeito com a lei, ao mesmo tempo, que o enfrentam com seu próprio ato. Neste duplo sentido o sujeito se encontrará com a questão da responsabilidade já que esta vai mais além da aceitação consciente e voluntária ou exigida e imposta dos atos de que é autor [...] a ligação do sujeito com a lei e do sujeito com seu ato [...] [é] um dos modos que interligam a relação do Direito com a Psicanálise: a questão da responsabilidade. (Carol, 2004, sexta classe, p. 1-2)

O que nos resta agora? Grande interrogação. Saídas sempre são possíveis, mesmo que suas vias tortuosas dificultem seus acessos. Buscaremos aqui apresentar algumas notas que possam ser complementárias a tantas outras noções intrínsecas ao campo pluridisciplinar, na edificação de novos paradigmas direcionadores de todo circuito envolvido na relação infração e infrator. Sigamos.

Diante de um delito, o sujeito, no mínimo, está triplamente situado com relação à sua falta: primeiro é o *culpável* – que atua, e a ação o faz lançar ao universo criminal; o segundo é o *criminoso* – que atua, e a ação satisfaz o culpável; e a terceira é o *responsável*, que poderia questionar o criminoso. Assim, o ato ilícito poderia encontrar três formas de ser condenável. Respectivamente às essas três posições, tem-se: o *culpável*, porque atravessou os limites da lei que regula as bordas do interdito; o *criminoso*, que implica a entrada no circuito jurídico, que, por sua vez, o objetiva; o *assentimento do responsável* do crime que impõe a subjetivação do ato, responsabilizando-se por ele, em um movimento de prestar significação às faltas (objetiva e subjetiva). Em continuação, três possíveis tribunais deveriam atuar em correlação: 1) o *fórum interno* do culpável, ponto em que o psicanalista pode oferecer sua escuta; 2) o *fórum externo* do qual a Justiça se ocupa e o juiz de Direito a representa; e 3) o *fórum interno-externo*, ponto de intersecção entre a Psicanálise e o Direito. Aqui se enlaçam o *culpável-responsável* que subjetiva o crime e responde, ao mesmo tempo, às normas sociais. Aqui

CAPÍTULO 3
Considerações finais: possível saída através da Psicanálise

operam as funções do psicanalista e do juiz. Deste modo, a infração não está reduzida ao ato em si, mas também a uma implicação subjetiva de seu autor (Ambertín, 2006).

Com essa introdução nos acercamos da questão *princeps* da contribuição a que este trabalho, pretensamente, pode direcionar: o manejo e trato com os jovens envolvidos com a criminalidade sobre uma dupla dimensão, legislativa e jurídica, sempre a partir da Psicanálise.

Partamos da segunda. A Psicanálise, conforme as abundantes indicações presentes no corpo do trabalho, acena com um princípio lacaniano que não vislumbra outra saída para o sujeito senão a implicação e a responsabilização sobre o ato, cujo propósito e fim é o da subjetivação.

O campo jurídico, enquanto representante da Lei, carrega consigo funções orgânicas. É intrínseca à sua função "clínica"[1] a formação da tríade "crime → culpa → responsabilidade", que implica a subjetivação da sanção penal com relação ao ato. Em situações em que essa seriação não se completa, consequências adversas e nefastas surgirão. Se o crime estiver desarticulado da culpa ou responsabilidade, uma tendência mórbida fará suplência às faltas não significadas, e isso poderá resultar em movimentos repetitivos infindáveis da ligação com as infrações (*Ibid.*). As reincidências parecem encontrar aí sua raiz.

Parece ser esta a ruptura fundamental que uma parcela dos casos discutidos apresenta. A cultura infracional e tudo que a ela subjaz, assim como o estado de risco associado ao imaginário da impunidade e aos temas debatidos, refletem o corte funesto que mantém os jovens no "mundo do crime". O número elevado de reincidências que, em seu turno, promove um deslocamento contínuo para posições que cada vez mais os lançam ao risco de vida, daí deriva-se. Assim, agenciar as ligações para a seriação, "crime → culpa → responsabilidade → sanção", torna-se função capital das instituições e dos atores envolvidos com a questão do jovem e a amarração ao circuito infracional.

---
[1] Os psicanalistas argentinos estudiosos do tema da intersecção da Psicanálise com o Direito, atribuem ao Direito uma função "clínica". O ato delitivo, quando inscrito em uma articulação entre a falta do sujeito e aquilo que a Lei assinala, implica a subjetivação da sanção penal com relação ao ato. Esse processo pode ou não se estabelecer no ritual dos expedientes jurídicos.

Dessa premissa retomamos algumas noções já discutidas e que são articuladas e fundamentais. A culpabilidade para o Direito incide sobre a capacidade de o ser suportar a imputação jurídico-penal, ou ser portador de determinados atributos psíquicos que o fazem cônscio da proibição, da interdição. Em reverso, o inimputável é aquele que não apresenta condições – determinadas por características pessoais – de prestar sentido à proibição, às normas contratuais dos laços sociais, tornando-as inacessíveis. A simplicidade com que esses princípios se dispõem nessa unidimensionalidade, através de sua planificação espalhada no papel, não lhes subtrai seus complexos aspectos. As capacidades volitivas e intelectivas do ser, substratos determinantes da culpabilidade, não abarcam com exclusividade os fatores psíquicos e socioculturais, que se revelam um processo complexo. A capacidade de aceder à normalização social é referida à condição pessoal que, por sua vez, é determinante para a atribuição de culpabilidade e torna o ser imputável e responsável. Essa equação baliza uma categoria normativa que delibera sobre a capacidade de alguém responder por seus atos. A imputabilidade é uma categoria convencionada, não natural, e seus efeitos operacionais societários fazem ultrapassar os limites técnico-jurídicos (Sarrulle, 2004).

Pois bem, de modo bastante generalizado, os procedimentos jurídicos assentam-se objetivamente sobre a antijuricidade que um ato transgressor alcança, não sem perder de vista o sujeito do ato. Assim, não se despreza o liame do sujeito com a causa, nas categorias discursivas do Direito (imputável, inimputável) as quais ele enfrentará (Ambertín, 2004).

Aqui iniciamos um percurso por um caminho delicado, mas também imprescindível no enfrentamento dos debates atuais concernentes à legislação brasileira naquilo que ela determina sobre o tratamento especial aos jovens.

A inimputabilidade disposta no ECA, referida aos adolescentes, entre doze e dezoito anos incompletos parece trazer efeitos não só indesejados, mas que contrariam os pressupostos ideológicos e legítimos que dele fazem parte. O termo inimputabilidade nele empregado, diferente de sua tradição no campo jurídico, é conexo fundamentalmente à noção

CAPÍTULO 3
Considerações finais: possível saída através da Psicanálise

de adolescência, do ser em desenvolvimento, que goza de uma condição especial. Daí duas questões se desdobram a indeterminação temporal da internação e o apagamento da sanção/pena, cujo termo não pode se inscrever na lei, nos trâmites processuais tampouco deve ser critério de julgamento do juiz de Direito. Nenhuma medida socioeducativa carrega consigo esse caráter sancionador ou penalista, embora haja inúmeros defensores do entendimento de que a medida de internação, além de submeter os jovens à socioeducação, em sua lateralidade os pune. Trata-se, então, de uma punição velada que sequer pode ser mencionada em qualquer documento jurídico-legislativo, tampouco ser enunciada pelos operadores do Direito. Por isso, essa é uma discussão inconclusa, insolúvel, posto que de natureza interpretativo-ideológica. Pode-se dizê-la resultante do (não) emprego de termos, de significantes que necessariamente se disseminam em inúmeros significados que fazem suplência a essa falta. Daí a controvérsia.

Como se pode entender a polarização radical de posições em torno da questão que a interpretação do ECA suscita, e que, talvez, equivocadamente recai sobre a noção complexa de maioridade penal? Isso não é em vão.

Na verdade, a polêmica que o termo "inimputabilidade" na legislação brasileira provoca resulta exatamente de uma ambiguidade adquirida pelo seu emprego. Os adolescentes são, sem sombra de dúvida, responsabilizados pelas infrações na justa medida em que a socioeducação representa o instrumento legal que chancela essa atribuição. Lembrando que existem sete medidas e que a internação é uma delas. Não obstante, a inimputabilidade tradicionalmente importa consigo a noção de incapacidade de o indivíduo se submeter aos interditos legais. Em geral, é aplicada aos portadores de insanidade mental. Pois bem, a adolescência, em si, não encontra aí alguma ressonância. Esse duplo viés, a inimputabilidade referida à adolescência e, concomitantemente, à responsabilização, revolve o terreno das contradições ideárias e faz surgir um imbróglio de difícil solução.

227

A questão que nos é pertinente, que legitima nosso enfrentamento, recai exatamente sobre os efeitos que a presença/ausência de significantes dispostos na lei produz aos jovens, sujeitos, e aos maiores interessados. Para isto é preciso resgatar nossa interpretação daquilo que, entre outros temas discutidos e somados a eles, imanta o infrator à infração: o efeito da "letra" da legislação, de seus significantes propositadamente presentes ou ausentes e as significações daí decorrentes.

> O sujeito é uma criatura cuja carne é a palavra: a letra, o som e o sentido. Não há sujeito senão por oposição binária que se entabula entre ele e o Outro da linguagem que é sua casa e sua causa. É sua morada, ali vive; dele depende. Para bem e para mal. (Braunstein, 2004, p. 38)

Isso posto, remetemo-nos às arguições psicanalíticas, das quais o Direito pode se valer, introduzindo aí um espaço interseccional de discussão. Antes de apresentá-las, vale ressaltar que de forma alguma a Psicanálise concorre para a manutenção ou edificação de dispositivos de controle e disciplina a partir de seu saber sobre o sujeito humano. Ela, ao contrário, adverte sobre os efeitos subjetivos que a "desculpabilização" e "desresponsabilização" podem espicaçar, incitar. O caso "Louis Althusser" parece recobrir essa questão. Faremos um pequeno parêntese para apresentar esse caso, dada sua relevância e contiguidade com o tema, que permite interrogar, a partir da Psicanálise, a relação do sujeito do ato e a responsabilização que lhe cabe.

Em 1992, foi publicado na França o livro *L'avenir dure longtemps*[2], de Louis Althusser[3]. Ele, argelino, de pais franceses, professor de Filosofia, estrangulou e matou sua esposa, em 1980, em Paris. Foi considerado inimputável por uma questão de insanidade mental. Seu testemunho transcrito é revelador de uma dupla e contraditória questão que a

---

[2] Em português, *O futuro dura muito pouco*. Os fatos: autobiografias, Companhia das Letras, 1992.
[3] Nascido em 1918 e falecido em 1990.

aplicação do "benefício" (a inimputabilidade) da lei promoveu: "tal procedimento possui evidentes vantagens: protege o acusado a quem se julga como não responsável por seus atos. Mas esconde também terríveis inconvenientes, que são menos conhecidos". (Althusser *apud* Carol, 2006, p. 80). Esses inconvenientes correspondem ao "não há lugar", ao desaparecimento do autor diante do crime, resultado de um silêncio mortífero sobre o ato e a (não) responsabilidade que lhe coube. Assim,

> É provável que considerem surpreendente que não me resigne ao silêncio depois da ação que cometi e, também, do "não há lugar" que ele sancionou e de que, como se pode dizer, me beneficiei. Sem embargo, se não tivesse tido tal benefício, eu pudesse ter comparecido, e se tivesse comparecido, haveria tido que responder. Este livro é a resposta a que, em outras circunstâncias, eu estaria obrigado. (*Ibid.*, p. 78)

Althusser foi confinado em instituição psiquiátrica, sem prazo estipulado para sua saída. Faleceu dez anos após o crime. Foi por meio da escritura que ele se fez responsável por seu ato, desvelando aí uma necessidade subjetiva de "reaparecimento" perante o "desaparecimento", perante o efeito devorador que a lei jurídica causou: "[...] sou, para uma opinião que conhece meu nome, um desaparecido. Nem morto nem vivo, não sepultado ainda [...]" (*Ibid.*, p. 82).

Esse caso é, como o caso Rivière, emblemático em suas flamejantes evidências sobre a necessidade humana de se implicar sobre o ato, seja ele qual for, e do efeito catastrófico que o rompimento do circuito sujeito-ato produz. A não responsabilização desumaniza, favorece o esvanecimento do sujeito em questão. Em um sentido positivado, a responsabilização desvitima, despatologiza e, por conseguinte, humaniza. Aqui reside o cerne do qual o saber psicanalítico pode colaborar com o Direito, que sublinhamos e defendemos.

Para a Psicanálise, a culpabilidade é o registro da falta na subjetividade, em face da transposição às limitações determinadas pela lei, às quais é preciso responder. Assim, a palavra ultrapassa a ação e faz emergir o sujeito, que sustenta seu ato. Ao contrário, conforme indicações freudianas, quando se transige nas palavras, por consequência, cede-se nos atos. Aí o fenômeno compulsivo do ato se desenvolve, em uma suposta alienação do autor, em que a subjetividade se desgarra em um movimento em direção ao que Pierre Legendre nomeou de o apagamento, a desfiguração da culpa (*apud* Ambertín, 2004).

Em outra medida, a pena que se direciona à culpabilização tende a impactar o sujeito em sua subjetividade e, assim, evidencia-se a ausência de impunidade pela vigência da norma. A culpabilidade importa para que o autor, o sujeito do ato, possa surgir além dele. A pena deixa de ter aí um caráter meramente reprovador e estabilizador da quebra da norma social, mas determinante na assunção da responsabilidade, tornando-se sua precursora. "[...] frutificando em um ato de responsabilidade, responsabilidade esta que fluirá dessa busca do evanescente sujeito do inconsciente, e que situará o autor frente à lei, distante da impunidade e da vingança" (Sarrulle, 2004, p. 80).

Contudo, a seriação "ato → culpa → responsabilização → sanção" não se estabelece automaticamente por meio da aplicação da lei, é preciso estabelecer a dita "função" clínica do Direito. É necessária uma mudança de posição subjetiva daquele que infringiu as normas para que o ato seja significado. Ao contrário, a sanção poderá adquirir contornos prejudiciais, alimentada pela noção de vingança social que os autores de delitos constroem. Nesse passo, a "autodesculpabilização" é a saída mais simples e eficaz, posto que legitimada pela atribuição injusta ou equivocada da sanção. E ela é o motor que impulsiona o movimento e a ligação compulsiva do sujeito com o delito. Assim: "Qual pior destino para uma pena que ficar excluída do sujeito para quem está destinada?" (Ambertín, 2004, p. 35). A responsabilização do ato no sentido da implicação significa também recuperar a subjetividade do sujeito que foi prejudicada pelo ato.

CAPÍTULO 3
Considerações finais: possível saída através da Psicanálise

Vale remarcar que a Psicanálise não se pretende agregar como mais uma especialidade ortopédica que reassegure o sujeito nos trilhos da normatividade. Tampouco, infligir sua aplicabilidade. Como bem assinalou Rosa (2006a, p. 19), isso seria da ordem da "devastação da subjetividade".

A questão com a Lei não é exclusiva do Direito, da Psicanálise, da Antropologia, das Artes, da Economia, da Linguística, e assim infinitamente. Todos os saberes que possuem uma relação com a vida humana também tratam da Lei, e, mais ainda, por consequência, de suas relações. Mas só a Psicanálise e o Direito, dentre as ciências, contornam os embates e conflitos no que a Lei se revela intrínseca e permanentemente ligada ao sujeito, posto que ele, sujeito, é tomado enquanto efeito da Lei e das leis sociais (Braunstein, 2006).

> O sujeito é, pois, o resultado de uma divisão consigo mesmo: sujeito do inconsciente e objeto da lei que o sujeita. E esta dupla natureza suportada à sua vez por um corpo sexuado [...] no conflito da lei com o desejo [...] o sujeito não resulta incluído sem conflito com o Outro. (Ibid., p. 21)

O Outro, sob a forma de Lei, de política, de regras, do Estado, exige sua submissão e prevê sanções aos que não se sujeitam. E, à vez que o sujeito, de fato ou como potencial, transpõe os limites impostos, ele atravessa o muro de uma pretensa hegemonia, posta à prova, fixada pelo Outro, introduzindo aí a falta. "O sujeito e o Outro não se completam idilicamente em uma pacífica unidade. Reciprocamente se descompletam" (Ibid., 21). Por isso a expressão, "adolescente em conflito com a Lei" revela-se, em parte, inadequada. A referência à Lei é ineludível ao humano, e isso implica fundamentalmente um campo de tensões constantes.

O sujeito para a Psicanálise, ao contrário do indivíduo para o Direito, não é livre de seus atos, tal como o "livre-arbítrio" é sustentado pelas teorias legais. O sujeito é condicionado pela cultura, pela sociedade, pela

231

economia, por seu inconsciente e suas pulsões, o que implica que seus impasses não se resolvem, como também não se constroem, por uma simples autodeliberação. Mas essa mesma causalidade psíquica a que nos referimos é o que faz dele responsável por todo e qualquer ato, dos quais ele não pode se elidir, escapar ou se retirar (Ibid.).

> O inconsciente, ingovernável, sinistro [...] funda o desejo e o exclui de uma formulação clara, escrita, completa, legal, coerente. O inconsciente é o agulheiro central, a passagem estreita, o núcleo da lei. E o desejo, a aspiração ao gozo irrestrito, é um efeito da lei do modo mesmo em que de um agulheiro não sabíamos nada, senão é porque tem bordas. É que a lei [...], como a palavra que é consubstancial a ela é *"farmakon"*, veneno e remédio, remédio e veneno. E só onde conspira o perigo, ali – diz o poeta – ali surge o que salva. (Braunstein, 2006, p. 18)

Em suma, não há como pensar a vida humana senão atravessada pela Lei. É inseparável do ser uma autocondenação íntima que alimenta suas angústias, seus fracassos, a impotência, a inibição, o sintoma, e assim por diante. A repressão, seja ela interna ou externa, é parte da existência. O sujeito sempre está submetido a um juízo: ou de uma instância crítica que o mantém na Lei e de uma instância social que o repreende quando ele "cai fora" (Ibid.).

A inscrição da Lei organiza os laços sociais por meio do proibido, mas também deixa uma dúvida, uma tentação à transgressão. A dúvida simbólica paga-se com respeito à Lei. A tentação resolve-se sob o preço da culpa (inconsciente). Não há como conceber a constituição subjetiva em uma relação extrínseca à lei. Ela é o pivô radical da humanização. E a culpa, o umbigo da subjetividade (Ambertín, 2006).

Voltemos aos nossos casos, nossas questões e impasses.

Inevitável reafirmar que a Psicanálise não mantém ligação com a normatização do sujeito. E, por isso, não se pode emprestar seus

CAPÍTULO 3
Considerações finais: possível saída através da Psicanálise

princípios, método e prática às medidas socioeducativas que se referem a um modelo ideal de ser, embalado por uma série de tarefas a serem cumpridas para seu alcance[4].

A Psicanálise, por seu turno, dispõe de um determinado saber que pode ser utilizado enquanto contribuição para com o Judiciário, na medida em que, por meio dele, torna-se possível sinalizar sobre a capacidade do infrator em se responsabilizar sobre seu ato. Em termos operacionais, o resultado da escuta psicanalítica seria mais bem aproveitado se logo no início dos trâmites judiciais, e não na cessação de medida de internação como atualmente vigora. Esta é uma luta de longa data da equipe técnica: atender mais às Varas e menos ao DEIJ.

Nos parâmetros atuais do exercício da clínica forense nos deparamos com todos os impasses a que nos reportamos no desenvolvimento deste texto. As avaliações, que têm um caráter pericial e ao qual subjaz a espinhosa noção de periculosidade e de previsibilidade de o jovem reincidir em infrações, restringem-se a uma "concepção sanitária da penalogia" (Lacan, 2003b, p. 139). Sem prejuízo, nossa interpretação das posições em que os jovens estão fixados, desenvolvidas ao longo da parte clínica, são reveladoras de que, durante o curso da medida socioeducativa de internação, não se efetivou de modo algum a ligação sujeito-ato, mesmo após anos de segregação e aplicação de medidas socioeducativas. A desimplicação do sujeito com relação à infração incide sobre o não desenvolvimento de culpa e tampouco "à própria significação da punição" (*Ibid.*, p. 128). "A sentença do castigo-pena é o pagamento da dúvida criada pelo crime" (Rigazzio, 2006, p. 157).

---

[4] Os críticos do ECA denunciam a ilegalidade da introdução forçada das tarefas, parte das medidas, às quais os jovens devem se submeter (escolarização, psicoterapia, cursos etc.) no curso da internação para alcançar a liberdade. Ver Prefácio.

E, além de desumano, a não responsabilização desnuda o fracasso da (não) aplicação das medidas socioeducativas e protetivas[5] nos casos de reincidências. É indispensável enfocar a inabilidade da instituição responsável pela implantação dessas medidas. O jornalismo estampa constantemente em seus veículos suas ações inadequadas. Mas seria a aplicação das medidas idealmente previstas a solução? A pedagogia que a elas subjaz corresponderia à solução que atuaria no interstício da amarração do sujeito com o crime? Provavelmente não, posto que a ortopedia moral não assegura nenhum movimento subjetivo. A demanda que vem do Outro, nesse caso a Lei, não causa efeitos retificadores. As intervenções pedagógicas podem e devem ser aproveitadas como ferramentas auxiliares para um engajamento social, mas só o serão se o jovem já tiver se implicado sobre suas faltas e isso tenha promovido decorrências em seu modo de gozo.

Faz-se necessário que, a partir da infração, o sujeito possa se reconstruir, e para isso é necessário enfrentar sua falta em um ato de subjetivação que, por sua vez, resulta na significação subjetiva da sanção. Assim, a seriação, "infração → culpa → responsabilidade → sanção" se completa.

Por outro lado, à medida que a infração permanece desarticulada da sanção, o sujeito permanecerá alienado de seu ato. Essa estrutura, assim rompida, produz efeitos nocivos que se manifestam na manutenção da ligação com o meio infracional (Ambertín, 2006).

Agora tudo se funde na nossa lógica que trata da infração e do infrator. A subsunção do saber *PSI* – nos trâmites processuais da execução –, resultado primordial da indeterminação temporal da medida de internação, agora se articula à posição subjetiva entranhada pelos jovens: estado de anomia associado à inscrição simbólica a partir da posição fálica que a insígnia do "ser do mundo do crime" promete.

---

[5] Não raro, costumo ouvir dos adolescentes que a própria instituição recomenda que se "esqueça" do passado e que direcione sua vida para o futuro. Como se "apagando" o(s) ato(s) ou feitos, os jovens fossem, literalmente, renascer e começar a contar suas vidas a partir dali. É inevitável revelar esse descompromisso com as subjetividades!

CAPÍTULO 3
Considerações finais: possível saída através da Psicanálise

A responsabilização no sentido de *assentimento subjetivo* que permite o enlace com a sanção reverte a posição do infrator, mas com a também necessária alteração dos significantes dispostos na lei. A indeterminação temporal das medidas socioeducativas, no nosso entendimento, promove um efeito rebote às intenções legislativas, conforme discutimos. Se Rosa (2006a, p. 19) atribui à indeterminação temporal um equívoco do ponto de vista legal,

> [...] é intolerável a estipulação de medidas socioeducativas com prazo indeterminado, mediante o cumprimento imaginário das finalidades pedagógicas. Esta, aliás, uma das primeiras modificações a se realizar. É necessário se fixar tempo máximo para o cumprimento da medida socioeducativa, independentemente da participação do adolescente nas ditas atividades pedagógicas porque o Estado não possui legitimidade democrática de as impor.

Nós mencionamos sua natureza desumana, naquilo que ela aliena o sujeito da própria implicação sobre a sanção (aqui equivalente ao tempo de cumprimento de medida), que está toda referida a assunção de uma condição ideal em que os critérios psicológicos, psiquiátricos e sociais se tornam os balizadores, alijando cada vez mais o sujeito de uma responsabilização e alimentando uma violenta sujeição ao Outro. Por outro lado, a indeterminação temporal da medida de internação é extremamente desorganizadora de subjetividades, posto que os critérios para o seu findar são obtusos e não obedecem também à lógica da gravidade do delito (princípio da proporcionalidade: delito x tempo de privação), ou quaisquer outros preestabelecidos. Não que esse critério seja ideal, principalmente se sua aplicação deixa de lado o sujeito do ato. Mas, se observada a primeira ligação de nossa seriação, "infração → culpa", o delito fica, assim, articulado a um movimento subjetivo, cuja continuidade faz ligar a responsabilização à sanção. Há aqui um sincronismo determinante que por efeito consecutivo edifica a sequência da série.

235

Isto posto, a determinação temporal derrubaria, por efeito dominó, alguns impasses e decorrências inconvenientes na amarração infração e infrator em um único procedimento.

E ainda o debate em torno da relação entre inimputabilidade e a impunidade, obviamente, não tem como fim esclarecer aos estudiosos do tema sobre a noção de responsabilidade que este termo também carrega em sua aplicabilidade, mas advertir que, de fato, há no imaginário de quem delinque essa associação. Isso, do ponto de vista subjetivo, produz efeitos prejudiciais. A desresponsabilização é a saída mais fácil e rápida diante do equívoco da interpretação da lei. Por isso, as letras que determinam o destino humano, postas em lei, devem ser revistas, quando o equívoco com que elas se revelam são maiores que seus genuínos sentidos. De fato, não há como recobrir totalmente todos os vieses que a palavra permite, mas minorar os efeitos danosos que a má interpretação produz se torna imperioso.

Emprestando um refrão de Caetano Veloso, reafirmamos que de fato "alguma coisa está fora da ordem", mas também vislumbramos outra saída possível para esses jovens, que os lance para além deles mesmos. A pedagogia, na ordem da discussão, como elemento unitário, não basta para um necessário giro de posição que rompa com o liame infrator – infração. O *assentimento subjetivo* proposto por Lacan talvez seja o outro componente disparador e absolutamente necessário para um engajamento social, "dentro da ordem", estabelecendo aí outros riscos, outras errâncias, outras angústias próprias de quem vive. Assim os acreditamos menos violentados, com direitos mais garantidos e, por suposto, mais "felizes", se não para sempre, mas por enquanto... e nossas angústias e culpas, talvez maiores que as deles, possam se dissipar, pulverizadas em tantas outras produções que hão de vir... e por aí continuamos!

REFERÊNCIAS BIBLIOGRÁFICAS

ADORNO, S. Rumor das ruas, clamor das instituições. In: VICENTIN, M. C. G. *A vida em rebelião*: jovens em conflito com a lei. São Paulo: Hucitec, 2005. p. 11-14.

ALBERTI, S. O discurso do capitalista e o mal-estar na cultura. In: *Les états généraux de la psychanalyse*. Paris: Rapport de da psychanalyse au social et au politique. Acesso em: 3 Mar. 2007. Disponível em: <http://www.etatsgenerauxpsychanalyse.net/mag/archives/paris2000/texte210.html>.

ALLOUCH, J. *Paranoia*. Marguerite ou A "Aimée" de Lacan. Rio de Janeiro: Companhia de Freud Ed, 1997.

AMARAL e SILVA, A. F. O Estatuto da Criança e do Adolescente e Sistema de Responsabilidade Penal Juvenil ou o mito da impunidade penal. In: *Justiça, Adolescente e Ato-Infracional*: socioeducação e responsabilização. São Paulo: Ilanud, 2006. p. 49-59.

AMBERTÍN, M. G. *As vozes do Supereu*. Na clínica psicanalítica e no mal-estar da civilização. São Paulo: Cultura Editores Associados-Educs, 2003.

_____. La sanción penal: entre el "acto" y el "sujeto del acto". In: *Culpa, Responsabilidad y Castigo*: En el discurso jurídico y psicoanalítico. Buenos Aires: Letra Viva, 2004. v. 2. p. 17-36.

_____. Ley, prohibición y culpabilidad. In: *Culpa, Responsabilidad y Castigo*: En el discurso jurídico y psicoanalítico. Buenos Aires: Letra Viva, 2006. v. 1. p. 37-56.

ASSOCIAÇÃO AMERICANA DE PSIQUIATRIA. *Manual de diagnóstico e estatístico de transtornos mentais*. 4. ed. Porto Alegre: Artes Médicas, 1995.

BASZ, S. La identificación y la Constituición del sujeto. In: II Jornadas Anuales del Círculo de Estudios Psicoanalíticos de Neuquén y Rio Negro y la EOL, Neuquén. 1994.

BRAUNSTEIN, N. A. *Goce*. 2. ed. México: Siglo Veintiuno Editores, 1990.

_____. La ficción del sujeto. In: *Culpa, Responsabilidad y Castigo*: En el discurso jurídico y psicoanalítico. Buenos Aires: Letra Viva, 2004. v. 2. p. 37-62.

_____. Los dos campos de la subjetividad: derecho y psicoanálisis. In: *Culpa, Responsabilidad y Castigo*: En el discurso jurídico y psicoanalítico. Buenos Aires: Letra Viva, 2006. v. 1. p. 15-30.

CALLIGARIS, C. *A adolescência*. São Paulo: Publifolha, 2000.

_____. A psicologia forense, a origem do mal e a culpa dos outros. *Folha de S. Paulo*, Ago. 2002.

CAROL, A. O. Responsabilidad e Inimputabilidad. In: El sujeto ante la ley: culpabilidad y sanción. EduPsi: Programa de seminarios por Internet, Psicomundo. Disponível em: <http://www.edupsi.com/culpabilidad>. 2004

_____. La responsabilidad y sus consecuencias. Puntuaciones a propósito del "caso" Althusser. In: *Culpa, Responsabilidad y Castigo*: En el discurso jurídico y psicoanalítico. Buenos Aires: Letra Viva, 2006. v. 1. p. 37-56.

CASTEL, R. Os médicos e os juízes. In: FOUCAULT, M. *Eu, Pierre Rivière, que degolei minha mãe, minha irmã e meu irmão*. 7. ed. São Paulo: Graal, 1977.

CÉSAR, M. R. A. *A invenção da adolescência no discurso psicopedagógico*. Dissertação de Mestrado. 1998

CHAISSAING, J. L. Mais tarde... é agora! In: CORRÊA, A. *Mais tarde... é agora!* Ensaios sobre a adolescência. Salvador: Editora Álgama, 1996. p. 41-50.

CHARTIER, J.-P. Psicanálise e Criminologia. In: *Dicionário enciclopédico de psicanálise:* O legado de Freud a Lacan. Rio de Janeiro: Jorge Zahar Ed., 1996.

CONTE, M. Ser herói já era: seja famoso, seja toxicômano, seja marginal! In: ASSOCIAÇÃO PSICANALÍTICA DE PORTO ALEGRE. *Adolescência*: entre o passado e o futuro. Porto Alegre: Artes e Ofícios, 1999. p. 249-267.

DIOGO, D. R. Laço Social na adolescência. In: Simpósio Internacional do Adolescente, São Paulo. Acesso em: 4 Jun. 2006. Disponível em: <http://www.proceedings.scielo.br/scielo.php?script=sci_arttext&pid=MSC0000000082005000200024&lng=en&nrm=abn>.

DOR, J. *Estructura y Perversiones*. Barcelona: Gedisa editorial, 1988.

DUNKER, C. I. L. In: PRATES, A. L. *Feminilidade e Experiência Psicanalítica*. São Paulo: Hacker Editores, 2001. p. 9-13.

ELIA, L. O Sujeito da Psicanálise e a Ordem Social. In: ALTOÉ, S. (Org.). *Sujeito do direito, sujeito do desejo*: direito e psicanálise. Rio de Janeiro: Revinter, 1999. p. 131-140.

REFERÊNCIAS BIBLIOGRÁFICAS

FARIA, M. R. *Constituição do sujeito e estrutura familiar*: o complexo de Édipo em Freud e Lacan. Taubaté: Cabral Ed. e Livraria Universitária, 2003.

FINK, B. *O sujeito lacaniano*. Entre a linguagem e o gozo. Rio de Janeiro: Jorge Zahar Ed., 1998.

FOUCAULT, M. *Os anormais*. 2a.impressão. São Paulo: Martins Fontes, 1975.

_____. (Coord). *Eu, Pierre Rivière, que degolei minha mãe, minha irmã e meu irmão*. 7. ed. São Paulo: Graal, 1977.

FRASSETO, F. A. *Avaliação psicológica em adolescentes privados de liberdade: uma crítica à execução da medida de internação*. Dissertação de Mestrado. Instituto de Psicologia. Universidade de São Paulo. 2005

FREUD, S. 21ª conferencia. Desarrollo libidinal y organizaciones sexuales. In: *Obras Completas*. 3ª reimpressão. Buenos Aires: Amorrortu Ed., 1986a. v. 16.

_____. Algunos tipos de carácter dilucidados por el trabajo psicoanalítico. In: *Obras Completas*. 3ª reimpressão. Buenos Aires: Amorrortu Ed., 1986b. v. 14.

_____. La descomposición de la personalidad psíquica. In: *Obras Completas*. 3ª reimpressão. Buenos Aires: Amorrortu Ed., 1986c. v. 22.

_____. Dostoievski y el parricidio. In: *Obras Completas*. 3ª reimpressão. Buenos Aires: Amorrortu Ed., 1986d. v. 21.

_____. Duelo y melancolía. *Obras Completas*. 3ª reimpressão. Buenos Aires: Amorrortu Ed., 1986e.

_____. Introducción del narcisismo. In: *Obras Completas*. 3ª reimpressão. Buenos Aires: Amorrortu Ed., 1986f. v. 14.

_____. El malestar en la cultura. *Obras Completas*. 3ª reimpressão. Buenos Aires: Amorrortu Ed., 1986g. v. 21.

_____. Personajes psicopáticos en el escenario. In: *Obras Completas*. 3ª reimpressão. Buenos Aires: Amorrortu Ed., 1986h. v. 7.

_____. Prólogo a August Aichhorn, Verwahrloste Jugend. In: *Obras Completas*. 3ª reimpressão. Buenos Aires: Amorrortu Ed., 1986i. v. 19.

_____. Psicología de las masas y análisis del yo. In: *Obras Completas*. 3ª reimpressão. Buenos Aires: Amorrortu Ed., 1986j. v. 18.

_____. Tipos libidinales. In: *Obras Completas*. 3ª reimpressão. Buenos Aires: Amorrortu Ed., 1986k. v. 21.

_____. Tres ensayos de teoría sexual. In: *Obras Completas*. 3. reimpressão. Buenos Aires: Amorrortu Ed, 1986l. v. 7.

_____. Un recuerdo infantil de Leonardo da Vinci. In: *Obras Completas*. 3ª reimpressão. Buenos Aires: Amorrortu Ed., 1986m. v. 11.

_____. El yo y el ello. In: *Obras Completas*. 3ª reimpressão. Buenos Aires: Amorrortu Ed., 1986n. v. 19.

GARFINKEL, A. E. C.; PENNACCHI, R. F. S. A adolescência e o pai: Sigmund adolescente e a adolescência em Freud. In: RAPPAPORT, C. R. (Coord.). *Adolescência*: abordagem psicanalítica. São Paulo: EPU, 1993. p. 99-106.

GARRIDO DE PAULA, P. A. Ato Infracional e Natureza do Sistema de Responsabilização. In: *Justiça, adolescente e ato-infracional*: socioeducação e responsabilização. São Paulo: Ilanud, 2006. p. 25-48.

GIBILISCO, A. Delinquir: ¿la búsqueda de un lugar?, *Acheronta Revista de Psicoanálisis y Cultura*, n. 15. Acesso em: 21 Set. 2006. Disponível em: <http://www.acheronta.org>.

HASSAN, S. H. Adolescência, amor e psicanálise. In: RAPPAPORT, C. R. (Coord.). *Adolescência: abordagem psicanalítica*. São Paulo: EPU, 1993. p. 75-79.

HOUAISS, A. (CD-Rom). In: *Dicionário eletrônico Houaiss da língua portuguesa* 1.0. 2001

INSTITUTO BRASILEIRO DE CIÊNCIAS CRIMINAIS. O absurdo de uma punição "protetiva". *Boletim*, ano 14, n. 16, Out. 2006.

JARDIM, G. C. *Adolescência e modernidade*: o sujeito entre o circuito pulsional e o circuito social. Tese de Doutorado, Instituto de Psicologia, Universidade de São Paulo, São Paulo. 2004.

JUDICIÁRIO PAULISTA. A polêmica da maioridade penal. *Publicação do Tribunal da Justiça de São Paulo*, v. I, n. 3, Dez. 2006.

_____. Justiça Restaurativa amplia atuação. *Publicação do Tribunal da Justiça de São Paulo*, v. I, n. 5, Fev. 2007.

KAUFMANN, P. *Dicionário Enciclopédico de Psicanálise*: o legado de Freud e Lacan. Rio de Janeiro: Jorge Zahar Ed., 1996.

REFERÊNCIAS BIBLIOGRÁFICAS

LACAN, J. *Seminário X: A Angústia*. Recife: Publicação Interna não comercial da Associação Freudiana Internacional, 1962-1963.

_____. *Seminário XX: Mais, ainda*. Rio de Janeiro: Jorge Zahar Ed., 1985.

_____. *O mito individual do neurótico*. Lisboa: Assírio & Alvim, 1987.

_____. *O despertar da primavera*. In: *Shakespeare, Duras, Wedekind, Joyce*. Lisboa: Assírio & Alvim, 1989. p. 131-133.

_____. *Seminário XVII: O avesso da psicanálise*. Rio de Janeiro: Jorge Zahar Ed., 1992.

_____. *A Ciência e a Verdade*. In: *Escritos.*. Rio de Janeiro: Jorge Zahar Ed., 1998a. p. 869-892.

_____. Introdução teórica às funções da psicanálise em criminologia. In: *Escritos*. Rio de Janeiro: Jorge Zahar Ed., 1998b. p. 127-151.

_____. *Seminário V: As formações do inconsciente*. Rio de Janeiro: Jorge Zahar Ed., 1999.

_____. Nota sobre a criança. In: *Outros escritos*. Rio de Janeiro: Jorge Zahar Ed., 2003a. p. 369-370.

_____. Premissas a todo desenvolvimento possível da criminologia. In: *Outros escritos*. Rio de Janeiro: Jorge Zahar Ed., 2003b. p. 127-131.

LEGENDRE, P. Seriam os fundamentos da ordem jurídica razoáveis? In: ALTOÉ, S. (Org.). *Sujeito do direito, sujeito do desejo:* direito e psicanálise. Rio de Janeiro: Revinter, 1999. p. 17-31.

DIÁRIO OFICIAL DA UNIÃO. Lei n. 8069, de 13 de julho de 1990. Dispõe sobre o Estatuto da Criança e do Adolescente e dá outras providências.

LEITE, M. P. S. *Os paradoxos do gozo*. Acesso em: 21 Jan. 2007. Disponível em: <http://www.marciopeter.com.br/links/destaques/destaquesParadoxo.html>.

LESOURD, S. *A construção adolescente no laço social*. Petrópolis: Editora Vozes, 2004.

MACHADO, M. T. Sistema Especial de Proteção de Liberdade do Adolescente na Constituição Brasileira de 1988 e no Estado da Criança e do Adolescente. In: *Justiça, Adolescente e Ato-Infracional:* socioeducação e responsabilização. São Paulo: Ilanud, 2006. p. 87-121.

MAIOR NETO, O. S. S. Garantias penais do adolescente autor de ato-infracional. In: *Justiça, Adolescente e Ato-Infracional:* socioeducação e responsabilização. São Paulo: Ilanud, 2006. p. 123-149.

MEAD, M. *Adolescencia y cultura en Samoa.* Buenos Aires: Editorial Abril, 1945.

MELMAN, C. Escrevendo o adolescer. In: ASSOCIAÇÃO PSICANALÍTICA DE PORTO ALEGRE. *Os Adolescentes estão sempre Confrontados ao Minotauro.* Porto Alegre: Artes e Ofícios, 1999. p. 29-43.

MÉNDEZ, E. G. Evolución histórica del derecho de la infancia: ¿Por qué una historia de los derechos de la infancia? In: *Justiça, Adolescente e Ato-Infracional:* socioeducação e responsabilização. São Paulo: Ilanud, 2006. p. 7-23.

MISSE, M. *Crime e Pobreza:* velhos enfoques, novos problemas. Seminário: Brasil em perspectiva: os anos 90. Rio de Janeiro: Laboratório de Pesquisa Social do Departamento de Ciências Sociais do IFCS – UFRJ, 1993.

MOUGIN-LEMERLE, R. Sujeito do Direito, Sujeito do Desejo. In: ALTOÉ, S. (Org.). *Sujeito do direito, sujeito do desejo:* direito e psicanálise. Rio de Janeiro: Revinter, 1999. p. 131-140.

MOULIN, P. Os assassinatos que se conta. In: FOUCAULT, M. *Eu, Pierre Rivière, que degolei minha mãe, minha irmã e meu irmão.* 7. ed. São Paulo: Graal, 1977.

NAPOLI, C. S. B. Liberdade Assistida: a construção de um novo espaço. In: BARROS, F. O. (Coord) *Tô Fora:* o adolescente fora da lei. O retorno da segregação. Belo Horizonte: Del Rey ed., 2003.

NAZAR, M. T. P. Tempos modernos. In: Congresso Internacional de Psicanálise e suas Conexões. *O adolescente e a modernidade.* Tomo I. Rio de janeiro: Escola Lacaniana de Psicanálise, p. 32-42, 1999.

NICODEMOS, C. A natureza do sistema de responsabilização do adolescente autor de ato-infracional. In: *Justiça, Adolescente e Ato-Infracional: socioeducação e responsabilização.* São Paulo: Ilanud, 2006. p. 61-85.

POLI, M. C. Os tempos do sujeito e do Outro: narração, discurso e pulsão. *Estilos da Clínica,* vol. VIII, n. 15, p. 82-93, 2º semestre/2003.

PRATES, A. L. *Feminilidade e experiência psicanalítica.* São Paulo: Hacker Ed., 2001.

RASSIAL, J.-J. A adolescência como conceito psicanalítico. In: ASSOCIAÇÃO PSICANALÍTICA DE PORTO ALEGRE. *Adolescência:* entre o passado e o futuro. Porto Alegre: Artes e Ofícios, 1999. p. 45-72.

REFERÊNCIAS BIBLIOGRÁFICAS

_____. A passagem adolescente: da família ao laço social. Porto Alegre: Artes e Ofícios Ed., 1997.

RIGAZZIO, J. M. Pierre Rivière: Entre la ley y los discursos de la ley. In: *Culpa, Responsabilidad y Castigo*: En el discurso jurídico y psicoanalítico. Buenos Aires: Letra Viva, 2006. v. 1. p. 149-158.

RIOT, P. As vidas paralelas de Pierre Rivière. In: *Eu, Pierre Rivière, que degolei minha mãe, minha irmã e meu irmão*. 7. ed. São Paulo: Graal, 1977.

ROSA, A. M. Aplicando o ECA: felicidade e perversão sem limites. v. I, n. 58, p. 15-28. São Paulo, 2006a.

_____. *Decisão penal*: a bricolage de significantes. Rio de janeiro: Editora Lúmen Juris, 2006b.

ROUDINESCO, E. *Jaques Lacan*. Esboço de uma vida, história de um sistema de pensamento. São Paulo: Companhia das Letras, 1994.

RUFFINO, R. Sobre o lugar da adolescência na teoria do sujeito. In: RAPPAPORT, C. R. (Coord.) *Adolescência*: abordagem psicanalítica. São Paulo: EPU, 1993. p. 25-56.

SARAIVA, J. B. C. *Desconstruindo o mito da impunidade*. Um ensaio de Direito (Penal) Juvenil. Brasília: CEDEDICA, 2002.

SARRULLE, O. E. La culpabilidad en el Derecho. In: *Culpa, Responsabilidad y Castigo*. Vol. 2: En el discurso jurídico y psicoanalítico. Buenos Aires: Letra Viva, 2004. p. 63-80.

STRACHEY, J. Nota Introductoria. In: FREUD, S. *Psicología de las masas y análisis del yo*. Buenos Aires: Amorrortu, 1921. v.18.

SUDBRACK, M. A. P. Escrevendo o adolescer. In: ASSOCIAÇÃO PSICANALÍTICA DE PORTO ALEGRE. *Adolescência*: entre o passado e o futuro. Porto Alegre: Artes e Ofícios, 1999. p. 191-201.

TOLEDO, K. Psicose e desencadeamento: sustentação e ruptura. *Mental. Revista de Saúde Mental e Subjetividade*. Universidade Presidente Antonio Carlos, v. 2, n. 3, 75-87, Nov. 2004.

VICENTIN, M. C. G. *A interface psi-jurídica*: a psiquiatrização do adolescente em conflito com a lei. Relatório final de pesquisa-doutor (CEPE). 2005a.

_____. *A vida em rebelião*: jovens em conflito com a lei. São Paulo: Hucitec, 2005b.

_____. A questão da responsabilidade penal juvenil: notas para uma perspectiva ético-política. In: *Justiça, Adolescente e ato infracional:* socioeducação e responsabilização. São Paulo: Ilanud, 2006. p. 151-173.

VIDAL, Luiz Fernando Camargo. O desafio de quem vê a realidade diariamente. In: *Construindo a manhã desejada* – Jornal da Associação dos Assistentes Sociais e Psicólogos do Tribunal de Justiça do Estado de São Paulo, n. 5, Set. 2006.

WHITAKER, C. *Pânico e psicanálise.* A angústia em Freud e Lacan. Taubaté: Cabral Editora e Livraria Universitária, 2003.

_____. O sintoma da criança como efeito do gozo materno: entrevistas preliminares. *Estilos da Clínica,* v. VIII, n. 15, p. 124-139, 2003.

WINNICOTT, D. W. *Privação e delinquência.* São Paulo: Martins Fontes, 1995.

GLOSSÁRIO

Em ordem alfabética

AI → Ato Infracional.

AP → Avaliação Psiquiátrica.

DEIJ → Departamento de Execuções da Infância e Juventude, lotado no Fórum das Varas Especiais da Infância e Juventude. Função: acompanhamento e fiscalização das medidas socioeducativas. Atualmente é composto por quatro juízes.

ECA → Estatuto da Criança e do Adolescente.

ETJ → Equipe Técnica do Juízo – Psicologia e Serviço Social. Profissionais do Tribunal da Justiça lotados nos Fóruns.

Fundação CASA (antiga Febem) → Centro de Atendimento Socioeducativo ao adolescente.

Imesc → Instituto de Medicina Social e de criminologia de São Paulo – É parceira da Febem para realizações de perícias psiquiátricas.

LA → Liberdade Assistida – Medida socioeducativa em que o jovem em liberdade é continuamente acompanhado por uma equipe multidisciplinar, destinada a elaborar uma avaliação e efetuar os devidos encaminhamentos sociais (escolarização/cursos profissionalizantes/tratamentos médicos e outros que se fizerem necessários).

MP → Ministério Público. Representa o interesse público e intervém quando a lei é transgredida.

Naisa (antigo Nasca) → Núcleo de Atendimento Integral à Saúde do Adolescente.

Nufor → Núcleo de Estudos e Pesquisas em Psiquiatria Forense e Psicologia Jurídica. É parte do Instituto de Psiquiatria do Hospital das Clínicas – Faculdade de Medicina da Universidade de São Paulo. Atende a Febem e o Judiciário. Vide nota de rodapé 11, p. 6.

PAJ → Procuradoria de Assistência Judiciária. Representa os jovens e advoga a favor de seus direitos.

RA ou RTA → Relatório Técnico de Acompanhamento – Relatório elaborado por equipe multidisciplinar da Febem que contempla as informações devidas sobre o andamento da medida.

SAP → Secretaria de Administração Penitenciária.

TPAS → Transtorno de Personalidade Antissocial.

UI/UE → Unidade de Internação ou Educacional (local onde os jovens estão abrigados).

VEIJ → Varas Especiais da Infância e Juventude, lotadas no Fórum de mesmo nome, atualmente em número de quatro. São responsáveis pelas audiências de conhecimento que, em última análise, julgam o jovem diante do delito cometido.

ANEXOS:

ESTRUTURAS DE ANDAMENTO PROCESSUAL DE EXECUÇÃO

PROCESSO A

AI: 121 – Latrocínio (roubo seguido de morte).

Mês: 12/03 (a menos de 1 mês de completar a maioridade).

Primário

4/5/2004 – UI – RA-Febem (relatório de acompanhamento).

6/08/2004 – RA-Febem.

12/08/2004 – MP – gravidade do ato – requer Avaliação Psiquiátrica (AP).

29/09/2004 – Juiz – determina AP pelo Nasca/Febem.

24/11/2004 – RA-Febem.

13/12/2004 – AP – Nasca/Febem – 1- identificação / 2- histórico / 3- antecedentes pessoais e familiares / 4- exame físico geral e especial (exame somático/psíquico) / 5- exames complementares (Rorschach) / 6- discussão e conclusão: "[...] não apresenta quaisquer sinais ou sintomas de desenvolvimento mental retardado ou distúrbio mental, demonstrando integridade das capacidades de discernimento, entendimento e determinação. Tendo em vista o discurso contido, com ressonância afetiva incongruente; crítica superficial, porém, presente, considero necessário o teste projetivo Rorschach para conclusão desta avaliação".

14/02/2005 – Juiz: – determinação do Rorschach.

31/03/2005 – RA-Febem.

27/04/2005 – Juiz: – transferência para Tupi dos jovens adultos.

30/06/2005 – Juiz: – determinação de AP – por profissional da Fundação.

10/08/2005 – AP – Secretaria de Administração Penitenciária (Unidade emergencial de Tupi/Paulista): "[...] as diferentes funções mentais não mostram alterações [...] demonstra compreensão adequada dos assuntos abordados [...] ausência de qualquer transtorno psiquiátrico, podendo ser reintegrado à sociedade, sendo indicada psicoterapia".

28/09/2005 – Juiz: – determinação de relatório multidisciplinar da unidade.

14/010/2005 – Relatório Conclusivo – UE-Tupi – sugestão de progressão para LA Parecer Social/Psicológico/Pedagógico/Disciplinar: "... o jovem apresentou evolução integral, estando em um momento propício para retornar ao meio social e familiar."

17/10/05 – transferência para capital.

3/11/2005 – MP: – "Há total incongruência dos laudos psiquiátricos apresentados. Assim, ante tal ocorrência e a gravidade do ato praticado, requeiro AP pelo Imesc."

10/11/2005 – PAJ: – "[...] considerando o laudo técnico conclusivo [...], bem como a avaliação psiquiátrica [...], verificando que o jovem correspondeu de forma positiva às orientações recebidas, estando, segundo os técnicos que acompanham e segundo a própria médica psiquiatra, aparentemente apto para o retorno ao convívio social, possuindo respaldo familiar para tanto, requeiro que seja convertida a medida socioeducativa de internação para liberdade assistida [...]"

17/11/2005 – Juiz: – "[...] avaliações psiquiátricas contraditórias [...] e incompatíveis com a postura do educando que exige o caso, por isso, redobradas cautelas e maior profundidade no exame do estado mental do jovem e da aptidão para retornar ao convívio social, tendo em vista principalmente as características negativas de sua personalidade apontadas no primeiro exame psiquiátrico [...] para tanto, expeça-se ofício ao Imesc [...] requisitando perícia médica [por dois peritos] [...]"

4/04/2006 – UI: – Relatório de Manifestação Técnica: sugestão de LA.

6/4/2006 – Imesc – Perícia médico-legal: – "[...] conclui-se que o periciando, por entendermos haver características de periculosidade, vista na conduta nitidamente antissocial [...] deverá ser assistido em regime de internação, até que se tenha identificado a cessação de periculosidade. [...] assim vista a hipótese diagnóstica que melhor contempla esse quadro é a entidade nosológica constante na CID 10 sob o código F60.2, ou seja Transtorno de Personalidade Antissocial [...] o fato de o TPAP não poder ser diagnosticado antes dos 18 anos não se deve a razões iátricas e sim de natureza ético-eufemística, posto tal afirmativa redundar estigmatizada do ponto de vista social. Trata-se de conduta semelhante ao expediente judiciário, que chama de ato infracional os delitos cometidos por menores. Por nossa experiência, entendemos que para tal desordem não exista cura [...] para fazer frente a tal transtorno, está pressuposta uma "montagem" como alternativa terapêutica, já que não se dispõe de instituição com tal especificidade [...] paciente abrigado institucionalmente; terapia individual de base analítica; aporte psicofarmacológico; doutrinação de preceitos sociais e jurídicos; ensino intensivo formal da língua pátria; aferição da evolução do quadro a

ANEXOS:
Estruturas de andamento processual de execução

cada ano, por equipe multidisciplinar, não vinculada ao estabelecimento abrigadouro [...] para que se estime a conveniência de derivação para modalidade de hospital-dia ou ambulatorial."

19/06/2006 – Juiz: – "[...] não estando o infrator efetivamente recuperado e livre dos fatores que o levaram a praticar conduta ilícita extremamente grave, consistente em ato infracional de homicídio, torna-se, portanto, imprenscindível a manutenção das intervenções sistemáticas e intensivas [...] observo, também, que o relatório da Febem serve apenas de subsídio à decisão judicial, mas não a vincula, podendo o magistrado, de acordo com o princípio de livre convencimento, utilizar outros elementos de convicção [...] anote-se que, decorrido o prazo de 4 meses de psicoterapia intensiva [...] haverá reavaliação psiquiátrica no NASCA/Febem, para verificação atualizada dos progressos alcançados [...] sem prejuízo, em virtude da notícia de que [...] foi firmada parceria entre a Febem e o HC-FMUSP, que, por meio de seu Núcleo Forense (NUFOR), prestará assistência psiquiátrica preventiva e curativa, ordeno a expedição de ofício [...] a fim de que se implemente tratamento psicoterápico pelo mencionado Núcleo [...]"

14/07/2006 – Febem/Nufor: – "[...] a conclusão do diagnóstico é CID-10 F60.2 [...] é necessário esclarecer que os tratamentos fármaco e psicoterápico sugeridos não têm eficácia comprovada cientificamente [...] esta equipe [...] não se dispõe a oferecer psicoterapia ao periciando."

02/08/2006 – Juiz: – "[...] sem prejuízo, determino a expedição de ofício ao NASCA/Febem, a fim de que [...] se realize nova avaliação psiquiátrica, destinada a apurar se houve alteração do quadro descrito pelo laudo pericial [...]"

21/07/2006 – UI – Manifestação Técnica: – "[...] no que tange a inclusão em psicoterapia, informamos que realizamos contato [...] que agendou triagem para 31/07/2006."

18/08/2006 – UI – Manifestação Técnica: – "[...] a fundação [...] tem implementado contatos com equipamentos de saúde da comunidade, na busca de atender à determinação de inserção do jovem [...] em tratamento psicoterápico [...]"

16/08/2006 – UI – Manifestação Técnica: – "[...] [o jovem] tem mantido postura adequada no cotidiano institucional, sendo participativo das atividades escolares, pedagógicas, esportivas e profissionalizantes [...] apresenta bom relacionamento com funcionários e demais internos, onde existe diálogo e respeito [...]"

30/09/2006 – Imesc – Laudo Psiquiátrico – I- Condições do exame / II- qualificação / III- motivo da medida socioeducativa / IV- anamnese subjetiva: antecedentes mórbidos – familiares – história pessoal – comportamento infracional – relato sobre vida institucional / V- exame físico – ectoscópico / VI- exames complementares / VII- exame psíquico / VII- discussão: – "[...] pela observação durante o exame, paralelo à anamnese, do estudo de sua inserção institucional, do histórico e avaliações psicológica e social, das avaliações psiquiátricas de 2/11/2004, 10/08/2005 e 6/4/2006, concluímos que o periciando apresentou progressos [...] ao término desses dois anos e oito meses de internação, observamos que o periciando amadureceu; esteve em acompanhamento psiquiátrico; avançou nos estudos; participou de cursos de profissionalização; as suas capacidades de entendimento, discernimento e determinação estão preservadas [...] do ponto de vista psiquiátrico não há óbice para que cumpra outra medida diversa da internação. Deverá prosseguir em atendimento psicológico, pedagógico e sociofamiliar."

23/10/2006 – Juiz: – "[...] em virtude da extrema gravidade da infração atribuída ao jovem, do envolvimento em episódios de indisciplina durante o período de contenção e da radical mudança de comportamento, verificada apenas mais recentemente [...] entendo, no entanto, que é recomendável o aprofundamento da investigação psicossocial, a fim de se apurar a consistência dos progressos noticiados [...] o resultado da avaliação psiquiátrica, apesar de sugerir a substituição da medida socioeducativa de internação, não é suficiente para que se defina o rumo a ser adotado na condução do processo ressocializador, impondo-se o cotejo com outros elementos de convicção [...] deste modo, impõe-se, a despeito da conclusão do médico psiquiatra da Febem, a abordagem da atual situação do infrator sob enfoque psicossocial pela equipe técnica do juízo [...]"

22/11/2006 – ETJ: – "[...] Trata-se de um caso já exaustivamente avaliado, do ponto de vista psíquico, por diversas instituições e profissionais. Foram cinco avaliações psiquiátricas e outras tantas psicológicas incluídas nos relatórios da unidade. Esta avaliação se torna mais uma, dentre todas outras, que analisam a dinâmica psíquica do jovem, à luz de outro paradigma metodológico, e de diferente viés institucional. Os diagnósticos e sugestões apontados durante o período em que foi avaliado, embora dissonantes em alguns aspectos, desvelam questões presentes nesse âmbito [...] infelizmente o caso só nos chega nesse momento. Dado o exíguo tempo conexo com o findar de seu período de internação e com a idade de 21 anos, os elementos propositivos acabam por se tornar, hoje, um contrassenso [...] não obstante, as análises acima descritas, que incluem as dificuldades, os paradoxos e as questões ainda obtusas apontadas, sugerimos acompanhamento sistemático por equipe multiprofissional."

PROCESSO B

AI – 157 – dia 27/04/2005.
Primário

17/08/2005 – Relatório Técnico de Acompanhamento – Estudo Social/Pedagógico/Considerações Finais.

22/08/2005 – MP: – "o jovem tem bom comportamento, mas nega a prática do ato. Assim, ante a gravidade da conduta para melhor investigar a personalidade do infrator, R., avaliação psiquiátrica."

29/08/2005 – PAJ: – "[...] a gravidade da conduta, por si só, não é indicativa de distúrbios ou transtornos mentais que justifiquem tal medida [...]"

29/08/2005 – Juiz: – "defiro a avaliação psiquiátrica do jovem, tendo em vista que o requerimento da representante do Ministério Público foi lançado de forma fundamentada [...]"

24/11/2005 – Relatório Técnico de Acompanhamento – Estudo Social/Pedagógico/Considerações Finais.

12/12/2005 – Juiz: – "[...] aguarde-se por novos relatórios sobre o acompanhamento da medida [...]"

20/03/2006 – Relatório Técnico de Acompanhamento – Estudo de Caso/ Pedagógico/Conclusão.

30/03/2006 – Juiz: – "[...] aguarde-se por novos relatórios sobre o acompanhamento da medida [...]"

24/02/2006 – avaliação Psiquiátrica – I- condição do exame / II- qualificação / III- motivo da medida socioeducativa / IV- exame psiquiátrico / V- discussão: – "[...] dentro da visão criminológica, vem do meio marginal, com a incorporação dos valores desse meio, não dá o devido valor aos seus atos e não elabora crítica sobre seus delitos, mostra-se agressivo, onde não deixa claro sua atuação e nem os delitos que o imputam, não assumindo a autoria, e justificando como forjado pelos policiais. Mostra-se imaturo e despreparado para enfrentar a realidade de sua vida". / VI- conclusão: – "interno no momento não está preparado para receber progressão de regime". / VII–intervenções: – "[...] na parte psicológica, tratar da visão egoísta que o mesmo tem, colocá-lo dentro de sua realidade, trabalhando a noção de obrigação e responsabilidade, além de desenvolver mecanismos de controle da sua satisfação e frustração". / VIII- respostas a quesitos.

20/04/2006 – Juiz: "aguarde-se novos relatórios sobre o acompanhamento da medida [...]"

28/06/2006 – Relatório Técnico de Acompanhamento – Estudo de Caso/Pedagógico/Considerações Finais.

10/07/2006 - Juiz: "aguarde-se novos relatórios sobre o acompanhamento da medida [...]"

09/10/2006 – Relatório Técnico Conclusivo: – Estudo de Caso/Psicológico/ Pedagógico/Conclusão: – "[...] concluímos que [o jovem], em cumprimento da medida socioeducativa de internação venceu; superou e determinadamente assimilou os objetivos, conteúdos e métodos incorporados ao conjunto teórico e prático do fluxograma elaborados para seu desempenho e desenvolvimento, considerado consistente, adequado, satisfatório e acima das expectativas previstas [...] sugerimos [...] liberdade assistida [...]"

18/10/2006 – MP: – "[...] discordo da progressão sugerida, por ora [...] assim, entendendo temerária a desinternação e requeiro que permaneça no regime de internação, com a determinação de sua reavaliação psiquiátrica, bem como seja reavaliado pela equipe técnica judicial"

20/10/2006 – PAJ: – "[...] há de se consignar, por oportuno, que nenhum técnico, seja da área social, da psicologia ou psiquiatria, pode, com certeza, afirmar que alguém vá ou não voltar a delinquir, sendo possível, tão somente, avaliação positiva ou negativa sobre a evolução de seu comportamento, avaliação esta que é mais abrangente se feita de forma constante [...] não cabe ao médico decidir sobre a inserção do jovem em medida mais branda, isso seria a 'psiquiatrização' do processo! Retiraria do magistrado o poder judicante! Diante do exposto [...] requeiro que seja substituída a medida socioeducativa de internação [para] medida de liberdade assistida"

24/10/2006 – Juiz: – "[...] o Ministério Público apresenta impugnação. Observo que o jovem se envolveu na prática de atos gravíssimos e conta com avaliação psiquiátrica desfavorável, cujo diagnóstico de personalidade antissocial. Como reiteradamente tem decidido por este juízo, em casos mais graves, as duas avaliações [da Febem e da equipe técnica do Juízo] são importantes para firmação da convicção do magistrado [...] não se trata de sopesar, mas somar [...] desta forma [...] determino avaliação pela equipe técnica do juízo [...] e avaliação psiquiátrica [...]"

ANEXOS:
Estruturas de andamento processual de execução

30/11/2006 – ETJ: – "[...] O discurso do adolescente denuncia que havia questões que se apresentavam a ele, as quais provocaram desordenação e embaraço no campo das ideias, face, também, à imaturidade e ausência de condição de gerir suas condutas. Essas demandas de ordem objetiva, como desvinculação familiar, de autonomia, culminam, em última instância, na necessidade, subjetiva, de *ser* como os integrantes do grupo de sua comunidade. Para sua inscrição a essa cultura, haveria que tornar algumas de suas ações, em práticas imorais e ilícitas [...] o adolescente ainda apresenta *deficits* de várias ordens [...] o que acaba por dificultar elaborações mais consistentes. No entanto, a privação de liberdade o atingiu para um movimento progressivo, que poderá sustentar uma outra posição quando em liberdade [...] Sugerimos, portanto, progressão de medida para liberdade assistida com acompanhamento sistemático e inclusão em grupos de apoio a adolescentes, extensivo à família [...]"

PROCESSO C

AI: 12 (tráfico) – 24/11/2004.
Reincidente em regime de internação – cumpria medida de LA.

30/11/2004 – Juiz: – "[...] o que em especial é extremamente grave na espécie é que o representado induziu um adolescente que nunca havia praticado delito antes [...] agindo como agente catalizador o representado demonstra sua personalidade perniciosa e voltada para a prática reiterada de infrações. Ele "contrata" outros adolescentes na prática de crimes [...] ele deverá ser submetido à reavaliação psiquiátrica para constatação de eventual psicopatia ou personalidade dissocial [...] julgo procedente a representação e, pelos argumentos mencionados, aplico ao adolescente [...] a medida socioeducativa de internação, sem prazo determinado [...]"

11/04/2005 – Febem – RTA: – parecer social.

20/5/2005 – Juiz: – "[...] oficie-se a [...] determinando a inserção do jovem em programa para drogadictos [...]"

09/06/2005 – Febem – Avaliação Psiquiátrica: – 1- identificação / 2- histórico / 3- antecedentes pessoais e familiares / 4- exame físico geral e especial: exame somático/psíquico / 5- exames complementares / 6- discussão e conclusão: – "[...] o jovem apresenta refratariedade às tentativas de educação e socialização anteriores, prejuízo de autocensura, discurso racionalizado, destituído de convicção; apresenta discernimento sobre seus atos, porém demonstra crítica comprometida com relação aos atos praticados, gravidade e consequências. Demonstra agressividade latente, pouca capacidade para tolerar contrariedades, frustrações e privações [...] características compatíveis com personalidade antissocial, sendo indicados a psicoterapia, laborterapia [...] tratamento psiquiátrico medicamentoso se houver sintomas neurovegetativos e/ou psicoemocionais e manifestação frequente de irritabilidade [...]"

24/06/2005 – Juiz: – "[...] defiro [...] para pronto atendimento dos encaminhamentos indicados [...]"

15/07/2005 – Febem: – "[...] evadiu-se aos 08/07/05, sendo recapturado em seguida [...]"

25/08/2005 – Febem – RTA: Introdução/Estudo Social/Estudo Psicológico/ Estudo Pedagógico/Conclusão: – "[...] continuaremos proporcionando ao jovem espaço para refletir sobre sua conduta, como também a oportunidade de introjetar normas sociais [...] para que possa futuramente estar apto a uma mudança de medida"

21/09/2005 – Juiz: – "[...] que o próximo relatório informe [...] sobre determinação judicial [...] prossiga-se execução de medida [...]"

06/12/2005 – Febem – Relatório Técnico Conclusivo: – Estudo Social/Estudo Psicológico (aplicação do TAT)/Estudo Pedagógico/Conclusão: – "[...] reconheceu seu papel enquanto integrante da família e consequentemente seu papel social [...] apresenta respaldo familiar [...] denota reconhecimento de seus valores [...] revela consciência de seus direitos e deveres enquanto cidadão [...] está frequentando tratamento de drogadicção [...] será acompanhado em meio aberto pela Associação [...], sendo assim, sugerimos a substituição da medida socioeducativa para liberdade assistida [...]"

14/12/2005 – MP: – "[...] o laudo psiquiátrico [...] concluía por características compatíveis com personalidade antissocial [...] ante tal fato e a recincidência, r. reavaliação psiquiátrica com urgência"

20/12/2005 – PAJ: – "[...] de fato, consta do relatório (da unidade) que o jovem possui [...] assim, não há razão da nova avaliação psiquiátrica [...] com base no princípio da excepcionalidade e brevidade, requeiro a imediata inserção na medida de liberdade assistida"

27/12/2005 – Juiz: – "[...] são inúmeras as situações em que os fenômenos psíquicos adquirem características patológicas; assim vieram a constituir um campo específico de conhecimento: a Psiquiatria [...] o psiquiatra foi solicitado a colaborar com o campo judiciário, o que ensejou o surgimento de outra especialidade: a Psiquiatria Forense [...] certas anomalias da personalidade conjugam em proporções variáveis de um indivíduo para o outro, a inadaptação à vida social, a instabilidade do comportamento e a facilidade de atuação [...] daí a importância da avaliação psiquiátrica, em casos graves, quando a violência empregada é muito grande, ou muito cruel o meio utilizado [...] a internação pode durar até três anos. Para sua interrupção, antes deste período, é indispensável a existência nos autos de elementos aptos a indicar efetiva possibilidade de retorno ao convívio social [...] a unidade deverá providenciar o necessário [...]"

06/03/2006 – Febem/Imesc – Avaliação Psiquiátrica – 1- identificação / 2- histórico / 3- antecedentes pessoais e familiares / 4- exame físico geral e especial: exame somático/psíquico / 5- exames complementares / 6- discussão e conclusão: – "[...] o jovem não apresenta quaisquer sinais ou sintomas de desenvolvimento mental retardado ou distúrbio mental, demonstrando integridade das capacidades de discernimento, entendimento e determinação. Considerando que o jovem apresenta as mesmas características evidenciadas na avaliação anterior,

ANEXOS:
Estruturas de andamento processual de execução

além do discurso extremamente concreto, está indicado teste projetivo de personalidade de Rorschach."

06/03/2006 – Febem – Manifestação Técnica: – "[...] acreditamos, assim, que o processo socioeducativo de internação já cumpriu o seu papel [...]"

16/03/2006 – Juiz: – "Entendo que a divergência entre os técnicos da Febem, que propõem o abrandamento da medida socioeducativa, e o médico psiquiatra da referida fundação, cujo parecer sugere a elaboração de teste projetivo de personalidade para o direcionamento do caso, deve ser equacionada, a fim de viabilizar a decisão segura a respeito. Por isso, designo para [...] audiência destinada à oitiva do jovem infrator, dos responsáveis por seu acompanhamento [...] e do [médico psiquiatra] [...]"

04/04/2006 – Audiência – Juiz: – "não vislumbro elementos para, desde logo, determinar a substituição para medida mais branda [...] o psiquiatra [...] foi incisivo [...] ao afirmar pela necessidade de diagnóstico complementar mediante o teste projetivo de personalidade Rorschach [...] sem prejuízo, oficie-se ao [...], requisitando [...] a realização do [...] Rorschach [...]"

24/07/2006 – Resultado do Rorschach, sem correlação psicodiagnóstica com os dados forenses (a avaliadora não recebeu os devidos documentos requeridos): – "[...] IV- síntese: probando evidencia detalhismo excessivo o que prejudica a concentração da sua capacidade de atenção. Embora apresente excelente nível intelectual, não consegue abstrair fatos das circunstâncias devido à rigidez afetiva que demonstra [...] evidencia elevada autonomia e necessidade de imposição de suas ideias [...]) cauteloso em suas ações, está sujeito a ações intempestivas quando falharem os controles intelectuais [...]"

29/08/2006 – Febem – Manifestação Técnica: – "[...] entendendo que o ciclo de investimentos psicossociais e pedagógicos dentro da internação se completaram [...]"

05/09/2006 – Juiz: – "[...] assim, em busca de maiores elementos, determino a remessa (Rorschach) ao (psiquiatra que indicou) para conclusão de sua avaliação [...]"

27/09/2006 – Febem/Imesc – Conclusão da Avaliação Psiquiátrica: – "[...] o teste Rorschach elucida a avaliação psiquiátrica, o jovem apresenta características de personalidade antissocial, sendo indicado inserção em tratamento no ambulatório de psiquiatria forense do HC-FMUSP [...] sob a óptica psiquiátrica não há óbice para inserção em medida socioeducativa diversa da internação [...]"

29/09/2006 – MP: – "Em face da ponderação do Sr. Psiquiatra e da conclusão do teste projetivo somadas à complexidade do caso e à reincidência, r. Avaliação pela ETJ".

11/10/06 – PAJ: – "[...] o pleito ministerial não pode ser acolhido, visto que é absolutamente desnecessário [...]"

19/10/2006 – Juiz: – "[...] não devem, ademais, ser confundidos pareceres exarados por médicos psiquiatras, de um lado, e por psicólogos e assistentes sociais de outro, pois evidentemente lidam com campos totalmente distintos [...] ambos relevantes [...] impõem-se, a despeito da conclusão dos médicos [...] à abordagem da atual situação do infrator sob enfoque psicossocial pela equipe técnica do juízo [...]"

29/11/2006 – ETJ: – "[...] O jovem aposta integralmente para sua mudança de posição na maioridade penal. Segundo seu relato, o paradigma anteriormente adotado, via infracional, se sustentava na impunidade, ou 'apenas três anos de prisão' [...] A unidade, por seu turno, após dois anos, não constatou tais fatores que incidem sobre sua dinâmica psicológica. Nesse sentido, sua permanência sob regime de internação torna-se questionável, e, por outro lado, a liberdade, sem uma alteração dessa posição acima descrita, poderá lançá-lo novamente à criminalidade."

5/12/06 – Informação Técnica da unidade Febem: – "[...] avaliamos que este período foi de grande expectativa e ansiedade para o jovem [...] o sentimento que o jovem apresenta é o de estigmatização, pois se sente preterido pela avaliação deste egrégio juiz [...] ele apresenta controle satisfatório do *Ego* respondendo à medida com assertividade [...] [a equipe] é favorável a substituição de medida para LA."

12/12/06 – MP: – "[...] requeiro substituição da medida por LA."

08/12/06 – PAJ: – "Aguardo liberação."

20/12/06 – Juiz: – "[...] em face dos pareceres favoráveis do MP e da Defesa, substituo a medida socioeducativa de Internação por liberdade assistida."